Joseph Goebbels

Kampf um Berlin

Joseph Goebbels
(1897-1945)

Kampf um Berlin

Zentralverlag der NSDAP, Franz Eher Nachf. München; - 1934.
Zeichnungen stammen von Mjölnir; Photographien von Photo-Hoffmann, Paul Mai, Scherl und Groß.

HERAUSGEBEN VON
OMNIA VERITAS LTD

www.omnia-veritas.com

"Dieses Buch widme ich der alten Berliner Parteigarde."
Joseph Goebbels

EINLEITUNG	9
GEGEN DEN ZERFALL (TEIL 1)	11
GEGEN DEN ZERFALL (TEIL 2)	24
BEGINNENDE ORDNUNG (TEIL 1)	30
BEGINNENDE ORDNUNG (TEIL 2)	38
TERROR UND WIDERSTAND (TEIL 1)	48
TERROR UND WIDERSTAND (TEIL 2)	63
DER UNBEKANNTE SA.-MANN (TEIL 1)	72
DER UNBEKANNTE SA.-MANN (TEIL 2)	83
BLUTIGER AUFSTIEG (TEIL 1)	91
BLUTIGER AUFSTIEG (TEIL 2)	104
VERBOTEN! (TEIL 1)	112
VERBOTEN! (TEIL 2)	127
HETZE UND VERFOLGUNG (TEIL 1)	137
HETZE UND VERFOLGUNG (TEIL 2)	152
"DER ANGRIFF" (TEIL 1)	158
"DER ANGRIFF" (TEIL 2)	165
VERZWEIFLUNG UND NIEDERGANG	175
NÜRNBERG 1927	189
ÜBERWINDUNG DER KRISE	205
TROTZ VERBOT NICHT TOT! (TEIL 1)	219
TROTZ VERBOT NICHT TOT! (TEIL 2)	235
BEREITS VERÖFFENTLICHT	245

EINLEITUNG

Der Kampf um die Hauptstadt bildet immer ein besonderes Kapitel in der Geschichte revolutionärer Bewegungen. Die Hauptstadt ist ein Begriff an sich. Sie stellt das Zentrum aller politischen, geistigen, wirtschaftlichen und kulturellen Kräfte des Landes dar. Von ihm aus gehen ihr Ausstrahlungen in die Provinz, und keine Stadt, kein Dorf bleibt davon unberührt.

Berlin ist in Deutschland etwas Einmaliges. Die Bevölkerung dieser Stadt setzt sich nicht, wie die irgendeiner anderen, aus einer einheitlichen, in sich geschlossenen, homogenen Masse zusammen. Der Berliner: dieser Typ resultiert aus einem Niederschlag von altem Berlinertum, ergänzt durch Zugänge aus allen Provinzen, allen Landschaften, Ständen, Berufen und Konfessionen.

Zwar ist Berlin nicht etwa, wie Paris für Frankreich, für ganz Deutschland in allem ausschlaggebend und wegweisend. Aber trotzdem läßt sich das Land ohne Berlin nicht denken.

Die nationalsozialistische Bewegung ist nicht von Berlin ausgegangen. Sie hat ihren Ursprung in München. Sie griff von da aus zuerst nach Bayern, Süddeutschland weiter, und später erst, nachdem sie die Anfänge ihrer Entwicklung hinter sich hatte, schlug sie auch nach Norddeutschland und damit nach Berlin die Brücke.

Erst nach ihrem Zusammenbruch im Jahre 1923 beginnt die Geschichte der Partei nördlich des Mains. Von da aber wird der Nationalsozialismus auch in Norddeutschland mit der ganzen Vehemenz preußischer Zähigkeit und Disziplin aufgegriffen.

Dieses Buch hat sich zum Ziel gesetzt, die Geschichte der Bewegung in der Reichshauptstadt darzustellen. Es verfolgt dabei allerdings keinerlei historische Zwecke. Die objektive Chronologie des Ablaufs ihrer Berliner Entwicklung aufzuzeichnen, wird späteren Geschichtsschreibern überlassen bleiben. Uns fehlt es an der nötigen nüchternen

Leidenschaftslosigkeit, um dabei Licht und Schatten gerecht zu verteilen.

Der diese Blätter schrieb, ist selbst an dem Ablauf der Dinge maßgeblich und hauptverantwortlich mitbeteiligt gewesen. Er ist deshalb Partei in jedem Sinne des Wortes. Er hegt nur die Hoffnung, sich mit dieser Darstellung das von der Seele herunterzuschreiben, was in fünfjährigem Kampf als lastende Verantwortung darauf gelegt wurde. Es soll für die, die den glanzvollen Aufstieg der Berliner Bewegung mitgemacht und erkämpft haben, Trost und Ansporn sein, für die, die zweifelnd und abweisend beiseite standen, Mahnung und Gewissenszwang, und für die, die sich unserem Siegesmarsch entgegen stellten, Drohung und Kampfansage.

Es ist uns heute noch nicht vergönnt, den Abschluß dieses gigantischen Ringens in einem Sieg auf der ganzen Linie ausklingen zu lassen. Möge dieses Buch mit dazu beitragen, den marschierenden Bataillonen des nationalsozialistischen Aufbruchs Hoffnung und Glauben zu erhalten, damit das Ziel, heute schon in aller Schärfe und Folgerichtigkeit erkannt, nie aus dem Augen verloren und am Ende trotz allem doch erreicht wird!

GEGEN DEN ZERFALL
(TEIL 1)

Im dämmernden Novembermorgen liegt noch die weite, menschenleere Halle des Hauptbahnhofs in Elberfeld. Nun gilt es, Abschied zu nehmen von einer Stadt, die zwei Jahre lang Ausgangspunkt der schweren und blutigen Kämpfe um das Ruhrgebiet war. Hier hatten wir die erste nordwestdeutsche Zentrale der aufsteigenden nationalsozialistischen Bewegung nach 1923 aufgerichtet. In Elberfeld saß das geistige Zentrum des Nationalsozialismus in Westdeutschland, und von hier aus gingen die Strahlen unseres leidenschaftlichen Kampfes ins Ruhrgebiet hinein.

Ein paar Freunde waren gekommen, um Abschied zu nehmen. In der Tat, dieser Abschied fiel schwerer, als man sich das gedacht hatte. Es ist eine eigene Sache, aus einer Umgebung herausgerissen zu werden, die einem durch viele Erinnerungen an Kampf und Erfolg lieb und vertraut geworden ist. Hier hatte man begonnen. Von hier aus waren die ersten Versammlungskampagnen für das rheinische und Ruhrgebiet organisiert worden. Hier hatten wir den ersten Mittelpunkt für die sporadisch in der ganzen Provinz sich bildenden nationalsozialistischen Stützpunkte geschaffen.

Eben gibt der Stationsvorsteher das Abfahrtssignal. Ein kurzes Winken, ein fester Händedruck. Mein braver Benno, ein herrlicher deutscher Schäferhund, der Freud und Leid mit uns geteilt hatte, heult ein letztes Mal klagend zum Abschied auf, und dann bewegt sich der Zug in langen Stößen aus der Bahnhofshalle heraus.

In hastender Eile fliegen wir durch das in grauem Regendämmer liegende Land. Vorbei an Stätten des Fleißes und der Betriebsamkeit, an ragenden Schornsteinen und dampfenden Schloten. Wie oft ist man diese Strecke gefahren, damals, wenn wir abends ins Ruhrgebiet vorstießen, um in irgendeinem

Kommunistenzentrum erste Bresche zu schlagen. Wie oft haben wir hier zum Angriff angesetzt, wurden blutig zurückgewiesen, kamen wieder, wurden wieder mit Beulen und Wunden nach Hause geschickt, um beim dritten Male in zähem Durchbruch eine sichere Position zu erkämpfen.

Essen! Bochum! Düsseldorf! Hagen! Hattingen! Das waren die ersten Plätze, an denen wir unsere Stellungen befestigten. Keine Versammlung konnte damals ohne blutige Niederringung des marxistischen Terrors zu Ende geführt werden. Hätte der Gegner gewußt, wie schwach wir waren, er hätte uns vermutlich zu Brei und Brühe geschlagen. Nur der vermessenen Tollkühnheit einiger weniger SA.-Kommandos war es verdanken, daß wir überhaupt in diese Gebiete eindringen konnten.

Dabei war es unser Bestreben, hier und da bei günstigen Voraussetzungen eine Stadt absolut zu erobern und sie zur Hochburg der aufsteigenden Bewegung auszubauen, von der aus dann der Kampf in das umliegende Land vorgetragen wurde.

Eine dieser Hochburgen war das kleine, zwischen Bochum und Essen gelegene Industriestädtchen Hattingen; dort schuf eine Reihe von günstigen Bedingungen einen für uns außerordentlich günstigen Boden, den wir denn auch mit mühevollem Fleiß und tapferer Zähigkeit umpflügten und mit dem Samen unserer jungen Idee befruchteten. Hattingen ist eine mittlere Ruhrstadt, die ausschließlich von der Industrie lebt. Die Henrichshütte des Henschelkonzerns war hier das erste Ziel unseres konzentrierten Propaganda-Angriffs, und in zweijährigem Ringen mit dem Marxismus rosaroter und rötester Couleur einerseits und andererseits, wenigstens in der frühesten Zeit, mit der französischen Besatzung gelang es uns, die Stadt ganz und gar in unsere Hände zu bringen, die marxistische Front aus ihren festen Positionen zu verdrängen und die Fahne des Nationalsozialismus fest im harten westfälischen Boden zu verrammen.

Kurz noch vor meinem Abschied erlebten wir hier den Triumph, daß es unmöglich war, eine marxistische Versammlung, selbst unter Zuziehung starker auswärtiger Kräfte, zur Durchführung zu bringen. Der Feind kam nicht mehr zu uns, und so gingen wir zu ihm. Die sozialdemokratische Partei wagte es nicht mehr, den Nationalsozialismus in die Schranken zu fordern. Uns jedoch fand sie bereit, Mann gegen Mann Rede und Antwort zu stehen.

Das hatte gewiß schwere Kämpfe und blutige Auseinandersetzungen gekostet. Wir hatten das weder gesucht noch provoziert. Wir waren im Gegenteil entschlossen, unsere Idee in Frieden und ohne Terror in das Ruhrgebiet hineinzutragen. Andererseits aber wußten wir aus der Erfahrung, daß, wenn der Aufmarsch einer neuen Bewegung vom Terror des Gegners bedroht wird, man dagegen weder mit guten Redensarten noch mit einem Appell an Solidarität und Brüderlichkeit ankommt. Wir hielten jedem, der unser Freund sein wollte, die offene Hand hin. Schlug man uns aber mit der geballten Faust, dann gab es für uns dagegen immer nur ein Mittel: die Faust, die sich gegen uns erhob, aufzubrechen.

Die Bewegung an der Ruhr hatte von Anfang an einen stark proletarischen Charakter. Das lag in der Landschaft selbst und in ihrer Bevölkerung begründet. Das Ruhrgebiet ist seiner ganzen Natur und Anlage nach das Land der Arbeit. Jedoch unterscheidet sich der Proletarier des Ruhrgebiets tiefgehend und ausschlaggebend vom sonstigen Durchschnittsproletarier.

Das Grundelement dieser Bevölkerungsschicht wird noch vom bodenständigen Westfalen gestellt, und die Kumpels, die frühmorgens in die Bergwerke hinuntersteigen, sind meistens im ersten oder mindestens im zweiten Glied Söhne westfälischer Kleinbauern.

Es liegt in diesem Menschenschlag noch eine gesunde, urwüchsige Bodenverwurzeltheit. Die Internationale hätte hier niemals Einbruch halten können, wären die sozialen Verhältnisse in dieser Provinz nicht in der Tat himmelschreiend gewesen und das Unrecht, das man dem Arbeitertum seit Jahrzehnten angetan hatte, so wider jede Natur und Gerechtigkeit, daß die davon Betroffenen dadurch zwangsläufig in eine zur Nation und zu allen staatserhaltenden Kräften feindliche Front getrieben wurden.

Hier setzten wir mit unserer Arbeit ein. Und ohne daß wir bewußt darauf Gewicht gelegt hätten, nahm der Kampf um die Wiedergewinnung des Ruhrproletariats einen stark sozialistischen Charakter an. Der Sozialismus, wie wir ihn verstehen, ist im wesentlichen das Ergebnis eines gesunden

Gerechtigkeitsgefühls, verbunden mit Verantwortungsbewußtsein der Nation gegenüber, ohne Rücksichtnahme auf die Interessen einer Einzelperson.

Und da man uns durch Einsatz feindlichen Terrors geradezu dazu zwang, mit den Fäusten die Bewegung zu verteidigen und vorwärtszutreiben, erhielt unser Kampf von Beginn an eine ausgesprochen revolutionäre Note. Der revolutionäre Charakter einer Bewegung wird zwar weniger durch die Methoden, mit denen sie ficht, bestimmt, als durch die Ziele, die sie erkämpft. Hier aber stimmten Ziele und Methoden miteinander überein.

Das fand auch seinen Niederschlag in den geistigen Dokumenten der Bewegung an Rhein und Ruhr. Hier wurden in Jahre 1925 die "Nationalsozialistischen Briefe" begründet und in ihnen der Versuch gemacht, die sozialistischen Tendenzen unserer Bewegung einer Klärung zuzuführen. Zwar waren wir keine Theoretiker und wollten das auch gar nicht sein; aber andererseits mußten wir unserem Kampf nach außen auch das notwendige geistige Rüstzeug mitgeben. Und das wurde dann auch sehr bald für weite Kreise der Bewegung in Westdeutschland vielbegehrte Anregung zu weiterer und tieferer Arbeit.

In den Jahren 1925/26 ergab sich die Notwendigkeit, die weitverzweigten Organisationsformen der Bewegung an Rhein und Ruhr zusammenzuschmelzen. Das Ergebnis dieses Prozesses war der sogenannte Gau Ruhr, der in Elberfeld seine Zentrale und seinen politischen Sitz hatte. Die Arbeit in den Industriestädten des Westens war zuerst im wesentlichen eine propagandistische. Wir hatten damals noch nicht die Möglichkeit, irgendwie aktiv in den Gang der politischen Dinge einzugreifen. Die politische Lage in Deutschland war so erstarrt und verkrustet, daß das schlechterdings ausgeschlossen war.

Dazu kam, daß die junge Bewegung sich noch sehr in den ersten Anfängen befand, so daß eine Einflußnahme auf die große Politik selbst für sie gar nicht in Frage kam.

Die Propaganda an sich hat keine eigene grundsätzliche Methode. Sie hat nur ein Ziel; und zwar heißt dieses Ziel in der Politik immer: Eroberung der Masse. Jedes Mittel, das diesem Ziel dient, ist gut. Und jedes Mittel, das an diesem Ziel vorbeigeht, ist schlecht. Der Propagandist der Theorie ist vollkommen untauglich, der sich eine geistreiche Methode am Schreibtisch erdenkt und dann am Ende aufs höchste verwundert und betroffen ist, wenn diese Methode vom Propagandisten der Tat nicht angewandt wird oder, von ihm in Anspruch genommen, nicht zum Ziele führt. Die Methoden der Propaganda entwickeln sich ursächlich aus dem Tageskampf selbst heraus. Keiner von uns ist zum Propagandisten geboren worden. Wir haben die Mittel und Möglichkeiten einer wirksamen Massenpropaganda aus der täglichen Erfahrung gelernt und sie erst in der immer sich wiederholenden Anwendung zu einem System erhoben.

Auch die moderne Propaganda beruht noch im wesentlichen auf der Wirkung des gesprochenen Wortes. Revolutionäre Bewegungen werden nicht von großen Schriftstellern, sondern von großen Rednern gemacht. Es ist ein Irrtum, wenn man annimmt, das geschriebene Wort habe deshalb größere Wirkungen, weil es durch die Tagespresse an ein größeres Publikum herankommt. Wenn auch der Redner meistenfalls, und wenn es hoch geht, nur einige Tausend mit seinem Wort erreichen kann - wogegen der politische Schriftsteller manchmal und oft zehn- und hunderttausende Leser findet -, das gesprochene Wort beeinflußt in der Tat nicht nur den, der es unmittelbar hört, es wird von ihm hundert- und tausendfach weitergegeben und fortgetragen. Und die Suggestion einer wirkungsvollen Rede steht immer noch turmhoch über der papierenen Suggestion eines Leitartikels. *[Und man bedenke, daß diese Erkenntnis noch aus der Zeit* **vor** *dem visuellen Medien-Massenkonsum des Fernsehzeitalters stammt, in der ein Redner mit seinem Wort ein Publikum von Millionen erreichen kann! Anm. d. Scriptorium.]*

Wir waren deshalb auch im ersten Verlauf des Kampfes an Rhein und Ruhr in der Hauptsache und fast ausschließlich Agitatoren. Wir besaßen in der Massenpropaganda unsere einzige Hauptwaffe und waren um so mehr zu ihrem Gebrauch gezwungen, als uns ja vorderhand jede publizistische Waffe fehlte.

Es konnte nicht ausbleiben, daß die ersten Erfolge, die wir im Ruhrgebiet erkämpften, sehr bald auch ihren Niederschlag fanden in den Auseinandersetzungen, die die Bewegung zur gleichen Zeit im ganzen Reich auszufechten hatte. Die Partei befand sich damals kurz nach dem Zusammenbruch und der Wiederfreilassung Adolf Hitlers aus der Festung Landsberg in einem verzweifelten Zustand. Sie hatte in kühnem Anlauf nach den letzten Dingen gegriffen und war dann aus der höchsten Höhe in die tiefste Tiefe hinabgeschleudert worden. Im Jahre 1924 war sie ausgefüllt von zermürbenden persönlichen Kleinkämpfen. Überall fehlte die sichere und feste Führerhand dessen, der in Landsberg hinter Gittern saß.

Das wurde zwar anders, als Adolf Hitler um Weihnachten 1924 die Festung verließ. Aber was kleine und beschränkte Geister in einem Jahr zerschlagen hatten, das konnte ein genialer Kopf in so kurzer Zeit nicht wieder aufbauen. Weit und breit sah man nur Scherben und Trümmer; viele der besten Kämpfer hatten der Bewegung den Rücken gekehrt und standen mut- und hoffnungslos resigniert beiseite.

Die Bewegung an Rhein und Ruhr war von diesen inneren Auseinandersetzungen im großen ganzen vom Schicksal verschont geblieben. Sie stand, soweit sie überhaupt um diese Zeit vorhanden war, unter dem Druck der feindlichen Besatzung. Sie war in die Defensive gedrängt und mußte sich so ihrer primitivsten Existenz erwehren. Sie hatte deshalb nur wenig Zeit für programmatische Debatten, die die Bewegung im unbesetzten Deutschland über das zulässige Maß bewegten. Ganz kleine, verschwiegen aufgezogene Stützpunkte bildeten ihr Rückgrat, solange der Feind im Lande saß. Und als die Franzosen abzogen, wurden diese Stützpunkte in kürzester Frist zu mächtig aufstrebenden Ortsgruppen ausgebaut, die das Terrain zu erobern trachteten, das im übrigen Reich längst schon genommen war, und in dem sich dort die Kampfgenossen in persönlichen und wohl auch sachlichen, meist aber sehr harten und unfreundlichen Auseinandersetzungen herumtummelten.

Niemand vermag die freudige Genugtuung zu schildern, die uns alle erfüllte, als es uns unter schweren Opfern gelang, der Rhein- und Ruhrbewegung in Elberfeld durch Errichtung einer ständigen Geschäftsstelle eine feste Zentrale zu geben. Sie war zwar noch primitiv und keineswegs den Anforderungen einer modernen Massenorganisation gewachsen. Aber wir hatten doch einen Sitz, einen Halt, ein Zentrum, von dem aus wir ins Land zu unseren Eroberungen vorstoßen konnten. Bald schon war die ganze Provinz übersponnen mit einem feinmaschigen Organisationsnetz; die ersten Anfänge der Sturmabteilungen begannen sich zu bilden. Umsichtige Organisatoren und begabte Redner übernahmen die Führung der Ortsgruppen; es blühte mit einem Male neues Leben aus den Ruinen.

Wie schwer mußte es mir fallen, diese hoffnungsvollen Anfänge aufzugeben und meine Tätigkeit in ein mir bis dahin noch ganz unbekanntes Arbeitsgebiet zu verlegen! Hier hatte ich begonnen. Hier glaubte ich für immer meinen festen Sitz gefunden zu haben. Nur mit Widerwillen konnte ich daran denken, diese Kampfposition aufzugeben und sie mit einer noch vagen und ungewissen Hoffnung auf andere Erfolge einzutauschen.

Alles das zog noch einmal in wirrem und ungeordnetem Zuge an meinem geistigen Auge vorüber, während die Lokomotive fauchend und heulend durch den grauen Nebel raste, vorbei an den Stätten meiner vergangenen Arbeit, und in westfälisches Land vorstieß. Was erwartet mich in Berlin? Es ist heute gerade der 9. November! Ein schicksalsschwerer Tag für Deutschland selbst, als auch ganz besonders für unsere eigene Bewegung! Drei Jahre sind es her, da knatterten an der Feldherrnhalle in München die Maschinengewehre und wurden die anmarschierenden Kolonnen eines jungen Deutschlands von der Reaktion zusammenkartätscht. Soll das das Ende sein? Oder liegt nicht vielmehr in unserer eigenen Kraft und in unserem Willen Hoffnung und Gewähr, daß Deutschland doch noch einmal und trotz allem wieder aufersteht und durch uns ein anderes politisches Gesicht bekommt?

Schon lastet schwer und grau der Novemberabend über Berlin, als der D-Zug in den Potsdamer Bahnhof hineinkeucht. Kaum sind zwei Stunden vergangen, da stehe ich zum ersten Male auf jenem Podium, das so oft noch in der Folgezeit Ausgangspunkt unserer weiteren politischen Entwicklung werden sollte. Ich spreche vor der Berliner Partei.

Eine Judengazette, die mich in späteren Jahren so oft noch tadelnd erwähnen mußte, nimmt als einziges Organ in der Reichshauptstadt von dieser Jungfernrede überhaupt Notiz. "Ein gewisser Herr Göbels, man sagt, er käme aus dem Ruhrgebiet, produzierte sich und verzapfte die altgewohnten Phrasen."

Die Berliner Bewegung, die ich nun als Führer übernehmen sollte, befand sich zur damaligen Zeit in einem wenig erfreulichen Zustand. Auch sie hatte die Irrungen und Wirrungen der Gesamtpartei mit durchmachen müssen, und wie jede Krise, so hatte sich auch diese in Berlin mit besonders verheerenden Folgen abgespielt. Führerstreitigkeiten hatten das Gefüge der Organisation, soweit davon überhaupt die Rede sein konnte, bis ins Mark erschüttert. Es schien vorläufig unmöglich, Autorität und feste Disziplin wieder durchzusetzen. Zwei Gruppen lagen sich in erbitterter Feindschaft gegenüber, und die Erfahrung hatte gezeigt, daß es ausgeschlossen war, die eine gegen die andere durchzusetzen. Lange hatte die Parteileitung gezögert, in diese Verwirrung einzugreifen. Man ging mit Recht von der Erwägung aus, daß, wenn dieser Zustand beseitigt werden sollte, die Neuordnung der Dinge in Berlin so vorgenommen werden müßte, daß sie wenigstens für eine geraume Zeit eine gewisse Stabilität der Partei garantierte. Innerhalb der Berliner Organisation aber zeigte sich keine Führerpersönlichkeit, der man die Kraft zutrauen konnte, die verlorene Disziplin wiederherzustellen und eine neue Autorität aufzubauen. Man kam dann am Ende auf den Ausweg, mich für eine bestimmte Zeit nach Berlin zu versetzen mit der Aufgabe, der Partei wenigstens die primitivsten Arbeitsmöglichkeiten wieder zu verschaffen.

Dieser Gedanke tauchte zum ersten Male auf dem Weimarer Parteitag im Jahre 1926 auf, wurde dann weiter verfolgt und gewann endgültig Gestalt bei einem gemeinsamen Ferienaufenthalt mit Adolf Hitler und Gregor Strasser in Berchtsgaden. Ich war verschiedene Male in Berlin und nahm bei diesen Besuchen Gelegenheit, die Zustände in der Berliner Organisation zu studieren, bis ich mich schließlich entschloß, die schwere und undankbare Aufgabe zu übernehmen.

Es war in Berlin so wie allerorts, wenn eine Organisation eine Krise durchmacht: es tauchten an allen Ecken und Enden Glücksritter auf, die nun ihre Zeit für gekommen hielten. Jeder versammelte um sich eine Clique oder einen Anhang, mit dem er Einfluß zu gewinnen versuchte, oder, wenn es sich um verräterische Subjekte handelte, die Verwirrung weiter zu fördern trachtete. Es war überhaupt unmöglich, in Ruhe und Sachlichkeit die Lage der Partei zu untersuchen und zu festen Entschlüssen zu kommen. Bezog man die verschiedenen

Gruppen und Grüppchen mit in die Verhandlungen ein, dann sah man sich gleich von all den Kameraderien umgeben und eingekesselt und fand sich am Ende selbst nicht mehr durch.

Lange hatte ich geschwankt, ob ich das undankbare Amt überhaupt übernehmen sollte; bis mich schließlich Ziel und Pflicht dazu bestimmten, eine Arbeit mutig in Angriff zu nehmen, von der ich von vornherein wußte, daß sie mir mehr Sorge, Ärger und Verdruß bereiten würde, als sie mir Freude, Erfolg und Erfüllung einbringen konnte.

Die Krise, die die Berliner Bewegung zu erschüttern drohte, war im wesentlichen rein persönlicher Natur. Es handelte sich dabei weder um programmatische noch um organisatorische Differenzen. Jede der beiden Gruppen, die sich einander befehdeten, wollte nur ihren Mann an die Spitze der Bewegung stellen. Es blieb also nichts anderes übrig, als einen Dritten dorthin zu bestimmen, wo allem Anschein nach keiner der beiden Rivalen ohne schwerste Schädigung der Partei hingelangen konnte.

Ist es verwunderlich, daß ich als Neuling, der ich gar nicht aus Berlin stamme und damals den Charakter dieser Stadt und ihrer Bevölkerung nur ganz flüchtig kannte, von allem Anfang an vielfachen persönlichen und sachlichen Anfeindungen ausgesetzt war? Meine Autorität, die damals noch durch keinerlei Leistungen unterbaut war, konnte nirgendwo bei wichtigen Entscheidungen eingesetzt werden. Es handelte sich vorläufig und in der Hauptsache darum, diese Autorität überhaupt erst einmal zu begründen.

Allerdings war im Augenblick noch keinerlei Möglichkeit gegeben, die Bewegung zu sichtbaren politischen Erfolgen zu führen. Denn das, was man damals in Berlin Partei nannte, verdiente diesen Titel in keiner Weise. Es war ein wild durcheinander gewirbelter Haufen von einigen hundert nationalsozialistisch denkenden Menschen, von denen jeder sich über den Nationalsozialismus seine eigene und private Meinung gebildet hatte; und diese Meinung hatte in den meisten Fällen mit dem, was man gemeinhin unter Nationalsozialismus zu verstehen pflegt, nur recht wenig zu tun. Prügeleien zwischen den einzelnen Gruppen waren an der Tagesordnung. Gott sei Dank nahm die Öffentlichkeit davon keine Notiz, da die Bewegung selbst rein zahlenmäßig noch so unbedeutend war, daß selbst die Journaille, die doch sonst bei uns nichts unerwähnt läßt, darüber mit einem verächtlichen Achselzucken zur Tagesordnung überging.

Diese Partei war nicht manövrierfähig. Man konnte sie im entscheidenden politischen Kampf, ganz abgesehen von der Zahl, schon ihrer Güte nach nicht einsetzen. Man mußte sie zuvor einheitlich formen, mußte ihr einen gemeinsamen Willen eingeben und sie mit einem neuen, heißen Impuls beseelen. Man mußte sie zahlenmäßig verstärken und die enggezogenen Grenzen der parteipolitischen Sekte sprengen. Man mußte ihren Namen und ihr Ziel dem öffentlichen Denken einhämmern und der Bewegung selbst, wenn nicht Liebe und Achtung, so doch wenigstens Haß und leidenschaftliche Ablehnung erkämpften.

Die Arbeit begann damit, daß ich versuchte, die lockeren Bestandteile der Organisation wenigstens für eine gemeinsame Veranstaltung zusammenzubringen. Einige Tage nach meiner Übernahme der Berliner Führung hielten wir in Spandau, wo wir damals den festesten Stützpunkt der Bewegung hatten, unsere erste Generalmitgliederversammlung ab. Diese Veranstaltung gab dann in der Tat das traurigste Bild von den Zuständen, die sich im Verlauf der Krise in der Berliner Bewegung herausgebildet hatten. Die Mitgliedschaft, die den Saal nur spärlich besetzt hielt, zerfiel in zwei Teile. Der eine Teil war **pro**, der anderen war **contra**. Und da man sich untereinander und gegeneinander abgekämpft und ausgetobt hatte, richtete sich die gemeinsame Ablehnung gegen mich selbst und gegen den von mir vorgeschlagenen neuen Kurs, von dem die Quertreiber dumpf zu ahnen schienen, daß er allerdings in kürzester Frist dem ganzen disziplinlosen Treiben ein Ende machen würde.

Ich gab die Parole aus: Unter die Vergangenheit wird ein Strich gemacht und von vorne angefangen! Jeder, der nicht gewillt ist, für diese Parole mitzuarbeiten, wird ohne viel Federlesens aus der Bewegung ausgeschlossen. Wir verloren damit gleich beim ersten Auftreten ungefähr ein Fünftel des gesamten Parteibestandes in Berlin. Aber ich hatte die feste Zuversicht, daß die Organisation, wenn sie in sich verschmolzen war und keinerlei Bestandteile mehr aufwies, die ihre Existenz gefährdeten, auf die Dauer eben durch die Geschlossenheit ihres

Auftretens mehr Erfolge, auch rein zahlenmäßig, versprach als eine größere Organisation, die immer und ewig von dem zersetzenden Treiben einer Handvoll gewerbsmäßig anarchischer Elemente bedroht war.

Viele meiner besten Parteigenossen wollten das damals nicht verstehen. Sie glaubten, auf diese Handvoll Mitglieder nicht verzichten zu sollen, die da der Partei den Rücken kehrten und ihr Todfeindschaft androhten. Die spätere Entwicklung hat gezeigt, daß die Bewegung selbst, sobald sie an den Feind herangeführt wird, solche Krisen ohne jede Gefahr ausschwitzt, und daß das, was wir damals zahlenmäßig verloren, zehn- und hundert- und tausendfach wieder durch eine gesunde und in sich gefestigte Kampforganisation hereingeholt wurde.

Die Berliner Bewegung hatte damals auch schon ihren festen Sitz. Allerdings war der von äußerster Primitivität. Sie bewohnte eine Art verdrecktes Kellergewölbe in einem Hinterhaus in der Potsdamer Straße. Dort domizilierte ein sogenannter Geschäftsführer mit einem Kassenheft, in dem er die täglichen Ein- und Ausgänge nach bestem Wissen zu buchen pflegte.

Stapel von Papier und Zeitungen lagen in den Ecken herum. Im Vorzimmer standen debattierende Gruppen von arbeitslosen Parteigenossen, die sich die Zeit mit Rauchen und Fabrizieren von Latrinenparolen vertrieben.

Wir nannten diese Geschäftsstelle die "Opiumhöhle". Und diese Bezeichnung schien in der Tat absolut zutreffend zu sein. Sie war nur mit künstlichem Licht zu erhellen. Sobald man die Tür aufmachte, schlug einem der Schwaden von schlechter Luft, Zigarren-, Zigaretten-und Pfeifenqualm entgegen. An ein solides und systematisches Arbeiten war hier selbstverständlich gar nicht zu denken.

Die "Opiumhöhle" (XX)
Erste Geschäftsstelle der NSDAP. in Berlin, Potsdamer Straße 109

Die Verwaltung einer Partei darf sich niemals auf die gute Gesinnung ihrer Beamten allein verlassen. Die Gesinnung soll bei der beruflichen Parteiarbeit selbstverständliche Voraussetzung sein und braucht deshalb nicht besonders betont zu werden. Zur guten Gesinnung jedoch gehört ein Zweites, und das schien in der "Opiumhöhle" vollkommen zu fehlen: der ernsthafte Wille und die Fähigkeit, etwas zu leisten. Es herrschte hier ein heilloses Durcheinander. Eine Organisation war kaum vorhanden. Die Finanzen befanden sich in einem trostlosen Zustand. Der damaligen Gau Berlin besaß nicht viel anderes als Schulden.

Es war eine der wichtigsten Aufgaben der Organisation, die Partei vorerst einmal auf eine gesunde finanzielle Basis zu stellen und ihr die Mittel zu verschaffen, mit denen sie überhaupt eine geregelte Arbeit aufnehmen konnte. Wir Nationalsozialisten vertreten den Standpunkt, daß eine revolutionäre Kampfpartei, die sich zum Ziel gesetzt hat, den internationalen Kapitalismus zu zertrümmern, nie und nimmer von eben demselben Kapitalismus **die** Geldmittel nehmen darf und kann, die sie zu ihrem Aufbau nötig hat. Es stand deshalb für uns von vornherein fest, daß die junge Bewegung in Berlin, die zu führen ich nun die Ehre hatte, sich die Mittel zu ihrem ersten Aufbau aus sich selbst heraus verschaffen mußte. Hatte sie dazu nicht die Kraft und den Willen, dann war sie lebensunfähig, und es erschien uns dann verlorene Liebesmüh', Zeit und Arbeit einer Aufgabe zu widmen, zu der wir kein Vertrauen haben konnten.

Es bedarf keiner besonderen Betonung, daß die Verwaltung einer Bewegung so billig wie möglich arbeiten muß. Andererseits aber gibt es bestimmte Voraussetzungen, die nun einmal für eine zielbewußte Organisation gegeben sein müssen; und zu ihrer Sicherstellung die notwendigen Finanzen herbeizuschaffen, war Ziel und Zweck meiner ersten Arbeit.

Ich appellierte an die Opferbereitschaft der Parteigenossen selbst. Am Bußtag des Jahres 1926 versammelten sich im Viktoriagarten in Wilmersdorf, in einem Saal, der später oftmals noch Stätte unserer propagandistischen Triumphe werden sollte, an die sechshundert Parteigenossen, denen ich die Notwendigkeit einer gesunden finanziellen Basierung der Berliner Organisation in längerer Rede darlegte. Das Ergebnis dieser Zusammenkunft war, daß die Parteigenossen sich verpflichteten, in monatlichen Opferbeiträgen fünfzehnhundert Mark bereitzustellen, mit denen wir in die Lage versetzt wurden, der Bewegung einen neuen Sitz zu geben, das notwendigste Verwaltungspersonal zu engagieren und mit dem Kampf um die Reichshauptstadt zu beginnen.

GEGEN DEN ZERFALL
(TEIL 2)

Die Stadt Berlin war mir bis dahin, politisch und bevölkerungsmäßig gesehen, ein Buch mit sieben Siegeln. Ich kannte sie nur von gelegentlichen Besuchen, und da war sie mir immer als ein dunkles, geheimnisvolles Rätsel erschienen, als ein Stadtungeheuer aus Stein und Asphalt, das ich meistens lieber verließ, als daß ich es betrat.

Man lernt Berlin erst kennen, wenn man einige Jahre dort lebt. Dann geht einem plötzlich das dunkle, geheimnisvolle Etwas dieser sphinxhaften Stadt auf. Berlin und der Berliner genießen im Land einen schlechteren Ruf, als sie verdienen. Schuld daran tragen meistens jene nomadenhaft wurzellosen, internationalen Juden, die mit Berlin weiter nichts zu tun haben, als daß sie dort auf Kosten der fleißigen, bodenständigen Bevölkerung ihr parasitäres Dasein fristen.

Die Stadt Berlin ist von einer geistigen Beweglichkeit ohnegleichen. Sie ist lebendig und tatkräftig und mutig, sie hat weniger Gemüt als Verstand und mehr Witz als Humor. Der Berliner ist betriebsam und vital. Er liebt die Arbeit, und er liebt das Vergnügen. Er kann sich mit der ganzen Leidenschaft seiner mobilen Seele einer Sache hingeben, und nirgendwo ist der verbissene Fanatismus, vor allem in politischen Dingen, so zu Hause wie in Berlin.

Allerdings hat diese Stadt auch ihre Gefahren. Täglich speien die Rotationsmaschinen in Millionen von Zeitungsexemplaren das jüdische Gift in die Reichshauptstadt hinein. Berlin wird von hundert geheimnisvollen Mächten hin- und hergezerrt, und es ist schwer, in dieser Stadt einen festen Halt zu gewinnen und eine sichere geistige Position zu behaupten.

Der Asphalt gibt den Boden ab, auf dem Berlin wächst und sich in atemberaubendem Tempo vergrößert. Die Stadt ernährt sich nicht aus eigenen Vorräten, weder materiell noch geistig. Sie lebt von der Scholle der Provinz; aber sie versteht es, das, was die Provinz ihr willig gibt, in verlockenden Formen wiederzugeben.

Jede politische Bewegung hat in Berlin einen grundsätzlich anderen Charakter als in der Provinz. In Berlin ist seit Jahrzehnten um die deutsche Politik mit Blut gekämpft worden. Das macht den politischen Typ hier härter und grausamer als anderswo.

Die Mitleidlosigkeit dieser Stadt hat ihnen Niederschlag auch in ihren Menschen gefunden.

In Berlin heißt es: Vogel friß oder stirb! Und wer seine Ellenbogen nicht zu gebrauchen versteht, der kommt hier unter die Räder.

Berlin braucht seine Sensation wie der Fisch das Wasser. Diese Stadt lebt davon, und jede politische Propaganda wird ihr Ziel verfehlen, die das nicht erkannt hat.

Alle deutschen Partreikrisen sind von Berlin ausgegangen; und das ist auch erklärlich. Berlin beurteilt die Politik mit dem Verstand, nicht mit dem Herzen. Der Verstand aber ist tausend Versuchungen ausgesetzt, während das Herz immer seinen gleichen Takt schlägt.

Wir haben das alles erst sehr spät und nach vielen bitteren

Erfahrungen einsehen gelernt. Dann aber haben wir unsere ganze Arbeit darauf eingestellt.

Wir hatten nun mit Mühe und Not die Finanzen der Berliner Bewegung in Ordnung gebracht und konnten jetzt daran gehen, die zerfallene Organisation neu aufzurichten. Es war für uns ein günstiger Umstand, daß wir vorläufig keinerlei Widerstand von außen her zu erwarten hatten. Man kannte uns noch gar nicht, und soweit man überhaupt von unserer Existenz wußte, nahm man uns nicht ernst. Der Name der Partei schlummerte noch in der Anonymität, und auch niemand von uns hatte es bisher fertiggebracht, seinen eigenen Namen einer breiteren Öffentlichkeit bekanntzumachen. Das war auch gut so. Denn damit gewannen wir Zeit und Möglichkeit, die Bewegung auf eine gesunde Grundlage zu stellen, so daß sie, würde der Kampf einmal unumgänglich notwendig, allen Stürmen und Anfeindungen gewachsen war.

Die Berliner SA. war damals schon in beachtlicher Stärke vorhanden. Sie führte ihre glorreiche, kämpferische Tradition auf den Frontbann zurück. Der Frontbann war der eigentliche Träger nationalsozialistischer Parteigeschichte in Berlin vor dem Jahre 1926. Allerdings war diese Tradition mehr gefühls- als erkenntnismäßig bestimmt. Der SA.-Mann, soweit er im Frontbann marschierte, war Soldat. Das politische Charakteristikum fehlte ihm noch vollkommen. Es war eine der schwersten Aufgaben der ersten Wochen, den SA.-Mann zum **politischen** Soldaten umzuformen. Erleichtert allerdings wurde diese Aufgabe durch die willige Disziplin, mit der sich die alte Parteigarde, soweit sie in der SA. marschierte, dem neuen Kurs der Berliner Bewegung ein- und unterordnete.

Der SA.-Mann will kämpfen, und er hat auch ein Recht darauf, zu Kampf geführt zu werden. Seine Existenz gewinnt erst im Kampf ihre Berechtigung. Die SA. ohne kämpferische Tendenz ist widersinnig und zwecklos. Als der Berliner SA.-Mann erkannt hatte, daß wir kein anderes Ziel kannten, als mit ihm für die Bewegung um die Reichshauptstadt zu kämpfen, da stellte er sich bedingungslos hinter unsere Parolen, und ihm ist es in der Hauptsache zu verdanken gewesen, daß so bald schon aus dem chaotischen Durcheinander der Bewegung ein neuer Impuls hervorbrach und die Partei dann in triumphalem Aufmarsch gegen ihre Feinde Stellung um Stellung erkämpften konnte.

Schwieriger war das damals bei der politischen Organisation. Sie hatten nur wenig Tradition, und die Führung in den meisten Sektionen war schwächlich, kompromißlerisch, ohne inneren Halt und ohne willensmäßige Kraft. Wir mußten viele Abende damit zubringen, von einem Sektionslokal zum anderen zu fahren und aus den widerstrebenden Organisationsteilchen ein festes Gefüge zu formen. Es kam dann auch zuweilen vor, daß man auf Untergruppen stieß, deren ganzes Gehabe eher dem eines patriotischen Kegelvereins als dem einer revolutionären Kampfbewegung glich. Da mußte dann rücksichtslos eingeschritten werden. Es hatte sich in der politischen Organisation eine Art von parlamentarischer Demokratie herausgebildet, und man glaubte nun, die neue Führung zum willenlosen Spielball von Mehrheitsbeschlüssen der verschiedenen Cliquen machen zu können.

Dem wurde sofort ein Ende gesetzt. Wir verloren dabei zwar wieder eine Reihe von unbrauchbaren Elementen, die sich bei der Partei ankristalisiert hatten. Aber die gehörten innerlich überhaupt nicht zu uns.

Daß der Marxismus und die jüdische Journaille uns damals nicht ernst nahmen, war unser Glück. Hätte beispielsweise die KPD. in Berlin auch nur geahnt, was wir waren und was wir wollten, sie hätte die ersten Anfänge unserer Arbeit mitleidlos und brutal im Blut erstickt.

Daß man uns am Bülowplatz gar nicht kannte, oder wo man uns kannte, nur über uns lächelte, das hat man später oft und bitter bereuen müssen. Denn wenn wir uns vorläufig auch darauf beschränkten, die Partei selbst zu konsolidieren und damit unsere Arbeit mehr nach innen als nach außen gerichtet war, so erschien uns das keineswegs als Selbstzweck, sondern nur als Mittel zum Zweck. Die Partei war für uns nicht ein Kleinod, das wir im silbernen Schrein verschließen wollten; sie war vielmehr ein Diamant, den wir schliffen, um ihn später mitleidlos zum Zerschneiden der feindlichen Front anzusetzen.

Viel Zündstoff, der in der Berliner Bewegung gelagert hatte, war bereits beseitigt, als wir nach kurzer Zeit die Führerschaft der gesamten Organisation zum ersten Gautag zusammenberiefen. Dort wurde die Personenkrise endgültig liquidiert und für die ganze Partei die Parolen ausgegeben: Wir fangen von vorne an!

Parteikrisen werden in Berlin auf die Dauer niemals vermieden werden können. Die Frage ist nur, ob die Krisen am Ende das Gefüge der Partei erschüttern, oder ob sie von der Organisation ausgeschwitzt werden. Die Berliner Bewegung hat viele persönliche, organisatorische und programmatische Krisen durchgemacht. Sie haben hier meistens nichts geschadet, aber oft viel genützt. Wir gewannen dabei immer die Möglichkeit, überalterte und unbrauchbare Stoffe und Elemente aus der Organisation auszuscheiden und die bedrohte Gesundheit der Partei durch eine Radikalkur augenblicks wieder herzustellen.

So war es auch schon beim erstenmal. Nachdem die Partei die Krise überwunden hatte, war sie von allen Krankheitsstoffen gereinigt und konnte mit Mut und Tatkraft an ihre eigentliche Aufgabe herantreten.

Schon begann damals der erste Terror, der sich allerdings mehr auf der Straße als in den Ämtern bemerkbar machte. Es verging kein Abend, ohne daß unsere heimkehrenden Parteigenossen vom roten Straßenmob angefallen und zum Teil schwer verletzt wurden. Die Organisation selbst aber hatte sich bereits so gefestigt, daß das vergossene Blut uns mehr noch aneinander kittete, als daß es uns in Furcht und Angst auseinandertrieb.

Noch konnten wir keine großen Kampfversammlungen veranstalten, weil die Organisation dazu nicht die innere Kraft hatte. Wir mußten uns darauf beschränken, die Parteigenossenschaft mit Sympathisierenden und Mitläufern in kleinen Sälen Woche um Woche zu versammeln und bei unseren Reden weniger auf die aktuellen Tagesfragen einzugehen, als vielmehr die programmatischen Grundlagen unserer Weltanschauung zu erörtern und sie so in die Köpfe der Parteigenossen hineinzuhämmern, daß sie sie gewissermaßen im Traum nachbeten konnten. Damit schloß sich der erste Kern der Partei zu einem festen Gefüge zusammen. Die Organisation hatte einen Halt, die Idee wurde in rastloser Aufklärungsarbeit vertieft. Jeder wußte, worum es ging, das Ziel war aufgestellt, und nun konnte die ganze Kraft darauf konzentriert werden.

Auch damals schon gab es Kritiker - die Menge, die vom

grünen Tisch aus jeden Entschluß bemäkelten und es in der Theorie immer besser wußten, als wir es in der Praxis machten. Wir haben uns nicht viel darum gekümmert. Wir meinten, daß die bessere Leistung sie am Ende doch immer zum Schweigen bringen würde. Wir konnten nichts tun, ohne daß es bei den Mitläufern und Besserwissern kritisiert und in Grund und Boden verdammt wurde. Das war damals so wie heute. Dieselben aber, die vor jedem Entschluß es immer besser wußten als die, die die Entschlüsse auf eigene Verantwortung fassen mußten, waren dann auch immer, wenn die gefaßten Entschlüsse zu Erfolgen geführt hatten, diejenigen, die es vorausgesagt hatten und am Ende gar so traten, als seien sie es eigentlich gewesen, die den Entschluß faßten und deshalb auch den Erfolg für sich beanspruchen könnten.

Wir sind darüber zur Tagesordnung übergegangen. Wir haben, während die Kritikaster an uns Feder und Maulwerk übten, gearbeitet und manchmal und oft bis in die tiefen Nächte hinein geschuftet. Wir haben keine Mühe und keine Last gescheut. Wir haben in zähem Kampf eine feste Autorität aufgerichtet in einer Organisation, die eben in Gefahr war, in Anarchie zu zerfallen. Wir haben, unbekümmert um das Geschwätz der allzuvielen, die Fahne der Idee aufgepflanzt und fanatische und bedingungslos kämpfende Menschen dafür in Marsch gesetzt.

Ich erinnere mich heute noch mit tiefer, innerer Bewegung eines Abends, da ich, vollkommen unbekannt, mit einigen Kameraden aus der ersten Kampfzeit, auf dem Verdeck eines Autobus sitzend, quer durch Berlin zu einer Versammlung fuhr. Auf den Straßen und Plätzen das ameisenhafte Gewimmel der Großstadt. Tausend und tausend Menschen in Bewegung, scheinbar ohne Ziel und Zweck. Über allem der flackernde Lichtschein dieses Stadtungeheuers gelagert. Damals fragte einer mit bekümmerter Sorge, ob es wohl jemals möglich sein würde, den Namen der Partei und unsere eigenen Namen dieser Stadt, ob sie wollte oder nicht, aufzuzwingen und einzuhämmern. Eher noch, als wir das in jener Stunde glauben und hoffen durften, hat diese bange Frage durch die Tatsachen selbst eine unmißverständliche Antwort erhalten.

BEGINNENDE ORDNUNG
(TEIL 1)

Die Bewegung in Berlin war nun auf eigene Füße gestellt. Die Organisation befand sich, wenn sie auch vorläufig zahlenmäßig noch ziemlich unbedeutend war, in befriedigender Verfassung. Die Geldverhältnisse wurden mehr und mehr geordnete; die Partei wies in den einzelnen Organisationsformen ein brauchbares Führermaterial auf und war somit in der Lage, den Kampf nach außen, wenn auch zuerst nur in zurückhaltenden Formen, zu beginnen.

Für uns stand es von vornherein fest, daß die Partei eine neue Zentrale haben mußte. Die Geschäftsräume, in denen sie bisher beheimatet war, erwiesen sich als unzulänglich und allzu primitiv. Es war ein geregeltes und systematisches Arbeiten darin vollkommen unmöglich.

Wir gingen also sehr bald auf die Suche nach geeigneten neuen Räumen. Aber selbst diese ersten zaghaften Schritte, die die junge Organisation tat, begegneten damals, auch in der Partei, vielfacher mißtrauischer Kritik. Es wird in jeder Organisation immer und zu allen Zeiten diese kleinen Geister geben, die nicht verstehen wollen und können, daß mit geänderten Verhältnissen auch andere Mittel und Methoden Platz greifen müssen, und daß, wenn eine Partei erst aus den kleinsten und bescheidensten Anfängen herauswächst, die Primitivität ihrer Organisation und Hilfsmittel nicht Selbstzweck, sondern nur Mittel zum Zweck sein kann. Eine Partei wird von der Außenwelt immer nur so beurteilt werden, die sie sich der Außenwelt darstellt. Die Öffentlichkeit hat meist gar keine andere Möglichkeiten, ihren inneren Geist, ihre Schlagkraft, die Aktivität ihrer Anhänger und ihrer Führung zu überprüfen. Sie muß sich deshalb notwendigerweise an das halten, was für jedermann sichtbar ist.

Danach hatte sich auch die nationalsozialistische Bewegung zu richten, vor allem im Hinblick darauf, daß sie ja nicht in die

Politik eingetreten war, um an Parlamentspfründen und Ministersesseln teilzuhaben, sondern vielmehr um das Reich und die Macht insgesamt zu erobern. Wenn sie von diesem verwegenen Ehrgeiz besessen war, dann mußte ihr Kampf um die Macht sich in Formen abspielen, die auch für den Außenstehenden den Glauben zuließen, daß die Partei in der Tat ihre Ziele am Ende doch erreichen würde.

Die letzten Wochen des zu Ende gehenden Jahres 1926 waren mit innerer Aufbauarbeit in der Partei selbst vollkommen ausgefüllt. Es gab überall viel und genug zu tun. Hier mußte man einen zaghaften Parteigenossen wieder aufrichten, dem der neue, mit Tempo geladene Kurs der Partei den Atem genommen hatte. Dort mußte man vorlaute Kritiker in ihre Schranken zurückweisen. Da galt es, eine unfähige Sektionsleitung ab- und durch eine neue zu ersetzen. Auch wirkten sich die üblen Folgeerscheinungen der eben überstandenen Krise noch am ganzen Parteikörper in verheerender Weise aus.

Wir hatten die Parole ausgegeben, daß unter die Vergangenheit ein Strich gemacht und von vorne angefangen werden solle. Wir konnten also nichts Besseres tun, als die ganzen inneren Streitigkeiten, die viele Monate der jüngsten Vergangenheit angedauert hatten, einfach totzuschweigen und die Parteigenossenschaft mit neuer Arbeit zu beschäftigen. Wir begegneten allerdings dabei selbst innerhalb der politischen Führerschaft vielfacher Kritik und manchen Anfeindungen. Die Parteigenossen hatten sich so in die persönlichen Streitigkeiten hinein verbissen, daß sie meinten, sie müßten bis ans Ende ausgetragen werden, ohne Rücksichtnahme auf die Organisation selbst. Die Führung dagegen vertrat den Standpunkt, daß die Krise als erledigt gelten müsse und es Wichtigeres zu tun gäbe als die Austragung rein persönlicher Kämpfe, die zu nichts anderem führen konnten, als die besten und uneigennützigsten Parteigenossen allmählich aus der Organisation herauszukraulen und wegzutreiben.

Adolf Hitler hatte mich im Oktober 1926 mit besonderen Vollmachten nach Berlin geschickt, und ich war auch entschlossen, diese Vollmachten in rücksichtsloser Weise anzuwenden. Die Berliner Organisation hatte so lange eine feste und unbeirrte führende Hand entbehren müssen, daß sie sich schon gänzlich an die disziplinlosen Zustände gewöhnt hatte, und nun wurde selbstverständlich jedes scharfe und kompromißfeindliche Eingreifen als lästige Anmaßung empfunden. Ich hätte vielleicht dazu auch gar nicht die Kraft und die Ausdauer gehabt, wäre ich nicht von vornherein des absoluten Vertrauens und der uneingeschränkten Billigung all meiner Entschlüsse seitens der Reichsparteileitung und insbesondere von seiten Adolf Hitlers selbst versichert gewesen.

Man hat damals schon und später sehr oft einen politischen und persönlichen Gegensatz zwischen Adolf Hitler und mir wahrhaben wollen. Von einem solchen Gegensatz konnte weder zu jener Zeit noch heute und jemals die Rede sein. Ich habe niemals Politik auf eigene Faust gemacht und würde das auch heute unter keinen Umständen wagen oder auch nur versuchen. Dazu veranlaßte und veranlaßt mich nicht allein die Parteidisziplin, von der ich überzeugt bin, daß sie uns allein die Kraft und Entschlossenheit gibt, Großes zu vollbringen; ich fühle mich darüber hinaus dem Führer der Bewegung von dem Tage an, da ich das große Glück hatte, ihn persönlich kennen und ich darf wohl sagen schätzen und lieben zu lernen, politisch und auch menschlich so tief verbunden, daß es für mich niemals in Frage kommt, irgend etwas ohne seine Billigung, geschweige gegen seinen Willen zu unternehmen. Das ist die große Chance der nationalsozialistischen Bewegung, daß sich in ihr eine feste und unerschütterliche Führerautorität, verkörpert in der Person Adolf Hitlers, herausgebildet hat. Das gibt der Partei bei all ihren manchmal sehr verantwortungsvollen politischen Entschlüssen einen sicheren Halt und eine starke Festigkeit. Der Glaube an den Führer ist innerhalb der nationalsozialistischen Gefolgschaft - man möchte fast sagen - von einer geheimnisvollen und rätselhaften Mystik umgeben. Ganz abgesehen vom rein psychologischen Wert, den diese Tatsache darstellt, gibt sie der Partei selbst eine so ungeheure politische Kraft und Sicherheit, daß sie damit in der Tat über allen Verbänden und politischen Organisationen steht.

Adolf Hitler **gilt** aber nicht nur in der Partei als ihr erster und oberster Führer, er **ist** das auch wirklich. Der Nationalsozialismus ist ohne ihn oder gar gegen ihn gar nicht zu denken. Er selbst hat mit Recht darauf verwiesen, daß es im Jahre

1919 jedem freistand, dem herrschenden Regime den Kampf anzusagen und eine Bewegung aufzuziehen, die das Tributsystem zum Sturz bringen sollte. Daß er allein sich zu dieser Mission berufen fühlte und sie am Ende auch für die ganze Welt sichtbar zu erfüllen begann, das ist der unumstößliche Beweis dafür, daß das Schicksal ihn dazu auserwählt hat. Nur Schwachköpfe und gewerbsmäßige Meuterer können etwas Gegenteiliges behaupten und danach handeln. Für mich ist ein solches Tun niemals in Frage gekommen. Und da das Geschick mir noch das Glück erteilte, Adolf Hitler nicht nur als politischen Führer, sondern als persönlichen Freund zu gewinnen, war mein Weg von vornherein vorgezeichnet; ich kann heute mit tiefer Befriedigung feststellen, daß ich von diesem Weg niemals und nirgends abgewichen bin.

Adolf Hitler ist als unbekannter Gefreiter in die Politik eingetreten. Er hat seinen Namen nicht als Geschenk bei der Geburt mitbekommen. Er hat ihn sich in harten und entsagungsvollen Kämpfen gegen die Mächte der Unterwelt erobert. Aus seiner Erfahrung heraus hatte er auch für die politischen Auseinandersetzungen, die nun mit unabweisbarer Folgerichtigkeit in Berlin vor sich gehen mußten, das tiefste und weiteste Verständnis. Er ist einer von den wenigen gewesen, die in all den späteren Krisen im Kampf um die Reichshauptstadt immer kühlen Kopf und ruhige Nerven bewahrten. Wenn der Pressemob gegen uns anheulte, wenn man der Bewegung mit Verboten und Verfolgungen zu Leibe rückte, wenn Verleumdungen und Lügen auf sie niederprasselten, wenn selbst die härtesten und charaktervollsten Parteigenossen hier und da mutlos und verzagt wurden, er stand und immer und überall treu zur Seite, war unser Führer im Streit, verteidigte unsere Sache mit Leidenschaft, wenn sie selbst aus Kreisen der Partei angegriffen wurde, hatte in jeder Gefahr ein aufmunterndes und bei jedem Erfolg ein freudig zustimmendes Wort für die kämpfende Front, die sich da, unter schwersten Entbehrungen und aus den kleinsten Anfängen emporwachsend, gegen den marxistischen Feind in Bewegung setzte.

Je mehr nun unser unaufhaltsamer Vormarsch in die Öffentlichkeit einbrach, desto mehr wurde auch ich persönlich aus dem Schatten der Anonymität in das Scheinwerferlicht der öffentlichen Beobachtung hineingestellt. Die nationalsozialistische Bewegung vertritt in schärfster Form das Persönlichkeitsprinzip. Sie betet nicht, wie die demokratisch-marxistischen Parteien, blind die Masse und die Zahl an. Masse ist für uns ungeformter Stoff. Erst in der Hand des Staatskünstlers wird aus der Masse Volk und aus dem Volk Nation.

Männer machen die Geschichte! Das ist unsere unerschütterliche Überzeugung. Dem deutschen Volk haben seit Bismarck Männer gefehlt; und deshalb gibt es nach seinem Abgang keine große deutsche Politik mehr. Das Volk empfindet das auch in einer dumpfen und dunklen Ahnung. Gerade in der Zeit nach 1918 erfüllte sich das Denken der Massen mehr und mehr mit der Sehnsucht nach starken Führerpersönlichkeiten. Wenn die Demokratie bei den Massen die Illusion nährt, das souveräne Volk wolle sich selbst regieren, so haben diese selbst für die kurze Spanne Zeit, da Deutschland in den Irrwahn der Gleichmacherei verfiel, das nur glauben können, weil die Männer, die es wirklich regierten, keine idealen Vertreter der hohen Kunst der Politik waren. Das Volk will sich immer dann selbst regieren, wenn das System, nach den es regiert wird, krank und korrupt ist. Das Volk hat so lange kein Verlangen, weder nach einem bestimmten Wahlrecht noch nach einer sogenannten demokratischen Verfassung, als es von der Überzeugung durchdrungen ist, daß die führende Schicht eine gute und ehrliche Politik betreibt. Das Volk will nur anständig regiert werden; ein System, das dazu allerdings nicht den Willen und die Fähigkeit besitzt, muß den leichtgläubigen Massen die verführerischen Ideologien der Demokratie ins Ohr blasen, um damit den wachsenden Unmut in Stadt und Land zu betäuben und eizuschläfern.

Die nationalsozialistische Bewegung hat das Wagnis unternommen, diesen gleisnerischen Illusionen den Kampf anzusagen in einer Zeit, in der das unpopulär war und unpopulär machte. Wir haben der linken und verantwortungslosen Anbetung der Masse das Prinzip der Persönlichkeit entgegengesetzt. Es war nur eine zwangsläufige Folge dieser Einstellung, daß sich allmählich in der Partei selbst starke und eigenwillige Charaktere herauskristallisierten, die mehr und mehr das Denken der ganzen Bewegung in Anspruch nahmen und erfüllten.

Das hat mit Persönlichkeit gar nichts zu tun. Man hat uns oft in der gegnerischen Presse vorgeworfen, wir huldigten einem Byzantinismus, der widerlicher sei, als der vor dem Kriege unter dem Wilhelminismus gepflegte. Dieser Vorwurf ist gänzlich unberechtigt. Er kommt aus dem Unvermögen der anderen, im parlamentarischen Parteisumpf gleiche Autoritäten aufzurichten und den Massen einen gleichen Glauben an diese Autoritäten einzugeben.

Eine Popularität, die von der Presse künstlich gemacht wird, dauert meistens nur auf kurze Zeit; das Volk erträgt und duldet sie auch nur unwillig und mit innerem Widerspruch. Es ist nicht dasselbe, ob eine demokratische Größe von der jüdischen Presse zu einer gewissen, schon mit Skepsis durchsetzen Volkstümlichkeit künstlich aufgepumpt wird, oder ob ein wirklicher Volksführer sich durch Kampf und hingebungsvolle Selbstaufopferung das Vertrauen und die bedingungslose Gefolgschaft der ihm anhängenden Volksmassen erwirbt.

Es hieße allerdings das Autoritätsprinzip überspannen, wollte man es immer und bei jeder Entscheidung, die gefällt werden muß, mit in die Waagschale werfen. Je weniger eine Autorität eingesetzt wird, um so länger hält sie vor. Der kluge und umsichtige politische Massenführer wird sie nur sehr selten für sich in Anspruch nehmen. Er wird sich im Gegenteil meistens von dem Bestreben leiten lassen, das, was er tut oder unterläßt, vor den Massen logisch zu begründen und zu rechtfertigen und erst dann, wenn alle Argumente sich als wirkungslos erweisen oder bestimmte Umstände ihn wenigstens vorläufig dazu zwingen, die wichtigsten und überzeugendsten Argumente zu verschweigen, seinen Entschluß unter Zuhilfenahme der Autorität selbst durchsetzen.

Eine Autorität ist auf die Dauer nicht wirksam allein dadurch, daß sie von oben gedeckt und gestützt wird. Vor allem dann nicht, wenn sie mehr und mehr gezwungen ist, unpopuläre Entscheidungen zu treffen und dabei nicht die Gabe besitzt, den Massen dafür die notwendige Begründung zu geben. Sie muß sich stets und ständig aus eigener Kraft ernähren und erhalten. Je größer die Leistung ist, die die Autorität aufweisen kann, um so größer ist sie dann auch immer selbst.

Die Parteiorgansation in Berlin drängte damals zu Taten in einer Zeit, als die Bewegung dazu noch gar nicht fähig und stark genug war. Wir haben uns dem mit aller Kraft und selbst unter Inkaufnahme einer zeitweiligen Unpopularität entgegengestemmt. Die Parteigenossenschaft hatte sich die weitere Entwicklung so vorgestellt, daß mit Einsatz einer neuen Führung der Kampf auf der ganzen Linie beginnen würde. Man konnte noch nicht verstehen, daß vorher bestimmte Voraussetzungen erfüllt sein mußten, wenn man nicht Gefahr laufen wollte, daß dieser Kampf sehr bald als undurchführbar abgebrochen wurde.

Es war unmöglich, mit einer Organisation vor die Öffentlichkeit hinzutreten, die vor den Augen der Öffentlichkeit gar nicht bestehen konnte. Erst mußte die Organisation im Innern gefestigt sein, dann konnten wir den Kampf um Berlin auch nach außen hin aufnehmen.

Jede Organisation steht und fällt mit ihrer Führung. Findet man in irgendeiner Stadt oder in einer Provinz einen guten, brauchbaren und umsichtigen Führer, der die Organisation der Bewegung tatkräftig in die Hand nimmt, dann wird die Partei sehr bald auch unter den widrigsten Verhältnissen in die Höhe steigen. Ist das aber nicht der Fall, dann werden ihr auch die günstigen Umstände keinen besonderen Auftrieb geben können. Unser Hauptaugenmerk mußte sich deshalb vor allem darauf richten, der Organisation in Berlin ein gut durchgebildetes, entschlußfreudiges mittleres Führerkorps voranzustellen, und wo dieses noch nicht vorhanden war, es aus dem zur Verfügung stehenden Menschenmaterial für seine Aufgaben zu erziehen.

Diesem Zweck dienten in der ersten Zeit unsere allmonatlich an Sonntagnachmittagen unter stets wachsender Teilnehmerzahl stattfindenden Gautage. Auf diesen Gautagen versammelte sich die gesamte Führerschaft der Organisation, und zwar die politische und die der SA. gemeinsam. In grundsätzlichen Referaten wurden hier die weltanschaulichen Prinzipien unserer Bewegung erörtert, wurde das Wesen der Propaganda, der Organisation, der politischen Taktik erläutert und in Rede und Gegenrede von allen Seiten beleuchtet. Diese Gautage wurden für die gesamte Organisation von wachsender Bedeutung. Auf ihnen wurde Richtung und Weg abgegeben, und die Frucht dieser mühsamen Erziehungsarbeit sollte dann auch sehr bald im politischen Kampf der Bewegung nach außen zu Reifen kommen. Der Charakter der Partei in Berlin mußte ein anderer sein als der in irgendeiner anderen Großstadt oder auf dem platten Land. Berlin ist eine 4½-Millionen-Stadt. Es ist ungeheuer schwer, dieses zähe Asphaltungeheuer aus seiner lethargischen Ruhe aufzuwecken. Die Mittel, die dafür angewendet werden, müssen der ganzen Riesenhaftigkeit dieser Stadt entsprechen.

Wenn man an Millionen Menschen appelliert, dann darf das nur in einer Sprache geschehen, die auch von Millionen Menschen verstanden wird.

Propaganda im alten Biedermeierstil kam für die Bewegung in Berlin keineswegs in Frage. Wir hätten uns damit lächerlich gemacht, und die Partei wäre niemals über die Grenzen eines sektiererhaften Daseins hinausgewachsen. Die Öffentlichkeit hatte uns bis zur Reorganisation der Partei nur mit einem gewissen Mitleid betrachtet. Man hielt uns für harmlose Irre, die man am besten gewähren läßt, ohne ihnen ein Leid anzutun.

Nichts ist schwerer zu ertragen als das. Mochte man uns beschimpfen und verleumden, blutig niederschlagen und in die Gefängnisse werfen. Das erschien uns geradezu begehrenswert.

Aber daß man über uns mit einer aufreizenden Gleichgültigkeit hinwegsah und bestenfalls nur ein mitleidiges Lächeln für uns übrig hatte, das spornte in uns die letzte Kraft an, das trieb uns dazu, immer und immer wieder neue Mittel der öffentlichen Propaganda zu ersinnen, keine Möglichkeit auszulassen, die Aktivität der Partei zu steigern in einem Maße, daß sie am Ende selbst dieser Riesenstadt, wenn auch nur zeitweilig, den Atem nahm: dem Feind sollte das Lachen vergehen!

Beginnende Ordnung
(Teil 2)

Auch die Mittel der Propaganda sind in Berlin andere als im übrigen Reich. Das Flugblatt, das in der Provinz vielfach und mit großer Wirkung im politischen Kampf angewandt wird, erschien hier als vollkommen verfehlt. Ganz abgesehen davon, daß uns das Geld fehlte, Flugblätter in der Masse herzustellen und zur Verteilung zu bringen, daß sie überhaupt einen Eindruck auf diese Riesenstadt machten, wird Berlin ja auch so im Übermaß mit gedrucktem Papier überfüttert, daß ein Flugzettel an irgendeiner Straßenecke höchstens aus lauter Gnade in Empfang genommen wird, um im nächsten Augenblick in der Gosse zu enden.

Die Plakat-und Versammlungspropaganda versprach da zweifellos bessere Wirkungen. Aber auch sie, im selben Stil angewandt, wie ihn die anderen Parteien pflegten, hätte uns kaum in nennenswertem Umfang Erfolge zugetragen. Denn die anderen Parteien waren ja fest in den Massen verankert. Die politischen Lager hatten sich gegeneinander schon so verkrustet, daß es kaum möglich war, Teile von ihnen zum Abbröckeln zu bringen. Wir mußten also den Versuch machen, durch witzige und dem Denken der Berliner Bevölkerung angepaßte Originalität den Mangel an Geldmitteln und zahlenmäßigem Anhang zu ersetzen. Es galt, dem feinen Verständnis der Berliner Bevölkerung für pointierte Formulierungen und schlagkräftige Parolengebung weitest gehend entgegenzukommen. Wir haben früh damit begonnen, und, wie die spätere Entwicklung bewies, ist das nicht ohne Erfolg geblieben.

Freilich mußten wir uns vorerst mit der theoretischen Erkenntnis dieser Zusammenhänge begnügen, da es uns vorläufig noch an den Mitteln fehlte, sie praktisch zur Durchführung zu bringen. Auf unseren allmonatlich stattfindenden Gautagen waren diese Fragen das große Thema, das nach allen Seiten ausgiebig diskutiert wurde. Es war erstaunlich, wie wach und lebendig in der alten Parteigarde das Verständnis für diese Dinge war. Nur vereinzelt fand sich ein Leisetreter und Miesmacher, der auch an diesen Projekten sein kritisches Mütchen kühlte. Das Gros der Parteigenossenschaft aber ging willig mit und hatte nur ein Verlangen, möglichst bald die Organisation, wie wir sagten, auf Draht zu bringen, um mit der praktischen Arbeit beginnen zu können.

Ich hatte das große Glück, schon bei diesen Vorbereitungsarbeiten eine Reihe von Freunden und Kameraden zu finden, die meinen Plänen nicht nur das weiteste Verständnis entgegenbrachten, sondern nach Charakter und Fähigkeiten auch dazu veranlagt schienen, auf diesen oder jenem Gebiet das, was ich durch Wort und Schrift zu erreichen versuchte, sei es etwa mit Pinsel oder Zeichenstift, wirkungsvoll zu ergänzen.

Ich darf in diesem Zusammenhang einen Mann nicht unerwähnt lassen, der vom ersten Tage meiner Berliner Tätigkeit bis zu dieser Stunde mir in allem tapfer und uneigennützig zur Seite stand, und dem dazu ein gottbegnadetes Künstlertum die Fähigkeit gab, der Partei und ihrem noch unausgeklärten und nur andeutungsweise formulierten künstlerischen Stil neue Wege zu weisen. Ich meine unseren Zeichner Mjölnir, der damals eben seine erste Serie nationalsozialistischer Kampfplakate vollendet hatte und nun durch den neu auflebenden Aktivismus der Berliner Organisation mitten in den Strudel einer in kühnem Tempo vorwärtsstürmenden Bewegung hineingerissen wurde. Er ist derjenige, der zum erstenmal und überhaupt und einzig dastehend in hinreißenden und aufwiegelnden Massenplakaten den Typ des nationalsozialistischen SA.-Mannes zeichnerisch zur Darstellung brachte.

So wie Mjölnir den SA.-Mann mit Kohle und Pinsel in leidenschaftlichen Eingebungen auf Papier und Leinwand warf, so wird er unvergänglich in das Denken kommender Geschlechter eingehen. Es war in der Tat der Anfang eines neuen, von uns in dumpfer Ahnung ersehnten künstlerischen Stils der jungen Bewegung, der hier ohne Kommando, einfach, groß und monumental seine erste bewegte und aufrüttelnde Ausdrucksform fand.

Dieser junge Künstler hat das seltene Talent, nicht nur die

bildnerische Darstellung, sondern auch die schlagkräftige Wortformulierung mit genialer Virtuosität zu meistern. Bei ihm entstehen Bild und Parole in derselben einmaligen Intuition, und beide zusammen ergeben dann eine mitreißende und aufrührerische Massenwirkung, der sich auf die Dauer weder Freund noch Feind entziehen können.

Berlin voran!
Postkarte von Mjölnir

Ich habe auch in dieser Beziehung seit der Aufnahme meiner Arbeit in Berlin sehr viel gelernt. Ich kam aus der Provinz und war noch ganz in provinzialem Denken befangen. Die Masse war vorläufig für mich nur ein dunkles Ungeheuer, und ich selbst noch nicht von dem Willen besessen, sie zu erobern und zu meistern. Ohne das kommt man in Berlin auf die Dauer nicht durch. Berlin ist bevölkerungspolitisch gesehen ein Konglomerat von Masse; wer hier etwas werden und bedeuten will, der muß die Sprache sprechen, die die Masse versteht, und sein Handeln so einrichten und begründen, daß die Masse dafür Sympathie und Hingabe aufbringen kann.

Zwangsläufig entwickelte sich unter diesen jähen Eindrücken auch bei mir ein ganz neuer Stil der politischen Rede. Wenn ich heute die Stenogramme meiner Reden in der Zeit vor Berlin mit denen meiner späteren Reden vergleiche, dann kommen mir die ersten fast zahm und hausbacken vor. Und wie mir, so erging es allen Agitatoren der Berliner Bewegung. Das Tempo der 4-Millionen-Stadt zitterte wie ein heißer Atem durch die rhetorischen Deklamationen der gesamten reichshauptstädtischen Propaganda. Es wurde hier eine neue und moderne Sprache gesprochen, die nichts mehr mit altertümlichen, sogenannten völkischen Ausdrucksformen zu tun hatte. Die nationalsozialistische Agitation wurde für die Massen zugeschnitten. Die moderne Lebensauffassung der Partei suchte und fand hier auch einen modernen, mitreißenden Stil.

Neben den Gautagen fanden Woche um Woche unsere regelmäßigen Massenversammlungen statt. Diese wurden meistens im großen Saal des Kriegervereinshauses, der für unsere spätere Entwicklung fast geschichtliche Bedeutung erhalten hat, abgehalten. Allerdings verdienten sie die Bezeichnung Massenversammlung nur in beschränktem Umfang. Massen wurden dabei nur in Ausnahmefällen in Bewegung gesetzt. Die Zuhörerschaft, etwa tausend bis fünfzehnhundert Männer und Frauen, rekrutierte sich in der Hauptsache aus den aus ganz Berlin zusammengekommenen Parteigenossen mit einigen Mitläufern und Sympathisierenden. Uns war das vorläufig sehr recht. Wir hatten damit die Möglichkeit, uns untereinander voll und ganz auszusprechen, ohne daß die Gefahr bestand, daß wir gleich zu Anfang durch verwirrende und gefährliche Diskussion mit parteipolitischen Gegnern aus dem Konzept gebracht wurden. Hier führten wir die breiten Massen der Parteigenossenschaft in die Grundideen des Nationalsozialismus ein, die manchmal nur sehr verschwommen und verworren erkannt waren. Hier schmolzen wir sie zu einem einheitlichen System der politischen Weltanschauung zusammen. Späterhin hat es sich erwiesen, von welch ungeheurer Bedeutung diese Arbeit, die wir in den damaligen Wochen mit System betrieben, gewesen ist. Wenn in der Folgezeit die Partei selbst und besonders ihre alte Garde gegen alle äußeren Anfeindungen gefeit war und jede an die Bewegung herangetragene Krise mühelos überwand, so ist das der Tatsache zu verdanken, daß die Parteigenossen in einer einheitlichen und festen Dogmatik erzogen und somit jeder Versuchung, in die der Feind sie hineinmanövrieren wollte, gewachsen waren.

Es ist hier der Ort, von den bleibenden Verdiensten zu reden, die sich die alte Parteigarde um den Aufbau der Berliner Bewegung erworben hat. Zwar waren es nur einige hundert Mann, die sich da als verlachte Sekte zu unserer Fahne bekannten. Sie waren allen Verleumdungen und Verfolgungen ausgesetzt und wuchsen so in der Kraft ihrer Niederringung selbst über ihre eigene Kraft hinaus. Die ersten Nationalsozialisten in Berlin haben es nicht leicht gehabt. Wer sich damals zu uns bekannte, der mußte sich nicht nur gegen den Terror der Brachialgewalt durchsetzen, er mußte auch Tag für

Tag in Büros und Werkstätten den eisigen Hohn und die lächelnde Verachtung einer indolenten und überheblich arroganten Masse über sich ergehen lassen. Der kleine Mann leidet darunter meistens viel schwerer als der, der an der Spitze der Organisation steht. Er hält mit dem Gegner immer unmittelbare Tuchfühlung, er ist sein Nachbar an der Hobelbank und auf dem Kontorschemel. Er sitzt mit ihm im Autobus, in der Straßenbahn, in der Untergrundbahn zusammen. Es war damals schon ein verwegenes Husarenstück, in Berlin nur unser Parteiabzeichen oder eine unserer Zeitungen öffentlich zur Schau zu tragen.

Aber damit nicht genug. Solange der kleine Mann von der Überzeugung durchdrungen ist, daß hinter ihm eine Massenorganisation steht, und daß somit seine Sache sich in guten Händen befindet, daß Sieg über Sieg und Triumph über Triumph von seiner Bewegung erfochten wird, solange lassen sich Schmach und Hohn und lächelnde Verachtung schweigend und mit Hochmut ertragen. Das alles war aber damals noch keineswegs der Fall. Im Gegenteil! Wir waren ein lächerlich kleiner Verein. Man kannte uns nicht einmal dem Namen nach. Man hielt uns für geistig etwas beschränkte Sektierer; die Bewegung hatte keine Erfolge zu verzeichnen, sondern zu den harten Bedrängnissen traten nun Rückschläge und Mißerfolge.

Dazu kam noch, daß die paar hundert Parteigenossen für die junge aufstrebende Bewegung unerhörte und kaum erträgliche Opfer bringen mußte. Es ist bekanntlich viel schwerer, eine Sache in Gang zu bringen als in Gang zu halten. Die primitivsten Grundlagen unserer Organisation mußten gelegt werden. Alles das kostete viel Geld, und das Geld mußte aus den kargen Hungergroschen der kleinen Leute zusammengebracht werden.

Wir wären vielleicht oft damals an unserer Aufgabe verzweifelt, hätte uns nicht die bewundernswerte und vor keinem Opfer zurückscheuende Hingabe unserer Parteigenossen an die gemeinsame Sache immer wieder mit neuem Mut und neuem Glauben erfüllt. Heute finden jung in die Partei eingetretene Parteigenossen es manchmal schon zu viel, wenn sie für die Bewegung die regulären, in den meisten Fällen durchaus erträglichen monatlichen Abgaben entrichten müssen. Damals hat jeder Parteigenosse zehn Prozent und mehr seines ganzen

Einkommens für die Partei willig und gern geopfert. Denn wir gingen von der Überzeugung aus, daß, wenn wir unter dem Zwang der Gesetze für das jetzige System den Zehnten vom Einkommen abgeben, wir mindestens ebensoviel unter dem Zwang einer moralischen Pflicht zu opfern bereit sein müßten für eine Partei, von der wir glaubten und hofften, daß sie der deutschen Nation die Ehre und dem deutschen Volke sein Brot wiedergeben würde.

Die alte Parteigarde bildet heute noch das Rückgrat der ganzen Bewegung. Man findet die Kameraden von damals allenthalben in der Organisation wieder. Auch heute tun sie, wie damals, still und schweigend ihre Pflicht. Der eine als Sektions-, der andere als SA.-Führer, der eine als Straßen-, der andere als Betriebszellenobmann, und viele, wie dazumal, als einfache Parteigenossen oder unbekannte SA.-Männer. Nicht ihre Namen sind unvergänglich. Damit haben sie sich auch wohl abgefunden. Aber als Parteigarde, die unsere schwankende Fahne, als sie zu taumeln und niederzusinken drohte, aufgenommen und hochgerissen hat, werden sie, solange man von Nationalsozialismus in Deutschland redet, für immer unvergessen bleiben.

Wir schlossen diese Parteigarde in einer besonderen, straff disziplinierten kleinen Organisation zusammen. Diese Organisation trug den Namen "Freiheitsbund". Schon der Name brachte zum Ausdruck, daß die Menschen, die in dieser Organisation zusammenstanden, bereit waren, für die Freiheit alles hinzugeben. Sie versammelten sich allmonatlich und haben ein ganzes Jahr hindurch in heldenmütigem Opfersinn neben ihrem ihrem Einsatz an Blut und Leben der Partei auch die finanziellen Mittel zur Verfügung gestellt, die sie für den ersten Aufbau notwendig hatte.

Spandau war damals einer der ersten festen Stützpunkte der politischen Organisation der SA. Man sagt zwar, daß der Spandauer mit anderem Wasser getauft sei als der Berliner. Und in der Tat hatte dieser Stützpunkt seine schwierigen Eigenheiten. Aber wenn es darauf ankam, wenn die Partei zu Schlägen ausholte, sei es, um sich zu verteidigen oder im Angriff ihre Positionen weiter vorzutragen, dann stand dieser Stützpunkt wie ein Mann auf. Von dieser Sektion aus

SA Spandau

haben wir die Anfangskämpfe der Berliner Bewegung durchgefochten. In Spandau wurden die ersten aufsehenerregenden nationalsozialistischen Massenversammlungen in der Reichshauptstadt durchgeführt. Von hier aus griff die Bewegung in unaufhaltsamer Entwicklung nach Berlin selbst über.

Es bereitet heute noch jedesmal Freude und Befriedigung, wenn einer von den alten Parteigardisten kommt und an diesem oder jenem Übelstand in der Bewegung Mann gegen Mann unter vier Augen Kritik übt. Man weiß dann von vornherein, daß diese Kritik von der Sorge um den Bestand der Partei diktiert ist, und daß der, der sie vorbringt, sich damit keineswegs wichtig machen will, sondern nur das Interesse für die Partei ihn zu seinem Tun veranlaßt. Derselbe Mann, der unter vier Augen mitleidlos wirkliche oder vermeintliche Mißstände der Partei kritisiert, würde sich eher die Zunge abbeißen, als öffentlich der Partei durch unbesonnenes Handeln Schaden zuzufügen. Er hat ja auch das Recht zur Kritik dadurch erworben, daß er jahrelang in vorderster Front stand und immer zu beweisen bereit war, daß er, wenn es nötig ist, sich mit seiner ganzen Person auch **vor** die Partei stellt.

Wie erbärmlich nehmen sich demgegenüber jene Klopffechter und Maulaufreißer aus, die immer dann erst aufkreuzen, wenn Erfolge winken, und ihre Aufgabe vor allem darin sehen, das, was andere ohne sie und manchmal gegen sie erreicht haben, kritisch zu zerkauen.

Damals, als es bei uns nur zu arbeiten und zu kämpfen galt, sich einzusetzen und nur sich einzusetzen, da waren diese Mäkler weit vom Strich. Sie ließen uns die gröbste Arbeit tun; und erst, als die Karre aus dem Dreck herausgeholt war, da erschienen sie am Rande der Partei, waren mit guten Ratschlägen bei der Hand und wurden nicht müde, mit bürgerlichen Plattheiten gegen uns zu Felde zu ziehen.

Mir ist so ein kleiner, altgedienter Parteigardist, der seit Jahren für die Bewegung schweigend seine Pflicht und Schuldigkeit tut, ohne dafür Ruhm und Ehre zu beanspruchen, auch wenn er manchmal das Wort nicht so elegant zu handhaben versteht wie die gerissenen Stilakrobaten, hundertmal lieber als jene bürgerlichen Jämmerlinge, die jetzt, wo die Bewegung die größte deutsche Massenpartei geworden ist und schon an die Tore der Macht klopft, plötzlich ihr warmes Herz für uns entdecken und in aufopfernder Sorge darum bemüht sind, daß die Bewegung sich auch der Verantwortung würdig erweise, die sie durch das Mandat des Volkes auf sich genommen hat.

Lützowstraße 44 (XX):
Zweite Geschäftsstelle der NSDAP. in Berlin

Am 1. Januar 1927 nahmen wir von der "Opiumhöhle" in der Potsdamer Straße Abschied und bezogen unsere neue Geschäftsstelle in der Lützowstraße. Nach heutigen Maßen gemessen, erscheint sie zwar immer noch klein, bescheiden und primitiv, und auch die Arbeitsmethoden, die hier eingeführt wurden, waren im großen Ganzen noch dementsprechend. Aber für damals war das ein gewagter Sprung. Aus dem Kellerloch stiegen wir in die erste Etage. Aus dem verrrauchten Debattierlokal wurde eine feste, einheitlich organisierte politische Zentrale. Hier konnte die Bewegung umsichtig verwaltet werden. Die neue Geschäftsstelle bot vorläufig noch die Möglichkeit, weiteren Zugang in die

Partei aufzunehmen und mit der Organisation zu verschmelzen. Das notwendigste Personal war engagiert, allerdings manchmal nach harten und bitteren Kämpfen mit den Parteigenossen selbst, die sich an den alten Trott und Schlendrian bereits so gewöhnt hatten,daß sie ihn für unentbehrlich hielten und meinten, jeder Vorstoß darüber hinaus sei ein Zeichen von kapitalistischer Prahlerei und Großmannssucht.

Unsere Ziele waren hochgesteckt, aber die Entwicklung ging am Ende doch noch schneller als selbst unsere himmelan stürmenden Pläne. Der Siegeszug der Bewegung wurde angefangen und sollte sehr bald unaufhaltsam werden. Mit steigendem Erfolg gewannen die Massen mehr und mehr Zutrauen zu uns. Die Partei wuchs auch zahlenmäßig.

In dieser neuen Geschäftsstelle hatte sie fürs erste einen festen Sitz und Halt. Hier konnte man arbeiten, hier konnte man organisieren und die notwendigsten Konferenzen abhalten. Hier war ein ruhiger und geordneter Geschäftsgang gesichert. Von hier aus wurden die neuen Arbeitsmethoden in der Bewegung eingeführt. Die Verwaltung gab der Organisation selbst jenen Impuls, der ihr die Kraft verlieh, unaufhaltsam vorwärts zu marschieren und weiter vorzustoßen.

In den damaligen Wochen wurde auf einer Berliner Bühne mit großem Erfolg das Götzsche Schauspiel "Neidhard von Gneisenau" viele hundert Male zur Aufführung gebracht. Es war für mich das erste große Theatererlebnis in der Reichshauptstadt. Ein Satz jenes einsamen Generals, der die Welt nicht verstand, und den die Welt nicht verstehen wollte, ist mir auf immer unvergeßlich geblieben: "Gott gebe Euch Ziele, gleichgültig, welche!"

Gott hatte uns Ziele gegeben. Es war nicht mehr gleichgültig, welche. Wir glaubten an etwas. Das Ziel war erkannt, der Glaube daran, daß wir es erreichen würden, unerschütterbar in uns gefestigt; und so machten wir uns voll Mut und Selbstvertrauen auf den Weg, ohne zu ahnen, wieviel Sorge und Not, wieviel Terror und Verfolgung unser dabei warteten.

Joseph Goebbels

TERROR UND WIDERSTAND
(TEIL 1)

Ist eine politische Bewegung zahlenmäßig klein, und fehlt es ihr an agitatorischer Schärfe und propagandistischer Aktivität, dann wird sie, unbeschadet, welche Ziele sie verficht, von ihren Feinden unbeachtet gelassen. Sobald sie aber ein gewisses Stadium ihrer Entwicklung überschritten hat und damit anfängt, die Öffentlichkeit in weitem Maße zu beschäftigen, werden ihre Feinde gezwungen, sich mit ihr auseinanderzusetzen; und da sie dadurch, daß sie die Bewegung bisher in für sie schädlicher Weise allzu sehr vernachlässigten, ziemlich ins Hintertreffen geraten sind, suchen sie nun durch ein Übermaß an Haß, Lüge, Verleumdung und blutigem Terror das Versäumte nachzuholen.

In der Politik entscheiden niemals allein die Ideen, die man verficht, sondern auch und in ausschlaggebendem Maße die Machtmittel, die man für die Durchfechtung von Ideen anzusetzen gewillt und fähig ist. Eine Idee ohne Macht wird immer, auch wenn sie richtig ist, Theorie bleiben. Ihre Träger müssen deshalb ihre ganze politische Schärfe darauf richten, die Macht zu erobern, um dann unter Einsatz von Macht die Idee zu realisieren.

Die nationalsozialistische Bewegung war nun, nachdem wir in zwei Monaten das innere Gefüge der Organisation neu aufgebaut hatten, über das erste Stadium ihrer Entwicklung hinaus. Sie war in sich gefestigt und konnte nunmehr zum Kampf in der Öffentlichkeit eingesetzt werden. In demselben Maße aber, in dem sich ihre Organisation vervollkommnete und die Propaganda begann, die ersten zaghaften Schritte nach außen zu tun, wurde der Feind auf sie aufmerksam; und erkannte sehr bald, daß es nicht genug war, die Bewegung selbst in ihrer anfänglich primitiven Entwicklung allzu sehr sich selbst zu überlassen. Die Partei hatte sich schon in bestimmten Machtpositionen festgesetzt. Ihre Weltanschauung war geklärt, die Organisation fest verankert; es hielt jetzt schwer, sie aus den Stellungen wieder herauszuwerfen, die sie in aller Stille bezogen und ausgebaut hatte.

Sobald der Marxismus, der bekanntlich in der Öffentlichkeit den Glauben zu erwecken versucht, er habe das Mandat auf die Reichshauptstadt für nun und immer in seinem Besitz, merkte, was wir wollten und planten und mit welchen Absichten wir umgingen, daß wir nicht mehr und nicht weniger in Schilde führten, als dem in der Tat für diese Zeit noch zutreffenden Schlagwort "Berlin bleibt rot!" ein Ende zu machen, ging er mit der ganzen massiven Wucht seiner Parteiorganisation gegen unsere Bewegung vor. Der Abwehrkampf, der damit auf der ganzen Linie gegen uns entbrannte, wurde durchaus nicht etwa nur vom Kommunismus geführt. Sozialdemokratie und Bolschewismus waren sich hier ausnahmsweise vollkommen einig, und wir hatten uns somit gegen eine doppelte Front zur Wehr zu setzen: gegen den Bolschewismus, der die Straße beherrschte, und gegen die Sozialdemokratie, die fest und, wie es schien, unausrottbar in den Ämtern saß.

Der Kampf fing mit Lüge und Verleumdung an. Es ergoß sich wie auf Kommando über die junge Bewegung der Spülicht der parteipolitischen Demagogie. Der Marxismus wollte seine in Zweifel geratenen Parteigänger davon abhalten, unsere Versammlungen, die sich eines wachsenden Zuspruchs zu erfreuen begannen, zu besuchen. Er gab ihnen als Ersatz dafür das Surrogat einer nichtswürdigen und lügnerischen Verdrehung des wahren Tatsachenverhalts. Die Bewegung wurde als eine Ansammlung von verbrecherischen und entwurzelten Elementen hingestellt, ihre Gefolgsleute als gedungene Bravos und ihre Führer als gemeine und niederträchtige Hetzer, die, im Dienst des Kapitalismus stehend, keine andere Aufgabe hatten, als die marxistische Arbeiterfront, die den bürgerlichen Klassenstaat zum Sturz bringen wollte, zu zerspalten und Zwietracht und Uneinigkeit in ihre Reihen hineinzutragen.

Damit nahm eine parteipolitische Hetze von nie gesehenen Ausmaßen ihren Anfang. Es verging kein Tag, ohne daß die Gazetten von nationalsozialistischen Untaten zu melden wußten. Meistens gab der *Vorwärts* oder die *Rote Fahne* den Ton an, und dann spielte das ganze jüdische Presseorchester die wüste und demagogische Hetzsinfonie zu Ende.

Hand in Hand damit ging auf der Straße der blutigste rote Terror. Unsere Kameraden wurden, wenn sie von den Versammlungen heimkehrten, bei Nacht und Dunkel niedergestochen und niedergeschossen. Man überfiel sie mit zehn- und zwanzigfacher Übermacht in den Hinterhöfen der großen Mietskasernen. Man bedrohte sie in ihren eigenen kärglichen Behausungen an Leib und Leben, und wo wir den Schutz der Polizei verlangten, redeten wir meistenfalls nur in den Wind hinein.

Man gewöhnte sich daran, uns als Staatsbürger zweiter Klasse zu behandeln, als nichtswürdige Hetzer und Verleumder, die nichts Besseres verdienten, als daß irgendein finsteres Subjekt ihnen draußen in den Proletariervororten den Dolch der Bruderliebe in den Rücken stieß.

Diese Zeit war für uns schwer und fast unerträglich. Aber bei allen blutigen Opfern, die uns aufgezwungen wurden, hatte dieser Kampf doch auch seine guten Seiten. Man fing an von uns zu reden. Man konnte uns nicht mehr totschweigen oder mit eisiger Verachtung an uns vorbeigehen. Man mußte, wenn auch widerwillig und mit zornigem Ingrimm, unsere Namen nennen. Die Partei wurde bekannt. Sie stand mit einem Schlage im Mittelpunkt des öffentlichen Interesses. Wie ein heißer

Sturmwind war sie in die lethargische Ruhe des politischen Berlins hineingefegt, und nun mußte man zu ihr Stellung nehmen: mit Ja oder mit Nein. Das, was uns in den Anfängen als verlockende und unerreichbare Sehnsucht erschienen war, das wurde plötzlich Wirklichkeit. Man sprach von uns. Man diskutierte über uns, und es blieb dabei nicht aus, daß in der Öffentlichkeit mehr und mehr danach gefragt wurde, wer wir denn eigentlich seien und was wir wollten. Die Journaille hatte damit etwas erreicht, was gewiß nicht in ihrer Absicht lag. Wir hätten jahrelang arbeiten und kämpfen müssen, um ein Gleiches zu vollbringen: die Bewegung war nicht mehr unbekannt. Sie hatte einen Namen, und wo man sie nicht liebte, da trat man ihr doch mit offenem und frechem Haß entgegen.

Bisher hatte man über uns nur gelächelt. Zwei Monate Arbeit genügten, um dem Feind das Lachen zu vertreiben. Aus dem harmlosen Spiel wurde blutiger Ernst. Der Feind beging dabei eine Reihe von psychologischen Fehlern. Daß er Führer und Gefolgschaft in gleicher Weise verfolgte, bewirkte nur, daß beide sich in einer gemeinsamen Front der leidenschaftlichen Abwehr zusammenfanden. Hätte man die Oberen geschont und nur auf die Unteren geschlagen, dann wäre das auf die Dauer unerträglich und Wankelmut und Unzufriedenheit in den eigenen Reihen die unvermeidliche Folge gewesen. So aber formte sich aus unserem verzweifelten Haufen ganz natürlich eine auf Gedeih und Verderb aneinandergeschworene und ineinandergewachsene Kameradschaft heraus, die dann für alle Zukunft jeder Anfeindung standhalten konnte.

Auf meinem Schreibtisch häuften sich plötzlich die polizeilichen und gerichtlichen Vorladungen. Nicht, als wenn ich mit einemmal ein schlechterer Staatsbürger geworden wäre. Aber wer sucht, der findet. Und wenn einer den Entschluß faßt, dem herrschenden Regime den Kampf anzusagen, dann kann er bald kaum noch einen Schritt tun, ohne sich mit irgendeinem Gesetz in Konflikt zu bringen.

Ich mußte sehr bald nach vielen freundlichen Einladungen den Weg nach Moabit antreten. Ich erschien zum erstenmal in diesem weitläufigen, roten Berliner Gerichtsgebäude, in dem ich später noch so oft meine Gastspiele am laufenden Band absolvieren sollte. Zu meinem großen Erstaunen erfuhr ich hier, daß ich mich eines qualifizierten Hochverrats schuldig gemacht hatte. Ich wurde ausgequetscht wie eine Zitrone und merkte sehr bald, daß keines meiner geschriebenen oder gesprochenen Worte bei den hohen Behörden unbeachtet geblieben war.

Der eigentliche Kampf in der Öffentlichkeit begann an unserem festesten Stützpunkt, in Spandau. Dort veranstalteten wir in den letzten Januartagen unsere erste Massenversammlung, die diesen Titel in der Tat und zu Recht trug. Wir hatten an die marxistische Öffentlichkeit appelliert, und dieser Appell war nicht ungehört verhallt. Über fünfhundert rote Frontkämpfer waren, geschickt im ganzen Saal verteilt, unsere Zuhörer, und nun sollte der Hexensabbat beginnen. Sie kamen offenbar nicht, um sich von uns belehren zu lassen. Sie hatten vielmehr das Ziel, die Versammlung, wie es in ihrem Jargon heißt, auf den Leisten zu schlagen.

Diese löbliche Absicht wurde allerdings durch die virtuose Taktik, die wir im Verlauf der Versammlung einschlugen, durchkreuzt und zunichte gemacht. Wir erklärten von vornherein, daß wir mit jedem ehrlichen Volksgenossen offen debattieren wollten, daß jede Partei ausgiebige Redezeit erhalten solle, daß die Geschäftsordnung der Versammlung allerdings von uns, die wir das Hausrecht besäßen, bestimmt und jeder, der sich ihr nicht fügen wollte, von der SA. rücksichtslos an die frische Luft gesetzt würde.

Das war eine Sprache, die man bisher in Berlin nur in marxistischen Versammlungen gesprochen hatte. Die roten Parteien fühlten sich allzu sicher in ihrer Macht. Sie nahmen die bürgerlichen Vereine, die da geistreiche Dikussionen über den Marxismus veranstalteten, gar nicht ernst. Man pflegte bei den Roten darüber zu lachen und hielt es nicht der Mühe wert, überhaupt bürgerliche Versammlungen mit marxistischem Massenbesuch zu beehren.

Bei uns war das von Anfang an anders. Bei uns wurde die Sprache gesprochen, die auch der Marxist versteht, und es kamen Fragen zur Erörterung, die den kleinen Mann aus dem Volk auf das brennendste interessierten.

Der Proletarier hat ein ausgeprägtes, fein reagierendes Gefühl für Gerechtigkeit. Und wer es versteht, ihn dabei zu packen, der wird immer seiner Sympathie gewiß sein können. Wir erklärten, diskutieren zu wollen, wir stellten uns mit dem Proletarier ehrlich auf eine Stufe, Mann gegen Mann; und damit war es von vornherein unmöglich gemacht, daß die roten Hetzer durch gewissenlose Demagogie die Versammlung zum Platzen brachten, bevor sie überhaupt begonnen hatte. Das aber konnte uns schon genügen; denn wir wußten, kommen wir erst dazu, vor diesen irrenden und suchenden Menschen **überhaupt** zu reden, dann haben wir bereits gewonnen.

Das Referat nahm in dieser ersten großen Arbeiterversammlung über zwei Stunden in Anspruch. Das Thema Sozialismus stand zur Debatte, und ich erlebte bei meiner Rede die große Freude, daß diese fünfhundert Menschen, die gekommen waren, um uns, wie die *Rote Fahne* schrieb, mit harten Proletarierfäusten zu Paaren zu treiben, stiller und stiller wurden, daß zwar zuerst ein paar bezahlte Hetzer durch geschickte Zwischenrufe den ruhigen Verlauf der Versammlung zu stören versuchten, aber auch **die** unter der eisigen Ablehnung ihrer eigenen Gefolgschaft mehr und mehr verstummten, und am Ende über der ganzen Versammlung eine feierliche Ruhe gesammelter Spannung lag.

Die Diskussion begann. Ein roter Hetzer bestieg das Rednerpodium und wollte eben anfangen, mit blutigen Phrasen zur Brachialgewalt aufzuhetzen, da kam von draußen die alarmierende Nachricht, daß rote Überfallkommandos zwei unserer vorzeitig heimkehrenden Parteigenossen überfallen und blutig geschlagen und gestochen hatten; einer mußte ins Krankenhaus überführt werden, wo er augenblicklich mit dem Tode rang. Ich erhob mich gleich, teilte die Ungeheuerlichkeit dieses Vorgangs der Versammlung mit und erklärte, die NSDAP. hielte es für unter ihrer Würde, weiterhin den Vertreter einer Partei in ihrer eigenen Versammlung zu Wort kommen zu lassen, deren Gefolgschaft draußen im feigen Dunkel der Nacht durch Knüppel und Dolch das zu ersetzen versuche, was ihr an geistigen Argumenten offenbar zu fehlen schien.

Hatte schon diese Schilderung des gemeinen und niederträchtigen Überfalls die ganze Versammlung in eine Siedehitze der Empörung versetzt, in der auch die letzten Kommunisten, wohl bedrückt vom eigenen schlechten Gewissen, zu verstummen begannen, so erweckte die kategorische Ankündigung, daß die NSDAP. nicht gewillt sei, auf solche Art mit sich Schindluder treiben zu lassen, bei allen anständigen Zuhörern tosenden Jubel und begeisterte Zustimmung. Ohne daß das von uns beabsichtigt war, flog der rote Hetzer, noch einige Protestphrasen stotternd, vom Podium herunter und wurde dann, von Hand zu Hand befördert, an die frische Luft gesetzt.

In meinem Schlußwort erklärte ich noch einmal mit aller Schärfe und Festigkeit, daß wir immer und überall gewillt seien, mit jedem ehrlichen politischen Kämpfer, vor allem einem anständigen Arbeiter ein offenes Männerwort zu sprechen; daß wir aber jeden Versuch, uns mit blutigem Terror zu begegnen, mit eben demselben Mittel entgegentreten würden und wir da, wo die anderen Arme und Fäuste, keine Leberwürste hätten.

Die Versammlung endete mit einem Sieg auf der ganzen Linie. Die roten Sprengtrupps schoben schweigend und mit hängenden Ohren ab; die eigenen Parteigenossen aber hatten an diesem Abend zum erstenmal das beglückende Gefühl, daß die Bewegung in Berlin nun die engen, begrenzten Fesseln einer parteipolitischen Sekte gesprengt hatte, daß der Kampf angesagt war und nun an der ganzen Front entbrennen mußte. Es gab jetzt kein Halten mehr. Wir hatten den Gegner herausgefordert, und jedermann wußte, daß er diese Herausforderung nicht unbeantwortet lassen würde.

So lautete auch das Echo am andern Tag in der marxistischen Presse. Wir wußten von vornherein, daß man im den Sudelküchen am Bülowplatz und in der Lindenstraße die Wahrheit in das glatte Gegenteil umlügen, daß man uns als feige Hetzer und Arbeitermörder anprangern würde, die harmlose Proletarier, nur weil sie eine politische Diskussion verlangt hatten, blutig niederschlügen.

Kampf um Berlin

Plakat zu der Versammlungsschlacht in den Pharussälen[1]

Die Pharussäle

---

[1] **Text des Plakats:**
Der Bürgerstaat geht seinem Ende entgegen!
Mit Recht! Denn er ist nicht mehr in der Lage Deutschland frei zu machen! Ein neues Deutschland muß geschmiedet werden das nicht mehr Bürger- und nicht mehr Klassenstaat ist. Ein Deutschland der Arbeit und der Disziplin! Für diese Aufgabe hat die Geschichte Dich ausersehen, Arbeiter der Stirn und der Faust! In Deine Hände ist das Schicksal des deutschen Volkes gelegt! Denke daran! Steh' auf und handele!
Am Freitag, den 11. Februar, abends 8 Uhr, spricht in den Pharus-Sälen, Berlin N, Müllerstraße 142, Pg. Dr. Goebbels über: **Der Zusammenbruch des bürgerlichen Klassenstaates!**

In dicken Überschriftsbalken schrie die rote Journaille in die Reichshauptstadt hinein: "Nazis veranstalteten in Spandau ein Blutbad. Das ist ein Alarmsignal für die gesamte revolutionäre Arbeiterschaft der Reichshauptstadt!" Und darunter die unmißverständliche Drohung: "Das wir Euch teuer zu stehen kommen!"

Nun gab es für uns nur noch zwei Möglichkeiten: entweder nachzugeben und damit ein für allemal den politischen Ruf der Partei beim Proletariat zu verspielen, oder aber erneut und mit verdoppelter Wucht in die geschlagene Kerbe zu hauen und unsererseits den Marxismus wiederum zu einer Auseinandersetzung herauszufordern, die - das wußten wir - über das weitere Schicksal der Bewegung vorläufig entscheiden mußte.

"Der Bürgerstaat geht seinem Ende entgegen. Ein neues Deutschland muß geschmiedet werden! Arbeiter der Stirn und der Faust, in Deine Hände ist das Schicksal des deutschen Volkes gelegt. Am Freitag, den 11. Februar, Pharussäle! Thema: 'Der Zusammenbruch des bürgerlichen Klassenstaats.'"

Das war allerdings eine Provokation, die man bisher in Berlin noch nicht erlebt hatte. Der Marxismus empfindet es bekanntlich schon als Anmaßung, wenn ein nationaldenkender Mensch in einem Arbeiterviertel seine Gesinnung offen zur Schau trägt. Und gar am Wedding?!

Der rote Wedding gehört dem Proletariat! So hat es jahrzehntelang geheißen, und niemand fand den Mut, sich dem entgegenzustellen und durch die Tat das Gegenteil zu beweisen.

Und die Pharussäle? - Das war die unbestrittene Domäne der KPD. Hier pflegte sie ihre Parteitage abzuhalten, hier versammelte sie fast Woche für Woche ihre treueste und aktivste Gefolgschaft, hier hatte man bisher nur die Phrasen von Weltrevolution und internationaler Klassensolidarität geredet und gehört. Und gerade dahin beraumte die NSDAP. ihre nächste Massenversammlung ein.

Das war eine offene Kampfansage. So von uns gemeint und so vom Gegner verstanden. Die Parteigenossen jubelten. Nun ging es aufs Ganze. Nun wurde das Schicksal der Berliner Bewegung kühn und verwegen in die Waagschale geworfen. Jetzt hieß es: gewinnen oder verlieren!

Der entscheidende 11. Februar rückte heran. Die kommunistische Presse überschlug sich in blutigen Drohungen. Man werde uns einen warmen Empfang bereiten, man wolle uns das Wiederkommen verleiden. Auf den Arbeitsämtern und Stempelstellen wurde offen angekündigt, daß wir heute abend zu Brei und Brühe geschlagen würden.

Wir sind uns damals gar nicht der Gefahr bewußt gewesen, in die wir uns begaben. Ich jedenfalls kannte den Marxismus zu jener Zeit noch nicht so weit, um die möglichen Folgen im einzelnen vorauszusehen. Ich ging über die finstern Deklamationen der roten Presse mit einem Achselzucken hinweg und erwartete mit Spannung den entscheidenden Abend.

Gegen 8 Uhr fuhren wir in einem alten, holprigen Auto vom Zentrum zum Wedding los. Ein kalter, grauer Nebel nieselte vom sternenlosen Firmament herunter. Das Herz klopfte zum Zerspringen vor Ungeduld und Erwartung.

Schon beim Durchfahren der Müllerstraße merkten wir, daß es heute abend nicht mit guten Dingen zuging. An allen Straßenecken lungerten Gruppen von Bassermannschen Gestalten herum. Man hatte es offenbar darauf angelegt, unseren Parteigenossen schon eine blutige Lektion zu erteilen, bevor sie den Versammlungsraum überhaupt betraten.

Vor den Pharussälen standen schwarze Menschenmassen, die in lauten und frechen Drohungen ihrer Wut und ihrem Haß Luft machten.

Der Führer der Schutzstaffel bahnte sich einen Weg zu uns und meldete mit knappen Worten, daß der Saal bereits seit 7¼ Uhr polizeilich gesperrt und zu zwei Drittel mit roten Frontkämpfern besetzt sei. Das war das, was wir wollten. Hier mußte die Entscheidung fallen. So oder so. Und wir waren bereit, dafür das Letzte einzusetzen.

Beim Betreten des Saales schlug uns ein heißer, atemberaubender Qualm von Bierdunst und Tabak entgegen. Die Luft war heiß zum Zerspringen. Ein tolles, johlendes Stimmengewirr durchtobte den Raum. Die Menschen saßen aneinander und ineinander gepfercht, und nur mit Mühe konnte man sich einen Weg zum Podium bahnen.

Kaum war ich erkannt, da dröhnte mir ein vielhundertstimmiges Rache- und Wutgeheul in die Ohren.

"Bluthund!" "Arbeitermörder!" Das waren noch die mildesten Koseworte, die man mir nachschrie. Aber voll zitternder Leidenschaft antworteten darauf die Begrüßungsstürme der eigenen Parteigenossen und SA.-Männer. Von der Tribüne herunter klangen mitreißende Kampfrufe. Ich erkannte sofort: hier sind wir zwar eine Minderheit, aber diese Minderheit ist entschlossen zu kämpfen, und sie wird deshalb die Entscheidung bestehen.

Es war damals bei uns noch Brauch, daß alle öffentlichen Versammlungen der Partei vom SA.-Führer geleitet wurden. So auch hier. Baumlang stand er in seiner ganzen Größe vorne an der Rampe aufgebaut und gebot mit erhobenem Arm Ruhe. Das war aber leichter gesagt als durchgeführt. Ein höhnisches Gelächter war die Antwort. Die Schimpfworte flogen nur so aus allen Ecken des Saales zur Bühne herauf. Man grölte und schrie und brüllte; unter den einzelnen Gruppen saßen angesäuselte Weltrevolutionäre, die sich für diesen Abend den nötigen Mut offenbar angetrunken hatten. Es war ganz unmöglich, diesen Saal zur Ruhe zu bringen. Das klassenbewußte Proletariat war ja nicht gekommen, um zu diskutieren, sondern um zu schlagen, um zu sprengen, um dem Faschistenspuk mit schwieligen Arbeiterfäusten ein Ende zu machen.

Wir befanden uns keinen Augenblick darüber in unklaren. Aber wir wußten auch, daß, wenn es uns diesmal gelang, uns durchzusetzen, und wenn der Gegner nicht dazu kam, aus uns, wie er gedroht hatte, Hackepeter zu machen, der weitere Siegeslauf der Bewegung in Berlin unaufhaltsam sein würde.

Vor der Bühne standen etwa fünfzehn bis zwanzig SA.- und SS.-Leute, verwegen, in Uniform und mit Armbinde, für jeden roten Klassenkämpfer eine freche und dreiste Provokation. Hinter mir auf der Bühne stand ein auserlesener Trupp von zuverlässigen Leuten, in jedem Augenblick der kritischen Situation bereit, den anstürmenden roten Mob in Verteidigung des eigenen Lebens, wenn nötig, mit Brachialgewalt zurückzuschlagen.

Die Kommunisten hatten in ihrer Taktik offenbar einen Fehler gemacht. Sie hatten verstreute Gruppen nur einzeln durch den ganzen Saal dirigiert und hielten im übrigen, zu einem dicken Klumpen zusammengeballt, den rechten hinteren Teil der

Versammlung besetzt. Hier war - das erkannte ich sofort - das Zentrum des Unruheherdes, und hier mußte deshalb - wenn überhaupt, zuerst und rücksichtslos eingegriffen werden. Jedesmal, wenn der Versammlungsleiter zur Eröffnung der Versammlung ansetzte, erhob sich dort ein finsteres Individuum auf einen Stuhl und schrie stereotyp mit kreischender Stimme: "Zur Geschäftsordnung!" Und das wurde dann vielhundertfach im Sprechchor nachgebrüllt und nachgejohlt.

Nimmt man der Masse ihren Führer oder auch ihren Verführer, dann ist sie herrenlos und kann mit Leichtigkeit überwunden werden. Unsere Taktik mußte also darauf hinausgehen, diesen feigen Hetzer, der sich da im Rücken seiner Genossen sicher und ungefährdet wähnte, unter allen Umständen zum Schweigen zu bringen. Wir machten diesen Versuch ein paarmal in Güte. Der Versammlungsleiter schrie mit schon heiserer Stimme in den wachsenden Lärm hinein: "Diskussionsgelegenheit gibt es nach dem Referat! Aber die Geschäftsordnung bestimmen wir!"

Doch das war alles nur ein untauglicher Versuch am untauglichen Objekt. Der Schreier wollte durch seine ewig wiederholten Zwischenrufe die Versammlung nur in Unruhe und am Ende in racheerfüllte Siedehitze versetzen. Dann kam der gewaltsame Sprengungsversuch ganz spontan und ohne Kommando.

Als alle unsere Maßnahmen, die Versammlung in Güte zur Ruhe zu bringen, sich als erfolglos erwiesen, rief ich den Führer der Schutzstaffel beiseite, und gleich darauf gingen seine Leute in verteilten Gruppen mitten in die tobende Kommunistenmasse hinein; und ehe die aufs äußerste erstaunten und betroffenen Rotfrontsoldaten sich dessen überhaupt bewußt wurden, hatten unsere Kameraden den Hetzer vom Stuhl heruntergeholt und mitten durch den tobenden Janhagel auf die Bühne gebracht. Das war bisher noch nicht dagewesen; und was ich erwartet hatte, trat denn auch prompt ein: ein Bierglas flog in die Höhe und fiel klirrend zu Boden. Und damit war das Signal zur ersten großen Saalschlacht gegeben. Stühle zerkrachten, von den Tischen wurden die Beine ausgerissen, aufgesammelte Gläser- und Flaschenbatterien waren in Sekunden geschützartig auf den Tischen aufgeprotzt, und dann ging's los. An die zehn Minuten wogte die Schlacht hin und her. Gläser, Flaschen, Tisch- und Stuhlbeine sausten wahl- und ziellos durch die Luft. Ein ohrenbetäubendes Gebrüll stieg hoch; die rote Bestie war losgelassen und wollte nun ihre Opfer haben.

Zuerst schien es, als wären wir allesamt verloren. Der kommunistische Angriff hatte so spontan und explosiv eingesetzt, daß er uns, obschon wir darauf vorbereitet waren, vollkommen unerwartet kam. Aber kaum hatten sich die im ganzen Saal verteilten und in der Hauptsache vor der Bühne massierten SA.- und SS-Trupps aus der ersten verwunderten Bestürzung erholt, da setzten sie mit verwegener Kühnheit zum Gegenangriff an; und dabei allerdings zeigte es sich, daß die kommunistische Partei zwar Massen hinter sich stehen hat, daß aber diese Massen in dem Augenblick, in dem sie auf eine fest disziplinierte und eingeschworene Gegnerschaft stoßen, feige werden und das Hasenpanier ergreifen. In kürzester Frist war der rote Janhagel, der da gekommen war, um unsere Versammlung auf den Leisten zu schlagen, aus dem Saal geprügelt und die Ruhe, die mit gütlichen Mitteln nicht hergestellt werden konnte, nun durch Brachialgewalt erzwungen.

Meistens wird man sich im Verlauf einer Saalschlacht der einzelnen Phasen einer solchen Aktion kaum bewußt. Erst später steigen sie in der Erinnerung wieder auf. Ich sehe noch heute vor mir ein Bild, das mir zeitlebens unvergeßlich bleiben wird: auf der Bühne stand ein junger, mir bis dahin unbekannter SA.-Mann und fegte zur Verteidigung der Versammlungsleitung seine Wurfgeschosse in den anstürmenden roten Mob hinein. Plötzlich wird er von einem weither geschleuderten Bierglas am Kopf getroffen.. Das Blut rinnt in breitem Strom die Schläfen herunter. Er sinkt mit einem Aufschrei zu Boden. Nach einigen Sekunden erhebt er sich wieder, greift eine auf dem Tisch noch stehende Wasserflasche und schleudert sie in weitem Bogen in den Saal hinein, wo sie dann klirrend auf dem Kopf eines Gegners zerspringt.

Das Gesicht dieses jungen Menschen bleibt in mir haften. Es hat sich in dieser blitzschnell sich abspielenden Episode unvergeßlich in meinem Gedächtnis eingeprägt. Dieser in den Pharussälen schwerverwundete SA.-Mann sollte sehr bald und dann allerdings für alle Zeiten mein zuverlässigster und treuester

Kamerad werden.

Erst als der rote Mob heulend, grölend und fluchend das Feld geräumt hatte, konnte man feststellen, wie schwer und verlustreich diese Auseinandersetzung gewesen war. Auf der Bühne lagen zehn in ihrem Blut; meistens mit Stirn- und Kopfwunden und zwei mit schwerer Gehirnerschütterung. Der Tisch und die Treppe, die zur Bühne führte, waren mit großen Blutlachen bedeckt. Der ganze Saal glich einem einzigen Trümmerfeld.

Und in dieser blut- und scherbenübersäten Wüste steht mit einem Male unser baumlanger SA.-Führer wieder an seinem Platz und erklärt in steinerner Ruhe: "Die Versammlung wird fortgesetzt. Das Wort hat der Referent."

Ich habe nie vorher und nie wieder nachher unter solchen erregenden Begleitumständen gesprochen. Hinter mir, stöhnend in Blut und Schmerzen, die schwerverletzten SA.- Kameraden. Rings um mich Scherben, zerbrochene Stuhlbeine, zersplitterte Biergläser und Blut. Die ganze Versammlung in eisiger Stille erstarrt.

Gau-SA.-Führer Daluege (X) und sein Adjutant

Es fehlte uns damals noch an einem ausgebildeten Sanitätskorps; wir waren deshalb darauf angewiesen, da wir uns ja in einem proletarischen Vorort befanden, unsere Schwerverletzten durch sogenannte Arbeitersamariter abtransportieren zu lassen. Und da spielten sich dann vor der Türe des Versammlungsraumes Szenen ab, die in ihrer herzlosen Widerwärtigkeit geradezu unbeschreiblich sind. Diese vertierten Menschen, die da angeblich für die Brüderlichkeit der ganzen Welt kämpfen, ließen sich dazu hinreißen, unsere armen und wehrlosen Schwerverletzten zu beschimpfen und ihnen etwa mit Redewendungen, wie: "Ist das Schwein noch nicht verreckt?" zu Leibe zu rücken.

Es war unter diesen Umständen ganz unmöglich, eine zusammenhängende Rede zu halten. Kaum hatte ich angesetzt, da betrat wieder ein Sanitätskommando den Saal, und auf schwankender Bahre wurde ein schwerverletzter SA.-Mann von der Bühne herunter nach draußen getragen. Einer von ihnen, den diese verrohten Menschheitsapostel an der Türe mit den unflätigsten und gemeinsten Redensarten überschütteten, rief in seiner Verzweiflung mit einer Stimme, die laut und vernehmbar bis auf das Rednerpodium heraufdrang, nach mir. Ich unterbrach die Rede, ging durch den Saal, in dem noch verteilt einzelne Sprengkommandos der Kommunisten saßen - sie drückten sich allerdings nun unter dem Eindruck dieser unerwarteten Abreibung still und scheu beiseite - und nahm draußen von dem schwerverletzten SA.-Mann Abschied.

Am Schluß meiner Rede wurde zum ersten Male das Wort vom unbekannten SA.-Mann ausgesprochen.

Ein heiteres Erlebnis, das diesem blutigen Zusammenstoß gewissermaßen doch noch einen versöhnlichen Abschluß gab, soll nicht unerwähnt bleiben. Als nach dem Referat zur Diskussion aufgefordert wurde, meldete sich ein mickriger Spießer, der angab, Mitglied des Jungdeutschen Ordens zu sein. Er ermahnte mit pastoralem Pathos zu Brüderlichkeit und Ständefrieden, stellte uns in beweglichen Klagen die zwecklose Unmoral dieses Blutvergießens vor Augen und erklärte, daß Einigkeit allein stark mache. Als er dann noch nach einer tiefen Verbeugung vor der Versammlung zum Vortrag eines patriotischen Gedichtes ansetzen wollte, um damit seinen hohen Edelquatsch zu beendigen, antwortete ihm unter stürmischen Gelächter der ganzen Versammlung ein biederer SA.-Mann mit dem allerdings hier durchaus zutreffenden Zwischenruf: "Huch, du kleiner Geburtstagsdichter!"

TERROR UND WIDERSTAND (TEIL 2)

Mit diesem lustigen Intermezzo fand die Schlacht in den Pharussälen ihr Ende. Die Polizei hatte draußen die Straße geräumt. Der Abzug der SA. und SS. ging reibungslos vor sich. Ein entscheidungsvoller Tag in der Entwicklung der nationalsozialistischen Bewegung in Berlin lag hinter uns.

Es reichen keine Worte aus, den Lügenwust wiederzugeben, der am anderen Tag in der jüdischen Presse zu lesen stand. Das Gesindel am Bülowplatz, das seine ganze politische Existenz von der blutigen Hetze zum Brudermord herleitet, fühlte sich mit einem Male berufen, den harmlosen Verfolgten zu spielen und unsere Bewegung, die nur ihre nackte Existenz verteidigt hatte, des Arbeitermordes anzuklagen.

Berliner Morgenpost vom 12. Februar 1927:

"In den Pharussälen in der Müllerstraße 142 kam es gestern abend gegen 9 Uhr zu schweren Zusammenstößen zwischen Kommunisten und Mitgliedern der deutschsozialen Arbeiterpartei, die dort eine Versammlung abhielt. Bei einer Schlägerei, die sich zwischen den Parteien entspann, wurden zahlreiche Personen erheblich verletzt. Das Rettungsamt brachte vier Verletzte in das Virchow- Krankenhaus, die anderen, etwa zehn Personen, erhielten an Ort und Stelle Notverbände.

Die deutschsoziale Arbeiterpartei hatte zu gestern abend in die Pharussäle im Norden Berlins eine politische Versammlung einberufen. Vor dem Versammlungslokal hatten sich bei Beginn des Vortrages mehrere hundert Kommunisten eingefunden, von denen ein großer Teil in den Saal Einlaß fand. Aus den Reihen der Zuschauer ertönten unausgesetzt Zwischenrufe. Plötzlich kam es zu einem großen Tumult, der bald in eine Schlägerei ausartete. Mit Stühlen, Biergläsern und anderen Gegenständen gingen die Parteien aufeinander los. Die Enrichtung des Saales wurde demoliert. Ein großes Polizeiaufgebot trennte schließlich die Kämpfenden und nahm eine Reihe von Verhaftungen vor."

Die *Welt am Abend* vom 12. Februar 1927:

"Gestern abend kam es am Wedding zu blutigen Zusammenstößen zwischen provozierenden Nationalsozialisten und Polizei einerseits und Arbeitern vom Wedding andererseits. Die Nationalsozialistische Arbeiterpartei hatte nach den Pharussälen eine Versammlung einberufen, in der ein Dr. Goebbels über den Zusammenbruch des bürgerlichen Klassenstaates referieren sollte. Die Versammlung, die von ungefähr 2000 Personen, darunter zahlreiche Kommunisten und Sozialdemokraten, besucht war, nahm von Anfang an einen stürmischen Verlauf.

Die Nationalsozialisten hatten es von Anfang an auf Provokation abgesehen. Der Versammlungsleiter Daluege erklärte, als sich Kommunisten meldeten, bei uns gibt es keine Diskussion. Daraufhin kam es zu scharfen Protestkundgebungen, bei denen der etwa 300 Mann starke hakenkreuzlerische Versammlungsschutz in der brutalsten Weise gegen die Arbeiter vorging. Es kam zu schweren Prügeleien, die Faschisten hieben mit Stuhlbeinen und Bierseideln auf die Arbeiter ein. Im Laufe dieser Zusammenstöße wurden mehrere Arbeiter schwer verletzt. Die kommunistischen und sozialdemokratischen Arbeiter wurden von den Hakenkreuzlern schließlich auf die Straße gedrängt, wo sich eine ungeheure Menschenmenge angesammelt hatte.

Es kam Polizei, die die Müllerstraße von beiden Richtungen zu räumen versuchte und dabei wie wild auf die Arbeiter losschlug. Es kam zu schweren Zusammenstößen besonders bei der Amrumer Straße, wo insgesamt 17 Verhaftungen vorgenommen wurden.

Die Vorfälle in und bei den Pharussälen verbreiteten sich

im ganzen Bezirk wie ein Lauffeuer. Immer neue Arbeitermassen kamen herbei, die Empörung richtete sich vor allem gegen den immer weiter provozierenden Hitlerschen Saalschutz.

Die Polizei versuchte die Menge abzudrängen, und herbeigeholte Verstärkungen begleiteten die Hakenkreuzjungen zum Bahnhof Putlitzstraße. Ecke Torf- und Triftstraße kam es zu neuen Zusammenstößen. Die Polizei behauptet, daß gegen sie Steine geworfen worden seien. Jedenfalls gab die Schupo eine große Zahl von Schüssen ab, es wurden neuerdings 20 Verhaftungen vorgenommen, die Verhafteten auf das Polizeipräsidium gebracht.

Die Unruhen fanden aber damit noch nicht ihr Ende. Ecke Nordufer und Lynarstraße kam es neuerdings zu wilden Szenen, als auch hier abmarschierende Hakenkreuzler die Arbeiter anfielen. Auch hier wurden sechs Personen schwer verletzt. Insgesamt wurden bisher sechs Schwer- und dreißig Leichtverletzte festgestellt."

Die *Rote Fahne* vom 12. Februar 1927:

"Nationalsozialisten überfallen Arbeiter. Vorbereiteter Überfall in den Pharussälen.

Am gestrigen Abend fand in den Pharussälen eine Versammlung der Nationalsozialisten statt, zu der in öffentlichen Plakaten aufgefordert worden war. Es waren darum auch zahlreiche Arbeiter erschienen, so daß die Versammlung voll war. Die Tagesordnung sollte den Niedergang des Kapitalismus behandeln, wobei es selbstverständlich war, daß sich zu Beginn der Versammlung ein Arbeiter zu Wort meldete und zur Geschäftsordnung sprechen wollte, um Diskussion zu beantragen.

Der Versammlungsleiter erklärte, daß es in dieser Versammlung keine Diskussion gäbe. Das war das Stichwort zu einem ungeheuerlichen und niederträchtigen Überfall der Nationalsozialisten.

Extra zusammengestellte Knüppelgarden aus Schöneberg haben sich vor der Versammlung eine Menge Stühle und

Bierkrüge auf die Galerie geschleppt, es handelt sich also um einen wohl vorbereiteten Überfall. In dem Moment nun, wo der Vorsitzende das Wort zur Geschäftsordnung verweigerte, begannen die Nationalsozialisten die erschienenen Arbeiter von der Galerie herab mit Stühlen und Bierkrügen zu bombardieren. Es kam zu schweren Zusammenstößen. Zahlreiche Arbeiter wurden verwundet, darunter einige sehr schwer, es soll sogar Tote gegeben haben, wofür allerdings die Bestätigung noch abzuwarten ist.

Die Nachricht von dem nationalsozialistischen Überfall verbreitete sich mit Blitzesschnelle im Wedding, wo die Arbeiter auf die Straße eilten, um in großen Protestzügen gegen die nationalsozialistischen Mörder zu protestieren. Obwohl die Schupo rigoros gegen die Arbeiter vorging, bildeten sich immer neue Gruppen.

Wir erheben gegen diese feigen und mörderischen Überfälle schärfsten Protest. 'Arbeiter, schließt euch gegen die faschistischen Mörder zusammen!'"

Das war die Antwort der kommunistisch-jüdischen Presse auf eine Niederlage, die ihr so unerwartet kam, daß sie vorerst vollkommen den Verstand darüber zu verlieren schien.

Wir haben ihnen bald und in der Folgezeit sehr oft das Wort "Arbeitermörder" in den eigenen Schlund zurückgeschlagen. Wir haben nicht geschwiegen. Wir haben der Öffentlichkeit in jahrelanger Aufklärungsarbeit zu zeigen versucht, wo die wirklichen Arbeitermörder zu suchen und zu finden sind.

Daß man uns nun "Banditen" nannte, das war aus dem Munde der Juden im Karl-Liebknecht- Haus nur ein Ehrentitel für uns. Und daß sie mich als "Oberbanditen" bezeichneten, das wurde schneller, als sie das erwartete hatten, von uns aufgegriffen und sehr bald in unseren eigenen Reihen, nicht nur in Berlin, sondern im ganzen Reich, zu einem geflügelten Wort.

Ganz plötzlich war nun die führende und tragfähige Autorität, die wir bisher in unserer Berliner Organisation noch nicht besaßen, durch Erfolge aufgerichtet und befestigt worden. Eine kämpfende Bewegung muß zum Kampf geführt werden; und sieht der Gefolgsmann, daß die Führung nicht nur in der Theorie, sondern auch in der Praxis kämpfend voranschreitet, dann wird er bald zu ihr Vertrauen fassen und sich ihr widerspruchslos unterordnen. Die Führung andererseits kommt damit in die glückliche Lage, den sich nun anhäufenden Fonds von Autorität in allen kritischen Entscheidungen mit in die Waagschale werfen zu können. So war das hier der Fall. Die Berliner Bewegung hatte jetzt einen zentralen Mittelpunkt. Man konnte sie nicht mehr künstlich auseinanderreden. Sie war in Führung und Gefolgschaft aufeinander eingespielt und eingeschworen und damit auch für große politische Aktionen manövrierfähig. Diesen Gewinn konnten wir damals in seinem ganzen Gewicht noch gar nicht ausmessen. Er sollte uns später noch oft und oft zu Diensten sein in Zeiten, da die Bewegung den härtesten Belastungsproben ausgesetzt war und es in den entscheidenden Augenblicken darauf ankam, ihr einen festen Halt und einen sicheren, unbeirrbaren Kurs zu geben.

Ich habe damals auch die erste Verbindung zu den sogenannten geistigen Wortführern des Nationalismus aufgenommen. Aber ich muß gestehen, daß diese Bekanntschaft mich innerlich sehr wenig befriedigte. Ich fand unter diesen schreibenden Verfechtern unserer Sache kaum einen, der für den Kampf um den Nationalismus, wie er in den Proletariervierteln durchgepaukt wurde, auch nur eine Spur von Verständnis aufzubringen vermochte. Man saß dort in geistreichen Zirkeln beisammen, zerspaltete die nationalistische Weltanschauung in hunderttausend Atome, um sie dann wieder mühsam und künstlich zusammenzuflicken. Man erging sich in Wortakrobatien, die zwar dazu geeignet schienen, ihre Erfinder im eigenen Spiegel glitzernd wiederzugeben, die aber der kämpfenden nationalistischen Front, die draußen blutend und opfernd in verrauchten Versammlungslokalen stand, keinerlei Trost und keinerlei Aufmunterung geben konnten.

Lastkraftwagen-Propaganda

Der Nationalismus ist eine Sache der Tat, nicht des Wortes. Die geistigen Verfechter dieser Sache müssen sich davor hüten, in der Debatte zu verkommen. Wir sind nicht dazu da, es den jüdischen Zivilisationsliteraten gleichzutun an glitzerndem Stil und brillierendem Verstandesfeuerwerk. Der Nationalismus mag sich im Not- und Bedarfsfall dieser Mittel bedienen; aber das soll nie und nimmer bei ihm Selbstzweck werden.

Die nationalsozialistische Bewegung ist durch ihre Redner, nicht durch ihre Journalisten groß geworden. Wenn einer für sie die Feder gebrauchte, so tat er es, um sie damit in den Dienst der Organisation zu stellen. Bei den nationalistischen Schreibern hatte ich meistens den Eindruck, daß sie im Gegensatz dazu unsere Organisation in den Dienst ihrer Federn stellen wollten. Und damit war von vornehrein für mich das Urteil über sie gesprochen. Vor allem schien es ihnen vielfach an der nötigen Zivilcourage zu fehlen. Man hatte Angst, sich bei den Zivilisationsliteraten in Mißkredit zu bringen. Es ist die Angst des Bildungsphilisters, der es nicht wagt, gegen irgendeinen jüdischen Wahnsinn zu protestieren aus der Furcht, unmodern zu scheinen und als unzeitgemäß verlacht zu werden.

Der Nationalismus wird vom Zivilisationsliteratentum immer als Reaktion verschrien werden. Man muß dann eben die Zivilcourage aufbringen, es den Zeilenschindern in den Redaktionsstuben ins Gesicht hineinzuschreien: wenn der Nationalismus nach ihrer Meinung Reaktion ist, dann sind wir eben in Gottes Namen Reaktionäre. Wir sind aber keineswegs

bereit, uns unsere Weltanschauung von einem großmannssüchtigen, überheblich arroganten Federvieh vorschreiben zu lassen.

Plakat zur zweiten großen Spandauer Versammlung gegen die KPD.

Man soll auch nicht glauben, daß es den Männern der jüdischen Feder imponiert, wenn man versucht, es ihnen an Brillanz des Wortes und der Feinheit des Stils gleich zu tun. Ihnen imponiert am Ende doch nur die Macht, und sie werden erst dann kleinlaut werden, wenn man ihnen die Faust unter die Nase setzt.

Zu unserer großen Freude begann nun der Kampf um die Reichshauptstadt mit seinem Einsatz an Blut in wachsendem Maße das Interesse der Gesamtbewegung in Anspruch zu nehmen. Es ging wie ein Aufatmen durch das ganze Reich. Was man bis dahin für unmöglich und aberwitzig gehalten habe, nämlich den Feind in seinem eigentlichen Lager aufzusuchen und zum Kampf herauszufordern, das wurde hier Wirklichkeit. Die Bewegung des ganzen Reiches stand dabei hinter uns. Von allen Ecken und Enden des Landes gingen Geldspenden für die verwundeten Berliner SA.-Männer bei uns ein. Wir wurden damit in die Lage versetzt, ihnen wenigstens den primitivsten Schutz und die notwendigste Pflege angedeihen zu lassen. Die hart kämpfende Front hatte das befriedigende Bewußtsein, daß hinter ihr eine große Bewegung stand, die ihre Sache mit heißem, klopfendem Herzen verfolgte.

Und nun ging es Schlag auf Schlag. In langen Lastwagenkolonnen zog die Berliner SA. in die Provinz hinaus. Ein Aufmarsch folgte dem anderen. In Kottbus wurde ein nationalsozialistischer Freiheitstag veranstaltet, der mit einem blutigen Massaker der Polizei endete. In Berlin jagte eine Versammlung die andere. Noch einmal forderten wir die KPD. zum Kampf heraus. Vier Tage nach der Versammlungsschlacht in den Pharussälen riefen wir zu einer neuen Massendemonstration in Spandau auf. Wieder einmal tobte die *Rote Fahne* vor bebender Entrüstung und erklärte aufs neue, nun würde endgültig Schluß gemacht.

Kottbus 1927

Aber das war nun zu spät! Der Damm war gebrochen. Bis zum letzten Mann hielt die Berliner SA. den Saal besetzt. Es nutzte dem Roten Frontkämpferbund nichts, daß er seine Sprengtrupps kreuz und quer durch die Straßen verteilte. Zwar versuchten ein paar weichherzige Gemüter in der eigenen Partei, mich zu bestimmen, wenigstens vorerst davon abzulassen, die KPD., die ohnehin bis zur Siedehitze gereizt sei, weiterhin zu provozieren. Aber das war in den Wind geredet.

Mit sechs Autos fuhren wir von Berlin die Heerstraße herauf, da uns zu Ohren gekommen war, daß einzelne Trupps des RFB. schon die Anfahrt verhindern wollten. In einem verschwiegenen Restaurant, mitten im Wald hinter Spandau, hatten wir unser Hauptquartier aufgeschlagen, und von da aus pürschten wir uns an die Stadt heran. Die geplante Sprengung der Versammlung konnte nicht durchgeführt werden. Die KPD. brachte es nur noch nach der Versammlung zu einem blutigen Feuergefecht an der Putlitzstraße. Wir hatten zwar wieder eine Reihe von Schwerverletzten, aber der Sieg war unser!

Der Versuch, die jung aufstrebende nationalsozialistische Bewegung in der Zentrale des Marxismus im Blut zu ersticken, war auf der ganzen Linie mißlungen. Wir hatten bei diesem Kampf manches gelernt. Es hatte sich dabei wieder einmal die von uns längst erkannte Einheitsfront des gesamten internationalen Judentums gegen uns gezeigt. Wer in den damaligen Tagen das *Berliner Tageblatt* mit der *Roten Fahne* verglich, konnte kaum noch einen Unterschied feststellen. Beide sahen in uns die Friedensbrecher. Beide fühlten sich von uns in ihrer feigen Macht bedroht. Beide riefen gegen uns die Polizei an. Beide schrien nach der Methode "Haltet den Dieb!" in einheitlichem Chor nach der Staatsgewalt, die nun, da die Mittel des Terrors und der blutigen Verfolgung zu versagen schienen, helfend und rettend eingreifen sollte.

Aber die Bewegung hatte die Feuerprobe bestanden. Sie hatte den Feind in seiner eigenen Burg aufgesucht, hatte ihn zum Kampf gezwungen und war, als der Kampf unvermeidlich geworden war, ihm nicht feige ausgewichen, sondern hatte ihn in tapferer Verzweiflung durchgeführt.

SA.-Mann! Dieses Wort, bis dahin in Berlin noch ganz ungenannt und unbekannt, war nun mit einem Schlage von einem mystischen Zauber umgeben. Freunde nannten es mit Bewunderung und Feinde mit Haß und Furcht. Der verwegene Angriffsgeist dieser kleinen Truppe eroberte ihr in kürzester Frist Rang und Ansehen. Sie hatte durch die Tat bewiesen, daß man eine Sache auch unter den widrigsten Umständen durchfechten kann, wenn dahinter politische Leidenschaft, tolle Kühnheit und lächelnde Verachtung steht. Der Terror, soweit er sich in unsere Versammlungen gewagt hatte, war vorerst gebrochen, dem Bolschewismus der Ruf der Unbesiegbarkeit genommen, die Parole "Berlin bleibt rot!" ins Wanken gebracht und erschüttert.

Wir hatten einen Ausgangspunkt gewonnen. Im blutigsten Terror, den man gegen uns ansetzte, bekannten wir uns zum Widerstand. Es sollte nicht lange mehr dauern, daß diese Front des Widerstandes, die ihre ersten Positionen verteidigte, zum politischen Angriff auf der ganzen Linie vorging!

DER UNBEKANNTE SA.-MANN
(TEIL 1)

Der unbekannte SA.-Mann! Dieses Wort, zum erstenmal in den Pharussälen nach einer blutigen Versammlungsschlacht in die Massen hineingeworfen, ging wie ein Lauffeuer mit Windeseile durch die ganze Bewegung. Es war der plastische Ausdruck für jenen kämpfenden politischen Soldaten, der da im Nationalsozialismus aufgestanden war und sich gegen die Bedrohung des deutschen Volkes zur Wehr sezte.

Nur wenige Tausend waren es damals im ganzen Reich und insbesondere in Berlin, die das verwegene Wagnis unternahmen, das Braunhemd anzuziehen und sich damit zum Paria des politischen Lebens zu stempeln. Aber diese wenigen Tausend haben der Bewegung entscheidend den Weg gebahnt. Ihnen ist es zu verdanken, daß ihre ersten Anfänge nicht im Blut erstickt werden konnten.

Es ist späterhin die Streitfrage aufgetaucht, ob SA. die Abkürzung von Sport- oder Sturmabteilung sei. Das ist in diesem Zusammenhang ganz gleichgültig. Denn schon die Abkürzung ist ein Begriff an sich geworden. Man meint damit immer jenen Typ des politischen Soldaten, durch den in der nationalsozialistischen Bewegung zum erstenmal das neue Deutschland repräsentiert wurde.

Der SA.-Mann duldet in keiner Weise einen Vergleich mit dem Mitglied irgendeines Wehrverbandes. Wehrverbände sind ihrem Wesen nach unpolitisch, im besten Fall allgemein patriotisch, ohne klare politische Zielrichtung. Der Patriotismus aber ist eine Angelegenheit, die wir überwinden müssen. Der SA.-Mann hat im alten Deutschland keinen Vorgänger. Er ist aus den explosiven politischen Kräften der Nachkriegszeit heraus entstanden. Es war und ist nicht seine Aufgabe, am Rande der Politik für Geldmächte Zubringerdienste zu leisten oder als

Wach- und Schließpolizist bürgerliche Geldschränke zu bewachen. Der SA.-Mann ist aus der Politik hervorgegangen und damit ein für allemal für die Politik bestimmt.

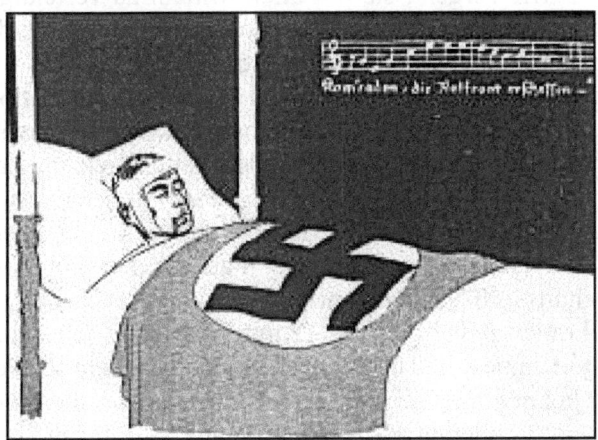

*Horst Wessel
Ein Toter ruft zur Tat!*

Er unterscheidet sich vom gewöhnlichen Parteigenossen dadurch, daß er für die Bewegung ein Mehr an bestimmten Pflichten auf sich nimmt, vor allem die, die Bewegung, wenn sie auf Brachialgewalt stößt, zu beschützen und den gegen sie angesetzten Terror zu brechen. Der Marxismus ist bekanntlich mit dem Terror groß geworden. Er hat terroristisch die Straße erobert, und da sich aus den bürgerlichen Parteien niemand ihm entgegenstellte, sich auch bis zum Auftreten der nationalsozialistischen Bewegung behauptet. Man hielt es in bürgerlichen Kreisen für unfein und wenig vornehm, auf die Straße zu gehen und für politische Ideale zu demonstrieren und einzutreten.

Die Straße aber ist nun einmal das Charakteristikum der modernen Politik. Wer die Straße erobern kann, der kann auch die Massen erobern; und wer die Massen erobert, der erobert damit den Staat. Auf die Dauer imponiert dem Mann aus dem Volk nur die Entfaltung von Kraft und Disziplin.

Eine gute Idee, mit richtigen Mitteln verfochten und mit der nötigen Energie durchgesetzt, wird auf die Dauer immer die breiten Massen gewinnen.

Der SA.-Mann ist dazu ausersehen, die plastische Stärke und die volksverbundene Kraft der nationalsozialistischen Bewegung vor aller Welt und Öffentlichkeit zu zeigen, und wo man dagegen zum Angriff vorgeht, sie mit allen Mitteln zu verteidigen. Das war zur damaligen Zeit zwar leichter gesagt als getan; denn der Marxismus nahm für sich allein das Recht auf die Straße in Anspruch, und er empfand es schon als freche Provokation, wenn eine andere Gesinnung es überhaupt wagte, sich offen zu bekennen. Die bürgerlichen Parteien hatten sich im Laufe der Zeit feige und widerspruchslos dieser dreisten Anmaßung gebeugt. Sie gaben dem Marxismus das Feld frei und begnügten sich ihrerseits damit, im Parlament und in den Wirtschaftsverbänden die wankenden Positionen der liberalen Demokratie zu verteidigen. Damit war ihnen jede aggressive Note genommen, und es fiel dem Marxismus nicht schwer, sie in einem kühnen und verwegenen Massenelan zu überrennen und damit ein für allemal in die Verteidigung zu drängen.

Der Angreifer ist bekanntlich immer stärker als der Verteidiger. Und wenn die Verteidigung gar mit unzulänglichen und halben Mitteln durchgeführt wird, wie das beim Bürgertum der Fall ist, dann wird der offensiv vorgehende Gegner sehr bald im Angriff Stellung um Stellung erobern und den Verteidiger gewaltsam aus seinen letzten Positionen herausdrängen.

So war die Lage im Reich seit der Revolte von 1918; vor allem in Berlin hatte sich dieser Zustand als eine selbstverständliche, widerspruchslos hingenommene Tatsache herausgebildet. Es schien, als hätten die marxistischen Parteien allein das Recht, für sich die Straße zu beanspruchen. Bei jeder sich bietenden Gelegenheit riefen sie die Massen auf, und zu Zehn- und Hunderttausenden zogen sie dann in den Lustgarten, um vor den Augen der Öffentlichkeit ein plastisches Bild ihrer zahlenmäßigen Stärke und ungebrochenen Volkskraft zu erbringen.

Die nationalsozialistische Agitation war sich darüber klar, daß sie niemals die Massen erobern könne, wenn sie nicht für sich das Recht auf die Straße proklamierte und dieses Recht auch dem Marxismus in kühner Verwegenheit abrang. Das mußte, so wußten wir, blutige Kämpfe kosten; denn die amtlichen Organe, die ja in der Hauptsache von der Sozialdemokratie gestellt wurden, waren keineswegs gewillt, mit den Machtmitteln des Staates gleiches Recht für alle, auch auf die Straße, wie es in der Verfassung gewährleistet war, durchzusetzen.

Wir sahen uns somit gezwungen, uns selbst **den** Schutz zu verschaffen, den die Organe des Staates uns versagten. Wir standen weiterhin vor der Notwendigkeit, die ungestörte Durchführung unserer öffentlichen Agitation durch eine besondere Wehrformation zu gewährleisten. Denn der Marxismus hatte sehr bald im Nationalsozialismus seinen einzigen ernsthaften und in Betracht kommenden Gegner erkannt, und er wußte auch, daß es diesem auf die Dauer gelingen würde, die hinter der internationalen Klassenideologie noch marschierenden Proletariermassen ihm zu entreißen und sie in eine neu zu bildende nationalistische und sozialistische Front einzugliedern.

Aus all diesen Erwägungen heraus ist der SA.-Gedanke entstanden. Er entsprang dem natürlichen Schutzbedürfnis der nationalsozialistischen Bewegung. Der SA.-Mann war ihr politischer Soldat. Er erklärte sich bereit, seine Weltanschauung mit allen Mitteln, und wenn Gewalt dagegen angesetzt wurde, auch durch Einsatz von Gegengewalt zu verteidigen.

Der Ton liegt hier auf politisch. Der SA.-Mann war und ist ein **politischer** Soldat. Er dient der Politik. Er ist weder Söldner noch Bravo. Er selbst glaubt daran, was er verteidigt und wofür er sich einsetzt.

Die SA.-Organisation gehört zum Gefüge der Gesamtorganisation der nationalsozialistischen Bewegung. Die SA. ist das Rückgrat der Partei. Mit ihr steht und fällt die Bewegung.

Elemente, die späterhin erst in die Bewegung hineingekommen sind, haben versucht, den SA.- Gedanken umzufälschen. Sie gingen darauf hinaus, die SA.-Organisation aus der Organisation der Gesamtpartei herauszunehmen, die SA. gewissermaßen zu einem Organisationsinstrument herabzuwürdigen, das nur bei Bedarf, auf Anforderung oder gar nach freiem Ermessen ihrer Führer der Partei zur Verfügung gestellt wurde. Das heißt den eigentlichen SA.-Gedanken ins glatte Gegenteil umkehren. Nicht die Partei ist aus der SA entstanden, sondern umgekehrt, die SA aus der Partei. Nicht die

SA bestimmt die Politik der Partei, die Partei bestimmt die Politik der SA. Es kann und darf nicht geduldet werden, daß die SA. Privatpolitik betreibt oder gar den Versuch macht, der politischen Führung den Kurs der Politik vorzuschreiben. Politik machen die Politiker. Die SA. aber hat die Aufgabe, sich für Durchführung dieser Politik einzusetzen.

Es ist deshalb notwendig, daß der SA.-Mann schon früh in der Weltanschauung, der er dient, unterrichtet und erzogen wird. Er soll nicht willen- und gedankenlos für etwas eintreten, das er gar nicht kennt und versteht. Er soll wissen, wofür er kämpft; denn erst aus diesem Wissen heraus empfängt er die Kraft, sich ganz seiner Sache hinzugeben.

Die jüdischen Gazetten haben insbesondere die SA.-Organisation mit einem beispiellosen Haß verfolgt; und da im Ernst nicht bezweifelt werden konnte, daß die SA. sich mit blindem Fanatismus und heroischem Opfersinn für die nationalsozialistische Weltanschauung einsetzte, versuchte die Journaille immer wieder, diesem heldenhaften Tun falsche und verlogene Motive zu unterstellen. Man wollte die Öffentlichkeit glauben machen, es handle sich beim SA.-Mann um einen gedungenen Bravo und bezahlten Söldner, der nur für Geld und gute Worte bereit war, sein Leben in die Schanze zu schlagen. Der mittelalterliche Söldnergedanke, so hieß es, sei in der SA. wieder auferstanden. Der SA.-Mann selbst leiste schließlich nur dem Gefolgschaft, der ihm die beste Fourage und den höchsten Lohn verspreche und gebe.

Unlautere Elemente, die sich in die nationalsozialistische Bewegung eingeschlichen hatten und in der SA. eine Zeitlang hohe und höchste Kommandostellen einnahmen, haben durch eine gewissenlose Hetze diesen Lügen geradezu Vorschub geleistet. Sie versuchten, aus der SA. heraus einen ehrgeizigen Kampf gegen die Partei zu entfesseln und begründeten ihre hinterhältigen und nichtswürdigen Ziele und Zwecke immer durch materielle Ansprüche und Forderungen der SA. Dadurch ist vielfach in der Öffentlichkeit der Eindruck entstanden, als würde der SA.-Mann für seinen schweren Dienst von der Partei bezahlt, und als besitze die nationalsozialistische Bewegung in dem Kampfinstrument der SA. eine ausgedungene und verwegene Söldnertruppe, die zu allem und jedem bereit sei. Es gibt keine Meinung, die falscher und irriger ist als diese. Der SA.-Mann wird für seinen gefährlichen und manchmal blutigen Parteidienst nicht nur nicht bezahlt, er muß dafür noch unerhörte materielle Opfer bringen; vor allem in Zeiten politischer Hochspannung ist er Abend für Abend und manchmal ganze Nächte für die Bewegung unterwegs. Hier heißt es eine Versammlung beschützen, dort Plakate kleben, hier Flugzettel verteilen, dort Mitglieder werben, hier Abonnenten für seine Zeitung einsammeln, dort einen Redner an Ort und Stelle oder wieder sicher nach Hause bringen. Es ist keine Seltenheit, daß SA.-Gruppen in hochgespannten Wahlzeiten wochenlang nicht aus den Kleidern kommen. Um 6 Uhr nachmittags treten sie zum Dienst an, der die ganze Nacht andauert. Ein oder zwei Stunden später, als dieser Dienst zu Ende geht, stehen sie wieder an der Maschine oder sitzen sie auf dem Kontorschemel.

Dieser politische Heroismus verdient es in der Tat nicht, öffentlich mit dem Makel der Käuflichkeit besudelt zu werden. Es wäre auch schlechterdings unmöglich, daß Menschen ein solches Unmaß an Opfersinn für Geld aufbringen. Für Geld ist man wohl zu leben, aber selten zu sterben bereit.

Die nationalsozialistische Parteileitung hat späterhin nur recht daran getan, jene Elemente, die die SA. öffentlich in den Geruch der gedungenen Käuflichkeit brachten, rücksichtslos aus der Organisation zu entfernen; denn sie haben der Gesamtbewegung die schwerste Kränkung angetan, die man ihr überhaupt antun kann. Sie tragen eigentlich die Schuld daran, daß heute jedes schreibende Individuum sich berechtigt glaubt, den tapferen politischen Soldaten unserer Bewegung als gedungenen Bravo beschimpfen zu dürfen.

Von all diesen Erwägungen haben wir damals, als der SA.-Gedanke eben anfing, sich in der Reichshauptstadt festzusetzen, nur sehr wenig gewußt. Die politische Führung hatte zum Kampf aufgerufen, und die SA. stellte sich für diesen Kampf bedingungslos zur Verfügung. Ja, die SA. wurde die eigentliche Trägerin der entscheidenden Auseinandersetzungen, die nun über Verbot und Verfolgung hinaus zu dem glanzvollen Aufstieg der Bewegung in der Reichshauptstadt führen sollten.

Die SA. trägt eine einheitliche Kleidung: braunes Hemd und braune Mütze. Man hat aus dieser Tatsache schließen zu dürfen geglaubt, daß die SA. eine militärische Formation sei. Diese Meinung ist falsch. Die SA. führt weder Waffen, noch wird sie im Kriegshandwerk ausgebildet. Sie dient der Politik mit den Mitteln der Politik. Sie hat nichts mit den vielen, vor allem aus den Freikorps entstandenen Wehrverbänden zu tun. Die Wehrverbände wurzeln in der Hauptsache noch im alten Deutschland. Die SA. aber ist die Repräsentantin des jungen Deutschlands. Sie ist bewußt politisch. Die Politik ist ihr Sinn, ihr Ziel und ihr Zweck.

In der SA. schuf sich die nationalsozialistische Bewegung auch ihre aktivste Propagandatruppe. Auf sie konnte sie bei allen propagandistischen Aktionen zurückgreifen; und damit hatte sie anderen Parteien gegenüber, die jeden Propagandafeldzug mit ungeheuren Mitteln bezahlen müssen, einen gewaltigen Vorsprung. Auch aus diesem Umstand heraus sind der nationalsozialistischen Parteileitung späterhin vielfach Vorwürfe gemacht worden. Man erklärte, die revolutionäre Truppe der Bewegung würde im Propagandadienst zu einer bürgerlichen Kleisterkolonne herabgewürdigt. Diese Vorwürfe gehen ganz am Wesen der Propaganda vorbei. Ein moderner politischer Kampf wird auch mit modernen politischen Mitteln ausgefochten, und das modernste aller politischen Mittel ist nun einmal die Propaganda. Sie ist im Grunde auch die gefährlichste Waffe, die eine politische Bewegung zur Anwendung bringen kann. Gegen alle anderen Mittel gibt es Gegenmittel; nur die Propaganda ist in ihrer Wirkung unaufhaltsam. Ist beispielsweise eine marxistische Gefolgschaft einmal in ihrer Glaubensfähigkeit erschüttert, verliert sie das Vertrauen zum Marxismus, dann ist sie damit schon besiegt; denn sie gibt augenblicks ihre aktive Widerstandskraft auf. Woran man nicht mehr glaubt, das verteidigt man nicht mehr, und noch viel weniger ist man bereit, dafür anzugreifen.

Wenn die SA. propagandistische Aktionen durchführt, so wendet sie damit nur ein modernes politisches Kampfmittel an. Das steht auch keineswegs im Widerspruch zu ihrem eigentlichen Sinn und vor allem nicht zu dem Ziel, das sie verficht.

Vielfach wurde auch erklärt, moderne Propagandaarbeit widerspräche dem preußischen Militärgeist, dessen letzte

Über Gräber vorwärts
Postkarte von Mjölnir

Trägerin die nationalsozialistische SA. sei. Es hätte dem alten Preußen manchmal sehr zum Vorteil gereichen können, wenn es sich der Waffe der politischen Propaganda öfter und zielbewußter bedient hätte, als das der Fall gewesen ist. Das alte Preußen hat die Welt nur durch Leistungen zu überzeugen versucht. Was aber nutzt die beste Leistung, wenn sie im Ausland beschmäht und begeifert wird und die Lüge das verdirbt, was Fleiß und Fähigkeit gutgemacht haben! Wir haben das vor allem während des Krieges sehr zum Schaden der deutschen Nation verspüren müssen. Gegen alle Waffen, die der Feind erfand und gegen uns einsetzte, erfanden unsere Ingenieure Gegenwaffen. Wir hatten Gasmasken und Fliegerabwehrkanonen. Wir hatten nur keine von der Staatsleitung großzügig organisierte Weltpropaganda, die dem schamlosen Lügenfeldzug der Entente ein Paroli bieten konnte. Da wurden wir wehrlos der Hetzpropaganda der Feindbundstaaten ausgeliefert. Jahrelang wurden im Ausland jene belgischen Kinder gezeigt, denen "deutsche Soldaten die Hände abgehackt hatten", oder die "Greueltaten" deutscher Offiziere einem tränenseligen Publikum in Film, Theater und Presse immer wieder vor Augen geführt. In dieser Massenpsychose konnte die amerikanische Finanz die Union in den Krieg hineinhetzen, konnte der Feindbund seinen kämpfenden Soldaten die Überzeugung einimpfen, daß sie für Zivilisation und Menschlichkeit und gegen Barbarei und drohenden Kulturumsturz zu Felde zögen.

Wenn die nationalsozialistische Bewegung aus den bittern Folgen unseliger Versäumnisse auf deutscher Seite gelernt hat, so beweist sie damit nur, daß sie weit davon entfernt ist, reaktionär zu sein, und daß sie keineswegs in blindem Unverstand das Vergangene anbetet, weil es eben vergangen ist. Wenn die SA. von früh auf schon dazu erzogen wird, die Waffe der Propaganda rücksichtslos anzuwenden und zu gebrauchen, so widerspricht das keineswegs dem kämpferischen Charakter dieser Formation. Propaganda ist nur eine neue Ausdrucksform des modernen politischen Kampfes, wie er seit Aufkommen des Marxismus und seit Organisierung der proletarischen Massen nun einmal notwendig geworden ist.

Besser aber als alle theoretischen Darlegungen beweist der Erfolg, wie recht wir taten, uns dieses Mittels zu bedienen. Am Wutgeheul des Marxismus konnten wir sehr bald erkennen, daß wir ihm mit unserer massiven Propaganda zu Leibe rückten und seinen Organisationen verheerende Wunden schlugen.

Selbstverständlich nahmen die marxistischen Parteien das nicht kampf- und widerspruchslos hin. Sie setzten sich dagegen zur Wehr, und da sie unserer scharf durchdachten, logischen politischen Beweisführung nichts an geistigen Argumenten entgegenzustellen hatten, mußten sie an die rohe Gewalt appellieren. Die Bewegung wurde von einem blutigen Terror bedroht, der bis zum heutigen Tage nicht nur nicht nachgelassen hat, sondern sich von Monat zu Monat und von Woche zu Woche verstärkt. Vor allem damals, als die Partei in Berlin noch klein und unansehnlich war, hatte die SA. als Trägerin des aktiven Kampfes unserer Bewegung Unerträgliches zu erdulden. Der SA.-Mann war schon damit, daß er das Braunhemd anzog, für die Öffentlichkeit zum politischen Freiwild gestempelt. Man schlug ihn auf den Straßen blutig und verfolgte ihn, wo er sich nur zu zeigen wagte. Schon der Gang zu einer Versammlung war gleichbedeutend mit Einsatz von Gesundheit und Leben. An jedem Abend fielen die roten Menschheitsapostel über unsere Kameraden her, und bald schon füllten sich die Krankenhäuser mit schwerverletzten SA.-Männern. Dem einen hatte man ein Auge ausgestochen, dem anderen die Schädeldecke eingeschlagen, der dritte lag mit schwerem Unterleibsschuß darnieder.

Ein stilles, heldenhaftes Bluten hatte in die Reihen der Berliner SA. Einzug gehalten. Und je fester und unerschütterlicher wir unsere revolutionäre Fahne im Asphalt der Reichshauptstadt einrammten, um so größer und unerträglicher wurden die Opfer, die die gesamte Organisation und insbesondere die SA. dafür zu bringen hatte.

Man darf es uns nicht verdenken, daß wir diesen heldenhaften Kampf durch unsere Propaganda heroisierten und den SA.- Mann mit dem Nimbus eines tapferen politischen Soldatentums umgaben. Dadurch nur konnten wir ihm Mut zu weiterem zähen Ausharren geben. Und wir sind denn auch nicht müde geworden, unseren Gefolgschaftsleuten zu zeigen, daß es eine große Sache sei, für die sie sich einsetzten, und daß diese Sache in der Tat die ungeheuren Opfer wert war, die dafür gebracht wurden.

Der Freiheit eine Gasse!
Postkarte von Mjölnir

Manchmal und oft zog die Berliner SA. an einem klirrendkalten Wintersonntag aus Berlin heraus. Dann marschierte sie in fest aufgeschlossenen Kolonnen in Schnee und Regen und Kälte durch versteckte, einsam liegende märkische Flecken und Dörfer, um auch in der Umgebung von Berlin für die nationalsozialistische Bewegung zu werben und zu agitieren.

Denkt an uns! SA. Berlin!
Postkarte von Mjölnir

Wurde uns in einem Dorf die Unterkunftsmöglichkeit versagt, dann wurde schnell bei einem Gesinnungsfreund ein Viehstall ausgeräumt; und dort redeten dann unsere Redner vor der erstaunten

Dorfbewohnerschaft. Und niemals nahmen wir Abschied, ohne einen festen Stützpunkt der Partei zu hinterlassen.

In jenen Wochen zeichnete unser Zeichner Mjölnir seine hinreißende SA.-Kampfserie. Sechs Postkarten von leidenschaftlich bewegter Darstellung. Künstlerische Niederschläge des blutigen Kampfes, den wir um die Reichshauptstadt führten. Damals entstand die berühmt gewordene Kohlezeichnung zitterndem Herzen den eines verwundeten SA.-Mannes mit  der Unterschrift: "Denkt an uns! SA. Berlin!" Das schlug wie ein Blitz in die Gesamtbewegung ein. Alle Augen richteten sich auf das heldenhafte Ringen der Berliner SA. Der Kampf um die Reichshauptstadt wurde mit einem Schlag im ganzen Land populär. Die Bewegung des Reiches nahm innigsten Anteil daran und verfolgte mit atemberaubenden Vormarsch der Partei in Berlin.

"Das Banner steht!" Diese hinreißende Parole auf einer der sechs Kampfkarten hatte nun ihre Berechtigung. Wir hatten die Fahne der nationalsozialistischen Idee gegen Terror und Verfolgung vorwärts getragen. Sie stand nun fest und unerschütterlich mitten unter uns, und niemals mehr - das war unser unabänderlicher Entschluß - sollte es gelingen, sie niederzulegen.

DER UNBEKANNTE SA.-MANN (TEIL 2)

Es war sehr schwierig, unsere verwundeten Kameraden unterzubringen und ihnen bei ihren schweren Verletzungen eine entsprechende Pflege und Wartung zu gewährleisten. Die öffentlichen Krankenhäuser in Berlin sind in der Hauptsache städtisch und, wenigstens was das untere Personal angeht, stark marxistisch durchsetzt. Wir hatten in diesen Krankenhäusern mit unseren Verwundeten wenig erfreuliche Erfahrungen gemacht. Die Pflege war meistens sehr schlecht, und viele Kameraden fühlten sich unter den Händen eines sozialdemokratischen Krankenwärters oder jüdischen Arztes von Gott und aller Welt verlassen. Es darf dabei nicht vergessen werden, daß einige der tapfersten Draufgänger die weiße Binde sozusagen nicht mehr vom Kopf herunter bekamen. Es war nicht selten, daß ein einziger SA.-Mann im Verlauf von zwei, drei Monaten drei-, vier- und fünfmal verletzt wurde und die meiste Zeit im Krankenhaus lag. Wir versuchten, uns vorerst damit zu behelfen, daß wir unsere gefährdeten Verwundeten in einer schnell hergerichteten eigenen Krankenstube unterbrachten und ihnen aus eigenen Mitteln, die zum großen Teil als Spende aus dem Reich eingingen, das Notwendigste an Pflege und ärztlicher Fürsorge gaben.

Bald schon bildete sich in der SA. eine feste, kämpferische Tradition heraus. Wer zur SA. gehörte, der war damit ein Stück Parteielite. Der SA.-Mann hatte einen schweren Kampf durchzufechten, aber er war auch, und mit Recht, stolz darauf, daß er sich für die Partei einsetzen konnte und mußte. Die SA. wurde damit die Auslese der ganzen Bewegung.

Sie setzte sich damals und wohl auch heute noch in der Hauptsache aus proletarischen Elementen zusammen; und unter diesen stellten die Arbeitslosen das Hauptkontingent. Es legt im Wesen des Arbeiters, an eine politische Idee nicht nur zu glauben, sondern auch dafür zu kämpfen. Der Arbeiter ist besitzlos, und der Besitzlose findet sich immer schneller bereit, auch im letzten Einsatz für eine Sache einzutreten. Er hat in der Tat nichts zu verlieren als seine Ketten; und deshalb ist sein Kampf für eine politische Überzeugung von ganz anderer Hingabe und Begeisterung erfüllt als der des bürgerlich empfindenden Menschen.

Der ist da viel größeren Hemmungen unterworfen. Erziehung und Bildung hindern ihn schon daran, mit derselben bedenkenlosen Konsequenz für ein politisches Ideal einzutreten.

Der SA.-Mann muß das. Er ist täglich gezwungen, für seine Sache geradezustehen und ihr gegebenenfalls auch den letzten Blutzoll zu entrichten.

Er muß gewärtig sein, bei Nacht und Dunkel von politischen Gegnern niedergeschlagen zu werden und statt am anderen Morgen bei seiner Arbeit, auf dem Operationstisch zu landen.

Nur verwegene und bis ins Innerste überzeugte Menschen bringen dazu die Kraft auf.

Die eigentliche Stärke der SA. beruht darin, daß sie sich im wesentlichen aus proletarischen Elementen zusammensetzt. Diese Tatsache ist aber auch ein Unterpfand dafür, daß die SA. und damit die ganze Bewegung nie in bürgerlich-kompromißlerisches Fahrwasser abgleitet. Das proletarische Element, vor allem der SA., gibt der Bewegung immer wieder jenen ungebrochenen, revolutionären Elan, den sie sich bis auf den heutigen Tag gottlob erhalten hat. Viele Parteien und Organisationen sind seit Ende des Krieges entstanden und nach kurzem Aufstieg wieder in bürgerliche Niederungen versunken. Der Kompromiß hat sie alle verdorben. Die nationalsozialistische Bewegung besaß in der revolutionären Aktivität ihrer SA.-Männer die Gewähr dafür, daß ihr kämpferischer Geist ungebrochen blieb und die große politische Leidenschaft ihrer ersten Anfänge bis auf den heutigen Tag herübergerettet wurde.

Aus dem Geist und Charakter der SA. heraus bildete sich im Lauf der Jahre auch ein ganz bestimmter Lebens- und Umgangsstil. Der SA.-Mann ist ein neuer politischer Typ, und als solcher schuf er sich auch in Sprache und Haltung jene äußere Form, die seinem inneren Wesen entspricht. Bewundernswert und beispielgebend für die ganze Partei ist der Geist der Kameradschaft, der bis ins letzte Glied der SA. hineinreicht. In der SA. marschieren Arbeiter und Bürger, Bauern und Städter, jung und alt, hoch und niedrig im selben Glied. Es gibt dort keine Klassen- und Standesunterschiede. Alle dienen einem gemeinsamen Ideal, und die einheitliche Uniform ist Ausdruck der gleichen Gesinnung. Der Student reicht hier dem Jungarbeiter die Hand, und der Prinz marschiert neben dem ärmsten Bauernsohn. Gefahren und Entbehrungen werden gemeinsam getragen, und wer sich vom Geist dieser tapferen Kameradschaft ausschließt, der hat auf die Dauer in der SA. keinen Platz. Führerstellen werden durch Leistungen erworben, und sie müssen jeden Tag aufs neue durch vorbildliche Tapferkeit verdient werden.

Die Sprache der SA. ist hart und volksnah. Man verkehrt nur auf du und du. Hier bildet sich jene neue Front der Volksgemeinschaft heraus, die, so hoffen wir, später einmal für eine neue, volksgenossenschaftlich organisierte deutsche Nation richtung- und beispielgebend sein wird.

Im Laufe des März sollte nun der erste Einmarsch in die Reichshauptstadt gewagt werden. Die SA. wurde an einem Sonnabendabend in Trebbin zu ihrem ersten großen Märkertag zusammengezogen. In der Nähe einer Mühle wurde ein Riesenholzstoß entzündet, und unter dem hängenden, sternenübersäten Nachthimmel legte die Berliner SA. den Schwur ab, nicht von der gemeinsamen Sache zu lassen, sie weiter zu verfechten, wie schwer und drohend auch die Gefahren seien. Der Sonntag war ausgefüllt mit großen Kundgebungen der SA. in Trebbin selbst, und dann fuhren die Verbände in Eisenbahnsonderwagen bis zum Bahnhof Lichterfelde-Ost, von wo aus in den Abendstunden der Marsch nach dem Berliner Westen angetreten werden sollte.

Niemand von uns ahnte auch nur, daß es im Verlauf dieser Kundgebung zu so schwerem und verhängnisvollem Blutvergießen kommen sollte.

Ein blinder Zufall wollte, daß in demselben Zug, der die SA. von Trebbin nach Lichterfelde-Ost transportieren sollte, größere Kommandos des Roten-Frontkämpfer-Bundes saßen, die von einer politischen Kundgebung in Leuna zurückkehrten. Die IA, die sonst immer so hurtig bei der Hand ist, wenn es gilt, Nationalsozialisten zu überwachen oder eine unserer politischen Reden nach Gesetzesverletzungen hin zu überprüfen, hatte sich der sträflichen Fahrlässigkeit schuldig gemacht, die extremsten politischen Gegner für eine nahezu einstündige Fahrt in einen gemeinsamen Zug hineinpferchen zu lassen. Damit waren blutige Zusammenstöße bei der Hochspannung der politischen Atmosphäre in Berlin unvermeidlich geworden. Schon beim Besteigen des Zuges in Trebbin war die SA. von den Roten Frontkämpfern aus feigem Hinterhalt beschossen worden; und während der Fahrt entbrannte nun von Abteil zu Abteil ein verhängnisvoller Kleinkrieg, der auf dem Bahnhof Lichterfelde-Ost zu einem offenen Feuergefecht wurde.

Ich war mit einigen Kameraden ohne jede Ahnung dieser Vorgänge und überhaupt ihrer Möglichkeit von Trebbin aus mit dem Auto vorgefahren, um den reibungslosen Abtransport der SA. vom Bahnhof Lichterfelde-Ost mit vorzubereiten. Vor dem Bahnhof standen schon schwarze Menschenmassen, die die anrollende SA. erwarteten, um sie auf ihrem Marsch in den Berliner Westen an den Bürgersteigen zu flankieren und zu begleiten.

So arbeitet Rot-Mord![2]

---

[2] **Text des Plakats**
Mord! 50.000 Mark Belohnung werden nicht ausgesetzt, weil die Mörder faschistischen Organisationen angehören. **3 Tote, 20 Verletzte** sind die Opfer von gemeinen, hinterhältigen Überfällen von Nationalsozialisten und Stahlhelmhorden. **500 dieser Wegelagerer überfielen** 23 Rote Frontsoldaten in Lichterfelde Ost und Spandau. **So sehen diese [Abbildung eines SA.-Mannes] Mörder aus.**
Mit diesen Stahlhelmhorden will [unleserlich] am 7. und 8. Mai seinen Siegeszug in Berlin halten und den Arbeitermord wiederholen. Die Arbeiterschaft muß den Abwehrkampf organisieren!
Arbeiter! Angestellte! **Hinein** in die einzige **Wehr- und Schutzorganisation** der Arbeiterschaft - in den
Roten Frontkämpfer-Bund! Aufnahmen werden entgegengenommen bei

Kurz vor Einrollen des Zuges erreichte die Spandauer SA., die den Aufmarsch in Trebbin auf Lastautos mitgemacht hatte, den Bahnhofsvorplatz und stellte sich in der Nähe zum Abmarsch auf. Der Zug rollte in die Bahnhofshalle, und während die draußen harrenden Gesinnungsfreunde noch die einmarschierende SA. erwarteten, entwickelte sich auf dem Bahnsteig selbst ein lebhaftes Pistolenfeuer, das wir mit Erstaunen und ohne Ahnung, was seine eigentliche Ursache sein konnte, von draußen vernahmen. Gleich darauf schon wird ein schwerverwundeter SA.-Kamerad aus dem Bahnhof herausgetragen, und die entsetzten Menschenmassen erfahren, daß die SA. in dem Augenblick, in dem der Zug sich wieder in Bewegung setzte, von den Roten Frontkämpfern, die bis zum Anhalter Bahnhof weiterfuhren und sich offenbar in ihren Abteilen absolut sicher wähnten, auf das schwerste beschossen worden ist. Im selben Augenblick springt ein beherzter SA.-Mann in ein Abteil des abfahrenden Zuges, zieht die Notbremse und bringt den Zug zum Halten. Ein SA.-Führer liegt mit schwerem Bauchschuß auf dem Bahnsteigpflaster, andere haben Becken- und Beinschüsse. Die SA.-Verbände selbst sind bis zur Siedehitze empört und nehmen an den feigen Attentätern eine zwar kurze, aber umso wirksameren Rache. Das Schicksal will es, daß mitten unter den Kommunisten einer ihrer Landtagsabgeordneten sitzt. Damit werden diesmal nicht nur die Verführten, sondern auch einer der feigen Verführer vom Strafgericht der Verfolgten mitbetroffen. Es kostet Mühe, die tobende Masse davon abzuhalten, sich zu Unbesonnenheiten hinreißen zu lassen. Von Aufschreien der Wut und Empörung begleitet, verlassen die Kommunisten unter Polizeischutz den Bahnhof. In wenigen Augenblicken kommt wieder Ordnung in die SA.- Glieder hinein, der Zug sammelt sich zum Abmarsch, und ein paar Minuten später zieht er schweigend und verbissen durch den dunklen Stadtteil, dem Berliner Westen zu.

[Rest unleserlich]

SA. Spandau (Standartenträger)

Das war das erstemal, daß das Pflaster der Reichshauptstadt vom Marschtritt der SA.- Bataillone erklang; die SA. war sich der Größe dieses Augenblicks vollauf bewußt. Quer durch Lichterfelde, Steglitz, Wilmersdorf erreicht der Zug das Zentrum des Westens und mündet zur Hauptverkehrsstunde mitten in die Judenmetropole, auf den Wittenbergplatz, ein.

Es wurden zu später Abendstunde noch ein paar freche Hebräer, die ihr ungewaschenes Maul offenbar nicht im Zaume halten konnten, mit ein paar derben Ohrfeigen bedacht. Und das gab dann am anderen Tag der jüdischen Presse willkommenen Anlaß zu einer hemmungslosen und widerwärtigen Hetzkampagne. Die Journaille überschlug sich geradezu in Wut und toller Verleumdung. Das *Berliner Tageblatt* redete bereits von einem Pogrom. Damals tauchte zum erstenmal in den Spalten der Börsenpresse der "harmlose Passant jüdischen Aussehens" auf. Jener harmlose Passant, von dem man glauben machen wollte, daß er, nur weil er jüdisch aussah, von rohen Strolchen blutig niedergeschlagen wurde. Wehleidige Augenzeugenberichte füllten die Spalten der aufgeregten Judenpresse. Man rief zum Selbstschutz auf, man schrie, drohte und randalierte, man appellierte an Polizei und Staat und verlangte stürmisch, daß dem schamlosen Treiben der Hakenkreuzler ein Ende bereitet werde. Man erklärte, die Reichshauptstadt sei nicht München, man müsse den Anfängen Widerstand leisten; was sich hier auf den Straßen breitmache, sei keine Politik mehr, das sei organisiertes Verbrechertum, und Verbrecher müßten die Strenge des Gesetzes zu spüren bekommen. Die *Rote Fahne* war mit Mosse und Ullstein ein Herz und eine Seele. Die jüdischen Belange waren bedroht, und dann schwinden immer die ohnehin nur künstlich aufgestellten parteipolitischen Unterschiede; ganz Israel erhob in bebender Entrüstung die Forderung: Bis hierher und nicht weiter! Verbot! Verbot!

Schwere Tage brachen für uns an. Das Schicksal der Bewegung hing an einem seidenen Faden. Es ging um Sein oder Nichtsein. Zwar konnte diesmal ein offenes Verbot noch vermieden werden. Aber wir wußten nun, daß wir verbotsreif waren und waren davon überzeugt, daß bei der ersten besten Gelegenheit das Verbot auch praktisch ausgesprochen werden würde.

Aber andererseits glaubten wir auch, daß die Bewegung in sich so weit gefestigt war, daß sie jeden Widerstand, auch den Terror des Verbots, schließlich und endlich doch überwinden würde. Unbeirrt und zielbewußt setzten wir den Kampf um die Reichshauptstadt fort, ohne uns von der Angst und Furcht eines bevorstehenden Verbots irgendwie hemmen und aufhalten zu lassen.

Die SA. hatte ihre erste große Probe bestanden. Viel eher als die Partei selbst hatte sie die Krise überwunden und den Kampf begonnen. In wenigen Wochen schon waren die parteimäßig gebundenen Grenzen der ehemals kleinen Sekte gesprengt, die Bewegung besaß nun Name und Rang. Zwar füllten die Verwundeten die Krankenhäuser, und Schwerverletzte lagen zuhauf auf unserer eigenen Krankenstube. Einige rangen mit dem Tode. Dutzendweise wurde SA.-Männer grundlos verhaftet und in die Gefängnisse geworfen. Nach langer, zermürbender Untersuchung kam es zum Prozeß, und immer war der SA.-Mann, der nur sein Leben verteidigt hatte, der Angklagte und der feige kommunistische Hetzer Zeuge und Ankläger in einer Person. Weder bei der Polizei noch bei der Regierung fanden wir den uns zustehenden, verfassungsmäßig gewährleisteten Schutz. Was blieb uns anderes übrig, als uns selber zu helfen! Noch waren wir keine Massenpartei, die mit der Zahl imponierte. Die Bewegung war ein kleiner, verlorener Haufen, der in ungebrochener Verzweiflung gegen den jüdischen Ungeist der Reichshauptstadt Sturm lief.

Verachtet, verlacht und verhöhnt, überschüttet mit dem Spülicht einer feigen parteipolitischen Verleumdung, zum Paria herabgewürdigt und zum politischen Freiwild gestempelt, so marschierten die Berliner SA.-Männer hinter der leuchtenden, roten Hakenkreuzfahne in eine bessere Zukunft hinein.

Es ist unmöglich, sie alle mit Namen zu nennen, die sich um

den Vormarsch der Berliner Bewegung unvergängliche Verdienste erworben haben. Sie werden nicht einzeln im Buch unserer Parteigeschichte verzeichnet stehen, die dafür Blut und Leben einsetzten. Aber die SA. als Ganzes, als politische Kampfformation, als aktivistische Willensbewegung, ihr tapferes und aufrichtiges Tun und Handeln, ihr stiller, unpathetischer Heroismus, ihr diszipliniertes Heldentum, das alles wird in der Geschichte der nationalsozialistischen Bewegung unvergänglich sein.

Träger dieser stolzen Haltung ist nicht ein einzelner. Es ist die Organisation als Ganzes, die SA. als Truppe, das braune Heer als Bewegung. Über all dem aber erhebt der kämpferische Typ dieses Geistes, der unbekannte SA.-Mann, schweigend, mahnend und fordernd sein ewiges Gesicht. Es ist jener politische Soldat, der in der nationalsozialistischen Bewegung aufstand, im Dienst an einer Idee stumm und ohne Pathos seine Pflicht tut, einem Gesetz gehorchend, das er manchmal nicht einmal kennt und nur mit dem Herzen fühlend umschließt. Vor ihm stehen wir in Ehrfurcht still.

Blutiger Aufstieg
(Teil 1)

Der Terror als politisches Kampfmittel war vor dem Aufkommen des Marxismus vollkommen unbekannt. Erst der Sozialdemokratie blieb es vorbehalten, ihn zur Durchfechtung politischer Ideen zur Anwendung zu bringen. Die Sozialdemokratie ist die erste parteipolitische Organisation der marxistischen Klassenkampfideologie. Sie steht auf dem Boden des Pazifismus. Das hindert sie aber nicht daran, im eigenen Land den blutigsten Bürgerkriegsgedanken zu propagieren. Als die Sozialdemokratie zum erstenmal politisch auftrat, stand ihr der bürgerliche Klassenstaat festgefügt gegenüber. Die parlamentarischen Parteien hatten sich schon in sich verhärtet und verkrustet, und es schien unmöglich, auf parlamentarisch-demokratischem Wege an die Masse heranzukommen. Hätte das Bürgertum von Anfang an die marxistische Gefahr erkannt und sie nicht nur in den Symptomen, sondern auch in der Ursache bekämpft, dann wäre es unmöglich gewesen, daß der Marxismus in Deutschland nennenswerten Anhang gewonnen hätte. Der deutsche Arbeiter denkt seiner Natur und Anlage nach weder international noch pazifistisch. Er ist ja **auch** ein Sohn des nationalen, wehrhaften deutschen Volkes. Nur weil der Marxismus ihn lehrte, daß ausschließlich auf dem Wege des pazifistischen Internationalismus die Diktatur des Proletariats zu erreichen sei, nahm der deutsche Arbeiter diese ihm eigentliche wesensfremde Ideologie mit in Kauf. Die Sozialdemokratie ist in ihren Anfängen durchaus nicht, wie der Name wohl sagen möchte, demokratisch gewesen. Sie hat in ihrer Oppositionszeit genau dieselben Ziele mit genau denselben Mitteln erstrebt wie heute der Kommunismus; und erst nach der Börsenrevolte im November 1918, als sie die Macht fest in Händen hatte und sich in ihr mit parlamentarischen Mitteln festsetzen konnte, wurde sie plötzlich demokratisch.

Ihre Vergangenheit aber bewies das genaue Gegenteil. Da war von Blut und Bürgerkrieg, von Terror und Klassenkampf die Rede, da wollte man die kapitalistischen Parteien zu Paaren treiben, da wurde man nicht müde, die Ideale der Nation zu besudeln und frech und anmaßend die große Vergangenheit des deutschen Volkes zu verhöhnen. Rücksichtslos bekämpfte man den bürgerlichen Staat mit dem Ziel, auf seinen Trümmern die Diktatur des Proletariats zu errichten.

In diesem Kampf hat der parteipolitische Terror eine ausschlaggebende Rolle gespielt. Er wurde mit einer Bedenkenlosigkeit zur Anwendung gebracht, daß die bürgerlichen Parteien nicht die geringste Möglichkeit hatten, sich aus eigener Kraft dagegen zur Wehr zu setzen.

Es blieb ihnen nichts anderes übrig, als mit den Mitteln des Staates in Polizei und Heer dieser drohenden Anarchie zu beggenen; und die gaben denn auch für die Sozialdemokratie vor dem Krieg das willige Objekt einer gemeinen und niederträchtigen Hetze und Verleumdung ab.

Der Gardeleutnant, die Pickelhaube, der brutale, geistlose Schutzmann, das Heer, das, im Dienst des Kapitalismus stehend, eine geistige Bewegung unterdrückte, in diesen Grenzen bewegten sich die immer wiederkehrenden frechen Anpöbelungen der marxistischen Presse, die sich das kaiserliche Deutschland widerspruchslos gefallen ließ.

Es war die Schuld des Bürgertums, wenn der Marxismus auf diese Weise die Fundamente des Staates annagen und unterhöhlen konnte, ohne daß ihm der Staat selbst bei seinem frevlerischen Tun in den Arm fiel. Die Staatsobrigkeit ging von dem Standpunkt aus, man müsse den Marxismus gewähren lassen; im Ernstfall werde die Sozialdemokratie sich den Erfordernissen der Nation nicht verschließen können. Systematisch wurde das politische Bürgertum in dieser Illusion erhalten. Und so nur ist es zu verstehen, daß der letzte Repräsentant des kaiserlichen Deutschland in der entscheidenden Schicksalsstunde mit den Worten: "Ich kenne keine Parteien mehr, sondern nur noch Deutsche!" gewerbsmäßigen Landesverrätern die Hand zum Bunde reichte und damit in verhängnisvollster Weise der marxistischen Anarchie selbst während des Krieges Tür und Tor öffnete. An jenem unheilvollen

Tage, da Scheidemann zum kaiserlichen Staatssekretär ernannt wurde, ging die Geschichte des monarchischen Deutschland eigentlich schon zu Ende. Eine sechzigjährige niederträchtige und verantwortungslose Parteihetze hatte damit den Erfolg gezeitigt, daß das alte Deutschland zusammenbrach, und die Sozialdemokratie von den Barrikaden herunterstieg und in die Ämter einrückte.

Von da ab hat der gemäßigte Marxismus seine Taktik geändert. Aus den bluttriefenden Revolutionären, die bis zum Zusammenbruch des alten Reichs unter der Jakobinermütze die Revolution organisiert hatten, wurden nun mit einemmal wohlsituierte, fette politische Bürger in Frack und Zylinder. Die vordem die Internationale sangen, erklärten nun das Deutschlandlied zur Nationalhymne. Sie lernten sehr bald, sich gewandt auf den parlamentarisch-diplomatischen Parketts zu bewegen; aber sie hatten nicht im entferntesten die Absicht, ihre eigentlichen Ziele aufzugeben.

Die Sozialdemokratie wird ewig das bleiben, was sie von je war. Höchstens läßt sie sich dazu herbei, zeitweilig ihre parteipolitische Taktik zu ändern und die Mittel zu wechseln, die sie im Tageskampf zur Anwendung bringt. Solange sie in der Macht sitzt, wird sie auf Ruhe und Ordnung schwören und den beschränkten Untertanenverstand dazu anhalten, die Staatsautorität zu respektieren. In dem Augenblick aber, in dem sie aus der Macht entfernt wird, kehrt sie wieder in die Opposition zurück, und die Methoden, mit denen sie dann die Regierung bekämpft, gleichen aufs Haar denen, deren sie sich vor dem Krieg bediente.

Der Staatsgedanke, hinter dem sie sich heute gleißnerisch und heuchlerisch verbirgt, ist bei ihr nur ein Vorwand. Der Staat, das ist für einen marxistischen Parteifunktionär immer nur die sozialdemokratische Partei. Diese identifiziert ihre partei-egoistischen Belange mit den Belangen des Staates, und wenn so ein Zahlabendstratege vom "Schutz der Republik" redet, dann meint er nur seinen Parteipferch, den er mit staatlichen Gesetzen der Kritik der Öffentlichkeit entziehen will. Der Marxismus hat sich nie geändert, und er wird sich auch nie ändern. Wie sein eigentliches Wesen beschaffen ist, das zeigt sich immer, wenn eine junge politische Bewegung gegen ihn aufsteht und ihm den

Kampf ansagt. Dann wird auch in der Sozialdemokratischen Partei urplötzlich ihre alte Vergangenheit wach, und dieselben Kampfmittel, die sie heute zum Schein beim politischen Gegner ablehnt und als verächtlich empfindet, sind ihr gerade gut genug, sie gegen eben denselben Gegner rücksichtslos zur Anwendung zu bringen.

Der Terrorismus ist mit der Sozialdemokratie großgezüchtet worden; und solange es in Deutschland noch eine marxistische Organisation gibt, wird er nicht mehr aus dem politischen Kampffeld verschwinden. Bedient aber der Marxismus sich rücksichtslos des parteipolitischen Terrors, dann darf sein politischer Gegner nie und niemals von vornherein erklären, daß er sich selbst auch zu seinem eigenen Schutz jeder Brachialgewalt begebe.

Denn damit ist er ganz und gar der Willkür des marxistischen Terrors ausgeliefert. Das wird auf die Dauer um so unerträglicher, als der Marxismus seit 1918 fest in den Ämtern und Behörden sitzt und damit die Möglichkeit hat, dem **partei**politischen Terror eine zweite, weitaus gefährlichere Seite zu geben; denn nun werden nicht nur die Knüppelbanden des Kommunismus auf offener Straße jede nationale Gesinnung und jede gegenteilige Meinung mit Gewalt niederschlagen, auf der anderen Seite leisten ihnen die Ämter und Behörden dabei willig Hilfsdienste.

Das Ergebnis ist, daß damit die deutsche Gesinnung wehrlos dem Terror der Straße und der Verwaltung preisgegeben ist.

Marsch durch das rote Neukölln

Wie oft mußten wir es erleben, daß unsere SA.-Männer, die nur das primitivste Recht der Notwehr, das jedem Menschen zusteht, für sich in Anspruch genommen hatten, vor die Gerichte gestellt und als Landfriedensbrecher zu schweren Gefängnis-und Zuchthausstrafen verurteilt wurden. Man kann verstehen, daß unter diesen Umständen auf die Dauer die Empörung in der nationalen Opposition bis zur Siedehitze steigt. Man nimmt dem nationalen Deutschland die Waffen, mit denen es sich selbst gegen den Terror zur Wehr setzen könnte. Die Polizei versagt ihm den ihm staatsbürgerlich zustehenden Schutz für Leben und Gesundheit; und verteidigt der friedliebende Mensch schließlich in der letzten Verzweiflung sein Leben mit den blanken Fäusten, dann wird er obendrein noch vor den Richter geschleppt.

Kein objektiv empfindender Mensch kann bezweifeln, daß die marxistische Presse keinerlei Mandat besitzt, dem Nationalsozialismus gegenüber das Prinzip von Ruhe und Ordnung ins Feld zu führen. Der Marxismus geht gegen jede unbequeme Meinung mit Terror vor; nur, wo diese sich zur Wehr setzt, schreit die Journaille nach der altbekannten Methode: "Haltet den Dieb!" nach dem Strafrichter. Man sucht dann die Öffentlichkeit glauben zu machen, der Nationalsozialismus bedrohe Ruhe und Sicherheit, er trage Zwietracht und Haß in die Klassen und Stände, und es sei deshalb nicht möglich, ihn überhaupt politisch zu werten, er gehöre dem Staatsanwalt.

Es wird einmal einer kommenden nationalbewußten Staatsführung vorbehalten sein, für das deutsche Deutschland wieder das primitivste Recht der Notwehr zu proklamieren. Heute ist es so, daß jeder, der es noch wagt, sich zum Deutschtum zu bekennen, damit zum politischen Freiwild gestempelt ist; ein marxistisches Subjekt leitet daraus allein schon für sich das Recht oder gar die Pflicht her, dem Träger dieser Gesinnung mit Dolch und Revolver zu Leibe zu rücken.

Die Absichten, die der Marxismus bei dieser Taktik verfolgt, sind ohne weiteres klar. Er weiß, daß seine Macht in der Hauptsache auf der Beherrschung der Straße beruht.

Die SA. marschiert!

Die Hitler-Jugend marschiert

Solange er für sich allein das Mandat beanspruchen konnte, die Massen zu führen und unter dem Druck der Straße politische Entscheidungen nach seinem Belieben zu erzwingen, hatte er keinerlei Anlaß, mit blutigen Mittel gegen die bürgerlichen Parteien, die sich das ja schweigend gefallen ließen, vorzugehen. Als aber die nationalsozialistische Bewegung auftrat und für sich dasselbe Recht in Anspruch nahm, das der Marxismus als sein Reservat reklamierte, waren Sozialdemokratie und KPD. gezwungen, mit Terror dagegen anzukämpfen. Es fehlte ihnen einer logisch unterbauten nationalistischen Weltanschauung gegenüber an geistigen Argumenten, und so mußten dann Dolch, Revolver und Gummiknüppel am Ende diesen Mangel ersetzen.

Die bürgerlichen Parteien leben immer noch in dem Irrwahn, es bestände ein grundsätzlicher Unterschied zwischen

Sozialdemokratie und Kommunismus. Sie sind von dem Bestreben geleitet, die Sozialdemokratie zu entradikalisieren und sie in die staatspolitische Verantwortung einzuspannen. Das ist sinn- und zwecklos, ein untauglicher Versuch am untauglichen Objekt. Die Sozialdemokratie wird solange verantwortlich zum Staat stehen, solange sie den Staat beherrscht. Geht sie aber ihres Mitbestimmungsrechts an der Politik verlustig, dann pfeift sie auf Staatsautorität und versucht, mit terroristischen Mitteln Ruhe und Ordnung zu stören und so eine ihr feindliche Regierung zum Sturz zu bringen.

Die Feigheit der bürgerlichen Parteien dem Marxismus gegenüber ist in der Parteigeschichte der ganzen Welt beispiellos. Die bürgerlichen Parteien haben gar nicht mehr die Kraft, das Volk zu mobilisieren und Massen in Bewegung zu setzen. Der Bürger wird, wenn es hoch kommt, bereit sein, seine Partei zu wählen; aber nichts kann ihn dazu veranlassen, für seine Partei und ihre politischen Ziele auf die Straße zu gehen.

Anders beim Nationalsozialismus. Er hat von Anfang an nicht in den Parlamenten gefochten.

Er bediente sich von früh auf moderner Propagandamittel: des Flugblattes, des Plakates, der Massenversammlung, der Straßendemonstration. Dabei mußte er sehr bald dem Marxismus begegnen.

Zwangsläufig ergab sich die Notwendigkeit, ihn zum Kampf herauszufordern; und es blieb uns am Ende nichts anderes übrig, als uns derselben Mittel zu bedienen, die der Marxismus zur Anwendung brachte, wollten wir den Kampf erfolgreich zu Ende führen.

Die nationalsozialistische Bewegung hatte gar keine Veranlassung von sich aus mit dem parteipolitischen Terror zu beginnen. Ihr Ziel war, die Massen zu erobern, und sie fühlte sich so sicher in ihrem eigenen Recht, daß sie sich guten Gewissens jeder Gewalt begeben konnte. Die Anwendung von Gewalt wurde erst notwendig, als man Gewalt gegen sie selbst ansetzte.

Und das war der Fall; vor allem in jenen Jahren, da die nationalsozialistische Bewegung noch klein war und der Gegner hoffen durfte, im Blut ihre Anfänge ersticken zu können, als man ihre Anhänger auf den Straßen niederschlug in dem Glauben, damit die Bewegung von außen sprengen und auflösen zu können. Der Marxismus hatte die Absicht, mir denselben Mitteln, die er bisher mit so großem Erfolge den bürgerlichen Parteien gegenüber angewandt hatte, nun auch den Nationalsozialismus in die Kniee zu zwingen.

Marsch durch Spandau

Er hatte sich allerdings darin sehr getäuscht. Der Nationalsozialismus erkannte von Anfang an den Marxismus als Prinzip richtig. Er war sich auch klar darüber, daß der Marxismus bei der ersten ihm drohenden Gefahr das alte, bei ihm beliebte Mittel der Brachialgewalt wieder zur Anwendung bringen würde; er mußte sich deshalb schließlich zu demselben Mittel auch seinerseits entschließen.

Der Weg der nationalsozialistischen Bewegung ist mit Blutspuren gezeichnet. Das vergossene Blut aber kommt nicht auf das Schuldkonto der Partei selbst, sondern jener Organisationen, die den Terror zum politischen Prinzip gemacht und jahrzehntelang nach diesem Prinzip gehandelt haben.

Der Marxismus empfindet es schon als freche Anmaßung, wenn eine nicht marxistische Partei überhaupt an die Massen appelliert, überhaupt Volksversammlungen veranstaltet, überhaupt auf die Straße geht. Die Masse, das Volk, die Straße, das sind, wie der Marxismus glauben machen möchte, unbestrittene Vorrechte der Sozialdemokratie und des Kommunismus. Man überläßt den anderen Parteien Parlament und Wirtschaftsverbände. Das Volk aber soll dem Marxismus gehören.

Nun wendet sich der Nationalsozialismus eben an dieses

Volk. Er appelliert an den Mann von der Straße, er spricht seine Sprache, redet von den Nöten und Bedrängnissen, die ihn bedrücken, macht die Sache des Volkes zu seiner Sache in der Hoffnung, daß das Volk seine Sache auch zur Volkessache mache. Und damit ist die drohende Gefahr für den Marxismus augenblicklich gegeben. Damit hat der Nationalsozialismus die wunde Stelle der Sozialdemokratie und des Kommunismus berührt und sie an der Position angegriffen, wo sie geschlagen werden können. Die Sozialdemokratie ist durch ein Sozialistengesetz hindurchgegangen und durfte dabei die Erfahrung machen, daß man eine geistige Bewegung auf die Dauer nicht mit mechanischen Mitteln unterdrücken kann. Im Gegenteil, daß Gewalt immer Gewalt erzeugt und daß, je härter der Druck wird, um so härter auch der Gegendruck.

Es ist kein Zeichen von Klugheit, von revolutionärer Haltung ganz zu schweigen, wenn die Sozialdemokratie immer und immer wieder den Versuch macht, dem Nationalsozialismus mit den Mitteln der amtlichen Unterdrückung zu begegnen. Es kennzeichnet ihre ganze heuchlerische Verlogenheit, wenn sie dabei den Nationalsozialismus als Friedensbrecher hinstellen will. Dieser Versuch wäre auch überall und immer kläglich mißlungen, hätte die bürgerliche Presse von Anfang an der Wahrheit die Ehre gegeben und sich geweigert, dem Marxismus bei diesem sträflichen und verbrecherischen Tun Hilfsdienste zu leisten.

Die bürgerliche Presse jedoch entspricht durchaus dem Charakter oder besser gesagt der Charakterlosigkeit der hinter ihr stehenden parlamentarischen Interessengruppen. Man will dort den Frieden um des Friedens willen. Man hat sich jahrzehntelang dem Marxismus und seinen terroristischen Forderungen widerspruchslos gebeugt. An diese krumme Haltung ist man nun gewöhnt.

Die bürgerlichen Parteien haben die Absicht, mit dem Marxismus auf gutem Fuß zu leben, ohne dabei zu bedenken, daß der Marxismus den mit dem Bürgertum abgeschlossenen Burgfrieden nur dann zu halten bereit ist, wenn man ihm in allem und jedem Recht gibt und freies Spiel läßt.

Eine gefährliche Ecke

Die nationalsozialistische Bewegung lehnt diesen faulen Kompromiß ab. Sie hat dem Marxismus offen und brüsk einen Kampf auf Leben und Tod angesagt. Bald schon war das Feld, auf dem dieser Kampf ausgetragen wurde, mit Blutopfern übersät; und hier gilt es festzustellen, daß es der bürgerlichen öffentlichen Meinung allüberall an der nötigen Zivilcourage fehlte, sich rückhaltlos auf die Seite des objektiven Rechts zu stellen, das ja im Fall des Erfolges letzten Endes auch ihr selbst zugute kommen sollte.

Die öffentliche Meinung schweigt, wenn nationalsozialistische SA.-Männer auf den Straßen niedergeschossen werden.

Man tut das mit ein paar Zeilen in irgendeiner verschwiegenen Zeitungsecke ab. Man läßt eine solche Mitteilung ohne jeden Kommentar. Man tut so, als müßte das so sein. Die marxistischen Gazetten bringen meistens überhaupt nichts davon. Sie verschweigen mit System alles, was ihre eigenen Organisationen belastet; und werden sie durch peinliche Umstände zum Reden gezwungen, so drehen sie den wahren Sachverhalt ins glatte Gegenteil um, machen den Angreifer zum Angegriffenen und den Angegriffenen zum Angreifer, schreien Zeter und Mordio, rufen nach der Staatsgewalt, machen die öffentliche Meinung mobil gegen den Nationalsozialismus und wettern gegen einen parteipolitischen Terror, den sie selbst erst erfunden und in die Politik eingeführt haben. Und wird erst einmal einem marxistischen Mörder in der Notwehr ein Härchen gekrümmt, dann heult die ganze Presse auf vor Wut und

Empörung. Die Nationalsozialisten werden als gemeine Bluthetzer und Arbeitermörder hingestellt, ja man verleumdet sie, daß sie aus bloßer Lust am Blutvergießen harmlose Passanten zusammenknüppeln und niederschießen.

Die bürgerlichen Zeitungen haben für solche Ungeheuerlichkeiten nur ein vornehmes Schweigen übrig. Sie sind verschwenderisch in Leitartikeln und Kommentaren, wenn ein marxistischer Strolch bei der Abwehr seines Blutterrors zu Schaden kommt. Von Nationalsozialisten aber ist nie und nirgendwo im Guten die Rede.

Das wirkt sich in besonders verheerenden Formen in den proletarischen Massen selbst aus; denn dadurch, daß man den Nationalsozialismus von vornherein als zweitklassig behandelt, daß man ihn zum Abhub und Abschaum der Menschheit stempelt, setzt sich im Volk die Meinung fest, man dürfte und brauche diese Bewegung überhaupt nicht mehr nach rechtlichen Maßen zu messen. Jedes Unrecht, das man anderswo als aufreizend und empörend empfindet, wird hier zu Recht und Gerechtigkeit. Muß sich ein kommunistischer Raufbold, dessen eigentliches Handwerk ja im politischen Mord besteht, dadurch nicht geradezu aufgefordert fühlen, seinen hemmungslosen Blutinstinkten nachzugeben? Er weiß ja von vornherein: die Presse schweigt, die öffentliche Meinung gibt ihm recht. Wird er vor die Gerichte zitiert, dann höchstens als Zeuge, und geht es schlimm aus, dann erhält er wegen verbotenen Waffenbesitzes vielleicht ein paar Monate Gefängnis, die ihm unter Zubilligung mildernder Umstände im Gnadenweg erlassen werden.

Das Wort von den "politischen Kindern" spukt noch immer in der öffentlichen Meinung herum. Man hat sich daran gewöhnt, den Kommunismus nicht ernst zu nehmen. Man sieht in seinen blutigen Exzessen nur gelegentliche Entgleisungen und bringt dafür ein weites Gewissen und Verständnis auf. Beide Augen werden zugedrückt, wenn die kommunistische Presse zu blutigem Bürgerkrieg hetzt, und für den gedungenen Tschekisten, der bei Nacht und Dunkel einen nationalsozialistischen SA.-Mann feige niederschießt, hat man ein offenes Herz. Man umhegt ihn mit derselben sorgenden Güte, mit der man in der Sensationspresse einen Sittlichkeitsverbrecher oder einen Massenmörder zu behandeln pflegt.

Der SA.-Mann ist der Leidtragende bei diesem verantwortungslosen Tun. Er fühlt sich in der feigen Bluthetze, die straflos gegen ihn betrieben wird, nur noch als Freiwild des politischen Lebens. Ihn darf man verhöhnen und verleumden, bespucken und terrorisieren, blutig prügeln und totschießen. Kein Hahn kräht danach. Die eigene Partei hat nicht die Möglichkeit, ihm Schutz zu gewähren. Die Organe des Staates versagen sich ihm, die Presse nimmt nicht für ihn, sondern gegen ihn Partei, und die öffentliche Meinung empfindet es als durchaus berechtigt, daß man ihn von den Straßen verjagt. Hätte der Nationalsozialismus sich jemals auch nur einen Bruchteil dessen zuschulden kommen lassen, was der Kommunismus als Blutschuld auf sein Gewissen geladen hat, die Behörden hätten ihn längst mit Stumpf und Stiel ausgerottet.

Den Kommunismus aber läßt man gewähren. Man schaut ihm mit einem lachenden und einem weinenden Auge zu. Letzten Endes kämpft er ja gegen eine Bewegung, die allen verhaßt und allen feindlich ist, die überall als lästige und unbequeme Konkurrenz empfunden wird. Von den Ämtern aus wäre es, so meinen die Verantwortlichen, nicht möglich, ihn mit demselben Erfolg zu bekämpfen, wie das auf der Straße praktisch der Fall ist.

Hitler-Jugend marschiert durch den roten Südosten

Diese himmelschreiende Verantwortungslosigkeit mußte sich vor allem in Berlin selbst furchtbar und folgenschwer auswirken. Diese Vier- Millionen-Stadt bietet für lichtscheue politische Elemente den bequemsten Unterschlupf. Hier sitzt der Marxismus seit Jahrzehnten fest verankert in sicheren

Positionen. Hier hat er seine geistige und organisatorische Zentrale. Von hier aus ist das Gift ins Land hineingegangen.

Hier hat er die Massen in der Hand und eine weitverzweigte politische Presse zur Verfügung. Hier steht die Polizei in seinen Diensten. Hier kann man den Nationalsozialismus mit allen Mitteln niederhalten, und man ist letzten Endes ja auch dazu gezwungen; denn wenn der Nationalsozialismus Berlin erobert, dann ist es um die marxistische Vorherrschaft in ganz Deutschland getan.

Blutiger Aufstieg
(Teil 2)

Berlin ist eine Stadt, in der man härter und mitleidloser denkt, als in jeder anderen des Reiches. Das atemberaubende Tempo dieses Asphaltungeheuers hat den Menschen herz- und gemütlos gemacht. Die Jagd nach dem Glück und der Kampf um das tägliche Brot nehmen in Berlin grausamere Formen an als in der Provinz. Jede patriarchalische Bindung ist hier zerstört. Die Reichshauptstadt ist von gärenden Massen bevölkert, und bisher hat es noch niemand verstanden, diesen Massen eine innere Disziplin und einen großen geistigen Impuls zu geben.

Auch das soziale Elend zeigt in dieser Stadt ganz andere Auswüchse als im übrigen Reich. Jahr um Jahr kommen Tausende und aber Tausende aus der Provinz nach Berlin, um hier das Glück zu suchen, das sie meistens nicht finden. In himmelanstürmendem Schwung fordern sie das Schicksal in die Schranken, um bald schon entmutigt und entnervt in die formlose Masse des anonymen Weltstadtproletariats zurückzusinken.

Der Beliner Proletarier ist in der Tat ein Stück Heimatlosigkeit. Er empfindet es schon als Glück, auf irgendeinem Hinterhof einer Mietskaserne sein karges, trost- und freudloses Dasein fristen zu dürfen. Viele sind dazu verurteilt, ohne feste Bleibe und Habe in den Wartesälen und unter den Eisenbahnbrücken ein Verzweiflungsleben zu vegetieren, das eher einer Hölle gleicht.

In dieser Stadt fand der Marxismus das Feld für seine staatszerstörerischen Tendenzen vorbereitet. Hier waren seinen wirklichkeitsfremden Ideologien Augen und Ohren geöffnet. Hier nahm man ihn willig auf und glaubte an ihn wie an eine Heilsbotschaft zur Errettung aus Not und Elend. Der Marxismus hat seine Position in Berlin fest ausgebaut und verteidigt; als der Nationalsozialismus sich dagegen in Bewegung setzte, wehrte er sich, indem er die Lüge verbreitete, die nationalsozialistische Bewegung habe die Absicht, das internationale Proletariat und seine marxistischen Klassenkampforganisationen zu zersetzen und zu spalten, um es damit ein für allemal den Mächten des Kapitalismus auszuliefern. In dieser Abwehr waren sich Sozialdemokratie und Kommunismus einig; und im Schatten dieser Lüge sah man bei den breiten, arbeitenden Massen den Nationalsozialismus nur noch als ruchlosen Friedensbrecher und schamlosen Feind der Interessen der internationalen Arbeiterschaft an.

Es dauerte in Berlin nicht lange, bis der Marxismus die Gefahr der nationalsozialistischen Bewegung erkannte. Anderswo hat er uns jahrelang nur belächelt, verhöhnt oder bestenfalls verleumdet. In Berlin übersah er schon nach zweimonatigem Kampf die Tragweite des ihm drohenden Verhängnisses und setzte dann auch gleich mit der Anwendung jenes blutigen Terrors ein, den er im übrigen Reich manchmal sehr zu seinem eigenen Schaden allzu spät versuchte.

Es ist eine alte Wahrheit, daß Verfolgungen immer nur die Schwachen niederschlagen, daß der Starke aber an den Verfolgungen wächst, daß er in den Bedrängnissen an Kraft gewinnt und daß jedes Gewaltmittel, das man ihm gegenüber anwendet, zuletzt nur seinen Trotz verbittert.

So war es auch bei uns. Die Bewegung hat unter dem Terror der marxistischen Bluthetze Unbeschreibliches zu erdulden gehabt. Manchmal und oft standen wir nahe vor der Verzweiflung. Aber zuletzt riß uns dann doch immer wieder der Haß und der Ingrimm hoch. Wir haben nicht nachgegeben, um unseren Feinden nicht das Schauspiel bieten zu müssen, daß wir unter der Brutalität ihrer Kampfmittel zusammenbrachen.

Und doch!
Postkarte von Mjönir

Blut kittet aneinander. Jeder SA.-Mann, der fiel oder blutig geschlagen die Reihen seiner Kameraden verließ, übergab ihnen als Erbe Trotz und Empörung. Was ihm geschehen war, das konnte ja am anderen Tag seinem Nebenmann geschehen; und wenn man ihn schlug, dann war es die Pflicht seiner Kameraden, dafür zu sorgen, daß die Bewegung stärker wurde und man es nicht mehr wagen konnte, sie zu schlagen. Aus jedem Ermordeten standen hundert Lebendige auf. Die blutbedeckte Fahne geriet nicht ins Wanken. Sie wurde um so trotziger und verbissener umklammert von den nervigen Fäusten ihres Trägers.

Nicht wir haben das Blut, das vergossen wurde, gewollt. Für uns ist der Terror niemals weder Selbstzweck, noch Mittel zum Zweck gewesen. Schweren Herzens mußten wir uns mit Gewalt gegen Gewalt wenden, um den geistigen Vormarsch der Bewegung zu sichern.

Keinesfalls aber waren wir bereit, widerspruchslos auf jene staatsbürgerlichen Rechte zu verzichten, die der Marxismus frech und anmaßend für sich allein reklamieren wollte.

Wir gestehen offen: unser Ziel war die Eroberung der Straße. Mit der Straße wollten wir die Massen und das Volk für uns gewinnen. Und am Ende dieses Weges stand die politische Macht. Darauf haben wir ein Anrecht; denn wir wollten mit der Macht nicht unsere eigenen, sondern die Interessen der Nation verfechten.

Nicht wir haben den Frieden gebrochen. Der Friede wurde gebrochen, als der Marxismus gleiches Recht für alle nicht anerkennen wollte und jeden mit blutiger Gewalt niederzuschlagen versuchte, der sich anmaßte, für sich dasselbe zu beanspruchen, was er in Händen hatte.

Vielleicht wird das Bürgertum uns noch einmal auf den Knien danken, daß wir das Recht auf freie Meinungsäußerung auch auf der Straße unter blutigem Einsatz in Deutschland wieder erkämpft haben. Vielleicht werden einmal die bürgerlichen Gazetten in uns die wahren Retter aus marxistischer Geistesknechtschaft und bolschewistischem Gesinnungsterror erkennen.

Uns gelüstet nicht nach bürgerlichen Sympathien; aber wir glaubten, wenigstens im Kampf um die Wiederherstellung von Gesittung und wahrer Ordnung, von Volksfrieden und nationaler

Disziplin auf die gerechte und objektive Würdigung der bürgerlichen Presse rechnen zu können.

Diese Hoffnung hat uns betrogen; und wenn heute in weiten Kreisen der nationalsozialistischen Bewegung eine grenzenlose Verachtung bürgerlicher Gesinnungsfeigheit um sich gegriffen hat, so ist das nicht die Folge parteipolitische Hetze, sondern eine gesunde und natürliche Reaktion auf jenen Mangel an Zivilcourage, den das Bürgertum unserer Bewegung gegenüber immer und immer wieder gezeigt hat. Uns sind die Gründe nicht unbekannt, die der Bildungsphilister zur Rechtfertigung dieser infamen Haltung immer wieder ins Feld führt. Man sagt, der Kampf, wie wir ihn führen, sei wenig vornehm und entspreche nicht den in erzogenen Kreisen üblichen Umgangsformen. Man hält uns für ordinär, wenn wir die Sprache des Volkes sprechen, die allerdings ein arroganter Spießer weder zu reden noch zu verstehen vermag.

Im Interesse der Ruhe und Ordnung

Der Bürger will den Frieden um des Friedens willen, auch wenn er der Leidtragende eines faulen Friedens ist. Wie der Marxismus die Straße eroberte, zog er sich feige in seine vier Pfähle zurück, und verschüchtert und ängstlich saß er hinter den Gardinen, als die SPD. die bürgerliche Weltanschauung aus der Öffentlichkeit vertrieb und in massivem Angriff das monarchische Staatsgefüge zum Sturz brachte. Die bürgerliche öffentliche Meinung steht mit der jüdischen Journaille in einer einheitlichen Front gegen den Nationalsozialismus. Sie gräbt sich damit ihr eigenes Grab und begeht aus Angst vor dem Tode Selbstmord.

Geradezu aufreizend aber ist die versteckte und heuchlerische Gemeinsamkeit, die im Kampf gegen den Nationalsozialismus die demokratisch-marxistische Presse mit der kommunistisch-internationalen verbindet. Wenn die *Rote Fahne* sich manchmal im Kampf gegen uns auf die Blätter des Ullstein- oder Mosse-Konzerns beruft, etwa in der Redewendung, daß selbst ein bürgerliches Blatt, wie die *Vossische Zeitung*, in diesem Fall mit ihr einer Meinung sei, so haben wir dafür nur noch ein mitleidiges und verständnisvolles Lächeln übrig.

Natürlicherweise wird die Verschwägerung nicht so weit getrieben, daß man sich offen unter den Linden grüßt. Aber wenn man allein zu Hause ist, dann hat sich immer noch alles gefunden; und wo die gesamt-jüdischen Belange durch uns bedroht waren, da nahm man dann auch in der Angst keinen Anstand mehr, die rassenmäßige Verwandtschaft offen zur Schau zu tragen.

Gegen uns sind sie immer einig. Wenn es gilt, einen unserer Führer vor die Gerichte zu schleppen, den Mord an einem SA.-Mann vor der Öffentlichkeit zu verheimlichen oder rote Landfriedensbrecher mit gleißnerischen Lügen in Schutz zu nehmen, dann zeigt sich immer wieder jene nichtswürdige, verbrecherische Einheitsfront vom rötesten Klassenkampforgan bis zum seriösen jüdischen Weltblatt. Dann schlagen sie lärmend in dieselbe Kerbe. Dann machen sie aus ihrem Herzen keine Mördergrube und sagen es aller Welt, daß sie Brüder eines Blutes und einer Gesinnung waren und sind.

Ich erinnere mich heute noch lebhaft einer Episode, die sich in jenen blutigen und unheildrohenden Monaten nach einer unserer Massenversammlungen in Berlin abgespielt hat. Die kommunistischen Horden umlagerten das Versammlungsgebäude, auf dem Sprung stehend, unsere heimkehrenden SA.-Leute zu überfallen und blutig niederzuschlagen.

Tagelang vorher hatte die Journaille gegen uns gehetzt und geputscht. Die Organe des Staates versagten uns den Schutz, und die bürgerlichen Gazetten schwiegen feige.

Kurz vor Versammlungsschluß besetzte die Polizei die Ausgänge des Saales; und sie, die nach normalem Empfinden gar keine andere Aufgabe haben konnte, als die draußen herumlungernden roten Sprengtrupps zu verjagen oder dingfest zu machen, sah im Gegensatz dazu ihre staatserhaltende Aufgabe darin, die die Versammlung verlassenden SA.-Männer nach Waffen zu untersuchen.

Man fand ein paar Taschenmesser, ein paar Schraubenschlüssel und vielleicht auch in Gottes Namen einen Schlagring. Ihre Besitzer wurden auf Lastautos gepackt und zum Alexanderplatz transportiert. Eine grenzenlose, verzweifelte Empörung bemächtigte sich der ganzen Versammlung. Da trat ein einfacher SA.-Mann vor den diensttuenden Schupooffizier hin, zog seine Mütze und fragte in devoter Bescheidenheit, nur mit einem leise grollenden Unterton: "Und wo, Herr Hauptmann, können wir denn nun die Särge in Empfang nehmen?"

In diesem Satz war alles gesagt. Die nationalsozialistische Bewegung war entwaffnet und wehrlos. Sie war von allen im Stich gelassen, der öffentlichen Verfemung preisgegeben, und wo sie sich mit den bescheidensten Mitteln der Selbstwehr gegen die Bedrohung ihres eigenen Lebens einsetzte, stellte man sie als landfriedensbrüchig vor die Gerichte.

Selten wohl in der Geschichte ist eine geistige Bewegung niedriger und gemeiner bekämpft worden als die unsere. Nicht oft haben Anhänger einer neuen Weltanschauung für die Durchfechtung ihrer Ziele größere Opfer an Gut und Blut gebracht als wir. Aber niemals auch ist der Siegeszug einer unterdrückten und verfolgten Partei so triumphal und hinreißend gewesen wie der unserer Bewegung.

Man zwang uns Blut auf, aber im Blut stiegen wir hoch. Blut kittete uns aneinander. Die Märtyrer der Bewegung schritten den marschierenden Bataillonen im Geiste voran, und ihr heroisches Beispiel gab den Überlebenden Kraft und Mut zu zähem Ausharren.

Wir haben vor den Widerständen nicht kapituliert. Wir haben die Widerständer gebrochen, und zwar immer mit den Mitteln, mit denen man sich uns entgegenstellte. Unerbittlich und hart wurde die Bewegung in diesem Kampf. Das Schicksal selbst hat sie mit schwerem Hammer eisern geschmiedet. In jungen Jahren schon war sie einer Verfolgung preisgegeben, unter der jede andere Partei in Deutschland zusammengebrochen wäre.

Her zu Hitler!

Daß sie sie siegreich überstand, das ist der untrügliche Beweis dafür, daß sie nicht nur berufen, sondern auserwählt ist. Hätte das Schicksal es anders gemeint, die Bewegung wäre in jenen Jahren in Blut und Terror erstickt. Aber es hatte offenbar Größeres mit uns vor.

Unsere Mission war von der Geschichte gewollt, und deshalb wurden wir zwar geprüft, aber nach überstandener Prüfung auch gesegnet.

Die Bewegung ist in den folgenden Jahren mit Erfolgen und Siegen geradezu überschüttet worden. Manch einer, der erst spät den Weg zu uns fand, konnte dafür kaum Verständnis aufbringen. Er mußte der Meinung sein, es würde uns zu leicht gemacht, und befürchten, die Bewegung könnte einmal in ihren eigenen Triumphen ersticken.

Er vergaß dann oder wußte wohl auch nicht, wie die Bewegung sich hochgekämpft hatte. Spätere Erfolge waren nur der gerechte Lohn für frühere Standhaftigkeit; das Schicksal hat uns nicht verwöhnt oder bevorzugt, sondern uns nur nach Jahren erst das mit verschwenderischen Händen gegeben, was wir uns vor Jahren durch Mut und zähe Ausdauer verdient hatten.

Während in Deutschland alles versank, während ein

widersinniges politisches System die letzten Reste des deutschen Volksbesitzes an die internationale Hochfinanz verhökerte, um damit eine undurchführbare und aberwitzige Politik weiter aufrecht zu erhalten, haben wir dem Verfall auf allen Gebieten des öffentlichen Lebens den Kampf angesagt. In Berlin sowohl wie im ganzen übrigen Reich wurde dieser Kampf von wenigen fanatisch entschlossenen Menschen aufgenommen, und die Art und Weise, wie sie ihn durchführten, erwarb ihnen auf die Dauer der Zeit Freunde, Anhänger und begeisterte Gefolgsleute. Aus den Hundert wurden Tausend. Aus den Tausend wurden Hunderttausend. Und jetzt steht mitten im chaotischen Zusammenbruch der deutschen Dinge eine Millionenarmee zäher und willensbereiter Kämpfer.

Auch in Berlin haben wir die Leiden und Verfolgungen, denen die Gesamtbewegung immer ausgesetzt war, im Übermaß ertragen müssen. Die Berliner Bewegung hat sich ihnen gewachsen gezeigt. Die ersten Nationalsozialisten in der Reichshauptstadt haben den Mut aufgebracht, gefährlich zu leben; und in einem gefährlichen Leben haben sie am Ende das Schicksal doch bezwungen, haben sie alle Widerstände niedergebrochen und siegreich ihre Fahne der erwachenden Reichshauptstadt vorangetragen.

Der Weg, den unsere Partei ging, war mit Blut gezeichnet; aber die Saat, die wir säten, ist in Fülle aufgegangen.

Wir schritten über Gräber, aber wir marschierten vorwärts!

VERBOTEN!
(TEIL 1)

Der Polizeipräsident von Berlin ist der Inhaber der vollziehenden Gewalt in Preußen. Da Berlin zur gleichen Zeit der Sitz der Reichsregierung ist, ist damit die Politik in Preußen und im Reich, was ihre praktische Durchführung anbelangt, in die Hände des Berliner Polizeipräsidenten gelegt. Das Polizeipräsidium in Berlin trägt insofern, wie kein anderes im Reich, einen ausgesprochen politischen Charakter. Der Sessel des Polizeipräsidenten von Berlin wird denn auch fast ausnahmslos von politischen Repräsentanten besetzt.

Solange die Sozialdemokratie in der Opposition stand, war der Polizeipräsident von Berlin die beliebteste Zielscheibe ihres Hasses, ihres zersetzenden Witzes und ihrer verlogenen Demagogie. Dem Polizeipräsidenten von Berlin ist die Durchführung von Ruhe und Ordnung in der Reichshauptstadt anvertraut. Es ergaben sich damit immer und immer wieder Konflikte zwischen der Polizeigewalt und der revolutionären Sozialdemokratie. Bekannt ist, wie der königlich-preußische Polizeipräsident von Jagow sich gegen marxistische Unverschämtheiten mit dem geflügelten Wort: "Die Straße gehört dem Verkehr. Ich warne Neugierige" zur Geltung zu bringen versuchte. Das war in einer Zeit, in der die Sozialdemokratie noch nicht staatstreu war, im Gegenteil, das staatliche Gefüge mit allen Mitteln widerlichster Hetze zu unterhöhlen und zu unterwühlen versuchte. Das kaiserliche Deutschland hatte dem aufsteigenden Marxismus keine Idee entgegenzustellen. Es fehlte ihm deshalb bei der Abwehr seiner zerstörerischen Tendenzen an der nötigen rücksichtslosen Brutalität und Schärfe. Die Folgen dieser sträflichen Laxheit zeigten sich dann am 9. November 1918, als die rebellierenden Massen die Staatsgewalt überrannten und die revolutionäre

Sozialdemokratie in die amtlichen Sessel hineintrugen.
Von da ab sieht die Sozialdemokratie im Posten des Berliner Polizeipräsidenten eines ihrer vielen parteipolitischen Reservate. Der herrschende Mann am Alexanderplatz wurde seitdem ausnahmslos von dieser Partei gestellt. Selbst die schlimmste Korruption, die späterhin in diesem Amt blühte und aufschoß, hat die Koalitionsparteien der Sozialdemokratie nicht zu veranlassen vermocht, dieser klassenkämpferischen Organisation wenigstens in der Reichshauptstadt die vollziehende Gewalt wieder zu entziehen. Männer wie Richter, Friedensburg, Grzesinski und Zörgiebel folgten am Alexanderplatz in bunter Reihenfolge, und sie ergaben in ihrer Gesamtheit in der Tat eine Galerie republikanischer Männerköpfe, die keines weiteren Kommentars bedarf.

Die Sozialdemokratie hatte mit der Inbesitznahme des Polizeipräsidiums im Berlin das Heft in der Hand. Es war ihr nunmehr ein leichtes, ihrer eigenen Organisation freie Entwicklungsmöglichkeiten zu verschaffen und jede unbequeme feindliche Meinung mit den Mitteln des Staates niederzuhalten und zu erdrücken. Das sozialdemokratische Polizeipräsidium hatte in den Jahren 1918/1919 und 1920 keinen Anstand genommen, sich unter Zuhilfenahme der Freikorps und Freiwilligenverbände der bolschewistischen Gefahr zu erwehren. Erst als der knallrote Terror in den Straßen niedergerungen war, konnte die Sozialdemokratie auch dazu übergehen, die nationale Bewegung mit allen Schikanen zu bekämpfen. Die Hauptaufgabe dieses Vernichtungsfeldzuges lag in den Händen des Berliner Polizeipräsidenten.

Wer das Polizeipräsidium in Berlin hat, der hat Preußen, und wer Preußen hat, der hat das Reich. Dieser Satz, der schon im kaiserlichen Deutschland seine Berechtigung hatte, wurde nunmehr von den politischen Kräften, die 1918 die Macht an sich rissen, rücksichtslos ins Marxistische übersetzt. Die Sozialdemokratie eroberte das Polizeipräsidium von Berlin, um es von da ab mit Zähnen und Klauen zu verteidigen. Sie setzte sich durch Beschlagnahme der wichtigsten Ministerposten in Preußen in diesem größten Land fest und gewann damit mittelbaren und doch entscheidenden Einfluß auf die Reichsgeschäfte, auch wenn sie von einem Kabinett besorgt wurden, das nicht unter ihrem unmittelbaren Druck stand. Es war unvermeidlich, daß die aufsteigende nationalsozialistische Bewegung in Berlin sehr bald mit dem sozialdemokratischen Polizeipräsidium in Konflikt geriet. Dieser Konflikt brauchte von uns gar nicht erst provoziert zu werden. Er lag in der Natur der Sache, und er brach dann auch in dem Augenblick aus, in dem die nationalsozialistische Bewegung sich aus ihrem anonymen Dasein erhob.

Damals herrschte am Alexanderplatz der Sozialdemokrat Zörgiebel. Er brachte zu seinem schweren und verantwortungsvollen Amt nicht viel mehr Qualifikation mit, als daß er im Besitz eines sozialdemokratischen Parteibuches war und man ihm nachrühmte, daß er für die Durchführung seiner Aufgabe die dazu notwendige rücksichtslose proletarische Ellenbogenstärke aufweise.

An seiner Seite amtierte als Polizeipräsident der Jude Dr. Bernhard Weiß.

Er hatte sich aus der Verwaltungskarriere allmählich hochgearbeitet, trat später in den Polizeidienst über, wurde in jungen Jahren Leiter des Hauptressorts am Alexanderplatz, der politischen IA, war intimer Mitarbeiter Severings bei seiner ersten Ministerschaft im preußischen Innenministerrium und avancierte dann nach dem Sturz von Friedensburg zum Vizepolizeipräsidenten. Nichts liegt uns ferner, als zu behaupten, daß dieser Mann für die objektive Handhabung seines

Herr Dr. Bernhard Weiß, Vizepolizeipräsident von Berlin

hohen Amtes dem Nationalsozialismus gegenüber nicht die

notwendige Unvoreingenommenheit aufzubringen in der Lage wäre. Dr. Weiß ist ein Jude. Er bekennt sich auch offen zum Judentum und ist führend in großen jüdischen Organisationen und Verbänden tätig. Er pflegt zwar die Strafrichter zu bemühen, wenn er von nationalsozialistischer Seite als Jude bezeichnet wird. Das aber ändert nichts an der Tatsache, daß er äußerlich und innerlich erkennbar eben ein Jude ist. Die nationalsozialistische Bewegung ist antisemitisch, und zwar verficht sie einen Antisemitismus, der mit dem Stöckerscher und Kunzescher Prägung nur noch sehr wenig zu tun hat. Die judengegnerische Haltung unserer Bewegung resultiert aus grundsätzlichen Erwägungen. Wir machen den Juden durchaus nicht für alles Unglück, das seit 1918 über Deutschland hereingebrochen ist, allein verantwortlich. Wir sehen in ihm nur den typischen Repräsentanten des Verfalls. Er ist ein parasitäres Lebewesen, das vor allem auf dem Sumpfboden sterbender Kulturen gedeiht und daraus Nutzen zieht.

In dem Augenblick, in dem die letzten Schranken niederfielen, die das internationale Judentum von Verwaltung und Regierung in Preußen-Deutschland fernhielten, war es eigentlich schon um das Schicksal der Nation getan. Von da ab begann der Einbruch des geistigen Nomadentums in die Bezirke staatlicher Disziplin und nationaler Verbundenheit, und es gab nun kein Halten mehr in dem katastrophalen Zusammenbruch des deutschen Staates.

Daß Juden überhaupt in hohe Staatsstellen einrücken konnten, das ist schon ein klassisches Zeichen dafür, wie tief Deutschland seit 1918 gesunken und wie hemmungslos die politische Gesinnungsperversion bei uns eingerissen ist. Als die nationalsozialistische Bewegung in Berlin ihre ersten jungen Anfänge überwunden hatte, setzte das Polizeipräsidium gleich zu entsprechenden Gegenmaßnahmen an. Aus der kühlen Reserve, die man bisher uns gegenüber bewahrt hatte, wurde nun mit einem Male interessierte Anteilnahme. Plötzlich begann es in unseren Versammlungen zu wimmeln von Spitzeln des Alexanderplatzes. Jeder Aufzug, jede Demonstration, jede Zusammenkunft von Funktionären wurde von der Polizei peinlichst überwacht. Man schickte amtliche Spione, im Berliner Jargon Achtgroschen- Jungens genannt, als Mitglieder in die

Organisation hinein, in der Hoffnung, sich auf diese Weise das notwendige Material zu verschaffen, um im Ernstfall der Bewegung mit einem amtlichen Verbot zu Leibe rücken zu können.

Die Seele dieses ganzen Unternehmens war nach unserer Überzeugung der Vizepolizeipräsident Dr. Bernhard Weiß selbst. Und so, wie die Sozialdemokratie vor dem Kriege nicht nur ein System, das ihr feindlich war, bekämpfte, sondern auch seine sichtbaren, exponierten Vertreter, so mußten auch wir, ob wir das wollten oder nicht, unsere Taktik darauf abstellen, nicht nur den Alexanderplatz als Sache, sondern auch den Polizeipräsidenten als Person in unsere politischen Angriffe mit einzubeziehen.

So ist es zu erklären, daß unser Kampf gegen die Methoden, die das Polizeipräsidium gegen uns anwandte, und die wir sehr bald in peinlichster Weise am eigenen Leibe zu verspüren bekommen sollten, sich mehr und mehr auf die Person des Vizepolizeipräsidenten Dr. Weiß zuspitzte. In ihm hatten wir eine Zielscheibe unserer Kritik gefunden, wie wir sie uns besser gar nicht denken konnten.

(Spruchtext: "Famos getroffen! Dutzend bedeutend billiger!")

Dr. Weiß bringt zu seinem Amt vieles mit, was nicht dazu gehört und wenig, was nach normalen Begriffen dazu gehören müßte. Er ist weder aktiver Polizeimann noch ausgesprochener Politiker. Er ist Angehöriger der jüdischen Rasse, und das mußte ihn in unseren Augen von vornherein verdächtig machen. Der Himmel mag wissen, wie er an den Vornamen Isidor gekommen ist. Wir haben uns späterhin davon überzeugen müssen, daß ihm dieser Name angehängt worden war, und daß er in Wirklichkeit den unverfänglicheren Bernhard trägt. Allerdings muß ich gestehen, daß, wenn der Name Isidor nicht wahr, er doch mindestens gut erfunden ist. Es bewies sich hier wieder einmal der unverdorbene und treffsichere klassische Berliner Volkswitz, der einen Mann mit einem Vornamen belegte, der ihm zwar nicht zustand, der aber außerordentlich gut für ihn zu passen schien.

Wir sind späterhin oft zu hohen Gefängnis- und Geldstrafen verurteilt worden, weil wir diesem Mann einen Vornamen beilegten, den er, obschon ihm von Natur aus keinerlei beleidigender Charakter anhaftet, als Verbalinjurie ansah und von den Gerichten verfolgen ließ. Immerhin aber wurde er unter diesem Namen bekannt. Er ging darunter in die zeitgenössische Geschichte ein, und unsere massiven Angriffe gegen ihn bewirkten am Ende, daß er bald zu den populärsten Personen des antisemitischen Kampfes der nationalsozialistischen Bewegung wurde.

Faschingsauftakt:
Diese Maske (DRP. angem.) garantiert dem Träger Schutz vor dem Gummiknüppel und sieht stark demokratisch aus

Dr. Weiß! Das war nun bald ein zündendes Schlagwort. Jeder Nationalsozialist kannte ihn, jeder Anhänger hatte sich seine Physiognomie aus Tausenden von Witzblättern, Photographien und Karikaturen auf das lebhafteste und deutlichste eingeprägt. In ihm sah man die Seele des Abwehrkampfes gegen unsere Bewegung, soweit er von seiten des Polizeipräsidiums geführt wurde. Er wurde für alles verantwortlich gemacht, was der Alexanderplatz uns an Unrecht antat; und da Herr Dr. Weiß im Gegensatz zu vielen anderen Größen des Systems von einer geradezu mimosenhaften Empfindlichkeit ist, versteifte sich die nationalsozialistische Agitation mehr und mehr darauf, ihn zu einer komischen Figur zu machen, ohne ihn als politischen Gegner ernst zu nehmen, ihn in der Hauptsache karikaturistisch wiederzugeben, und zwar in Situationen, die für ihn wenig schmeichelhaft waren, die aber dem natürlichen Bedürfnis des Berliner Publikums nach Witz, Laune, Spott und lächelnder Überlegenheit weitestgehend entgegenkam.

Fast in jeder Woche hatten wir mit Dr. Weiß irgendeinen Strauß auszufechten. Er war das beliebteste Objekt unserer mitleidlosen Angriffe. Wir zogen ihn aus der Anonymität eines schattenhaften, aber um so einflußreicheren Daseins heraus, stellten ihn in das helle Licht der Öffentlichkeit und führten unsere Schläge gegen ihn mit einem so bitteren agitatorischen Sarkasmus, daß Freund und Feind daran seinen Gefallen finden mußte.

Der Berliner Alex

Um so übler aber wurde das am Alexanderplatz vermerkt; und

da man nur sehr wenig gegen uns ausrichten konnte, weil wir die Lacher auf unserer Seite hatten, zog man sich, anstatt sich sachlich zu verteidigen, in die Sicherheit des Amts zurück und suchte mit behördlichen Maßnahmen das zu ersetzen, was dort an geistigen Mitteln offenbar zu fehlen schien.

Schon nach dem blutigen und folgenschweren Zusammenstoß auf dem Bahnhof-Lichterfelde- Ost wurde ich zum Polizeipräsidium zitiert und mir dort in ziemlich unverblümter Weise die Eröffnung gemacht, daß die Bewegung in Berlin nunmehr auf das höchste verbotsreif sei, und daß der geringste Anlaß genügen könnte, ihr auch tatsächlich ein praktisches Verbot einzubringen. Damit war der Kampf zwischen NSDAP. und Polizeipräsidium auf seinem vorläufigen Höhepunkt angelangt, und was nun noch folgte, war lediglich zwangsläufiger Natur.

Am 1. Mai sprach Adolf Hitler zum erstenmal in großer Versammlung in Berlin. Damals war noch im ganzen Reich ein Redeverbot über ihn verhängt, und deshalb mußten wir die Versammlung, in der er sprach, als Mitgliederversammlung einberufen. Sie fand im "Clou" statt, einem alten Vergnügungslokal im Berliner Zentrum. Wir hatten diesen Saal gewählt, um gerade am 1. Mai allen Provokationsversuchen der Kommunisten aus dem Wege zu gehen; denn unsere Absicht war es nicht, diese Veranstaltung als Kampfversammlung aufzuziehen, vielmehr durch ein erstes Auftreten des Führers der nationalsozialistischen Bewegung der Partei in der Reichshauptstadt selbst einen neuen großen Impuls zu verleihen und der Öffentlichkeit ein vorläufiges Bild ihrer augenblicklichen Stärke zu geben.

Die Versammlung verlief über Erwarten erfolgreich. Die weiten Räume des "Clou" waren bis zum letzten Platz besetzt von eingeschriebenen Parteigenossen, und die Rede Adolf Hitlers schlug in ihrer agitatorischen Schärfe und programmatischen Tiefe bei allen Zuhörern, von denen die meisten Adolf Hitler noch nie gesehen und gehört hatten, wie eine Bombe ein.

Daran konnte die hauptstädtische Presse nicht mit Schweigen vorübergehen. Sie mußte dazu irgendwie Stellung nehmen. Und sie tat das dann auch in der ihrem Charakter gemäßen Art. Schon vor Beginn der Versammlung erschien ein jüdisches

Montagsblatt, das über die Versammlung selbst einen gedruckten Bericht brachte, bevor sie überhaupt angefangen hatte. Dieser Bericht strotzte nur so von Beleidigungen, Verdächtigungen und infamen Lügen. Man stellte Adolf Hitler mit den gewöhnlichsten Verbrechern auf eine Stufe und begeiferte seine Bewegung in einer Art und Weise, die geradezu aufreizend war.

Besonders die Tatsache, daß der Bericht über die Versammlung schon vor der Versammlung gedruckt verkauft wurde und damit für alle Welt ein beredter Beweis geliefert war für die Verlogenheit der jüdischen Journaille, empörte und erbitterte die Berliner Parteigenossen auf das maßloseste.

Die Berichte, die am anderen Tag in der gesamten jüdischen Presse erschienen, standen dieser publizistischen Niedertracht in keiner Weise nach. Die Stimmung unter den Parteigenossen stieg damit bis zur Siedehitze, vor allem, als man feststellte, daß auch die sogenannte national-bürgerliche Presse nicht nur gegen diese journalistische Verwilderung keinen Einspruch erhob, sondern darüber hinaus das erste Auftreten Adolf Hitlers in Berlin entweder mit einem beleidigenden Schweigen oder mit ein paar nichtssagenden, hämischen Bemerkungen abtat.

Dagegen mußten wir Stellung nehmen. Das war ein Gebot der Selbstachtung. Die nationalsozialistische Bewegung hätte sich moralisch aufgegeben, wenn sie das widerspruchslos hingenommen hätte; und da es uns damals noch an einem publizistischen Organ in Berlin fehlte, beriefen wir für den 4. Mai eine Massenversammlung im Kriegervereinshaus ein. Sie war als Protestversammlung gegen die damals von der Darmstädter Bank, insbesondere deren Geschäftsinhaber Jakob Goldschmidt, inszenierten Börsenmanöver gedacht. Wir hatten schon einige Wochen vorher gegen diesen typischen Vertreter des internationalen Finanzkapitalismus eine aufsehenerregende Massendemonstration veranstaltet und ihn damit zum erstenmal einer breiteren Öffentlichkeit vorgestellt. Diese zweite Versammlung sollte eine Fortsetzung der ersten sein, und ich beschloß nun, bevor ich mich als Redner mit dem eigentlichen Thema beschäftigte, mich mit dem Presseüberfall auf Hitlers Auftreten in Berlin in aller Schärfe auseinanderzusetzen.

Kampf um Berlin

(Text in Gedankenblase: "Ich bin doch beim Polizeipräsidium!"
Figur hinter Schreibtisch: "Zörgiebel")

Es darf dabei nicht unerwähnt bleiben, daß nach der Hitlerversammlung in einer Berliner Judenzeitung ein Interview mit Adolf Hitler erschien, das tatsächlich niemals stattgefunden hatte. Ein Journalist war telephonisch mit mir in Verbindung getreten, um dieses angebliche Interview nachzusuchen. Ich lehnte es kategorisch ab und mußte nun zu meinem maßlosen Erstaunen feststellen, daß es trotzdem und offenbar von A bis Z gefälscht und erlogen am nächsten Tag in der Presse erschien. Dieses Interview machte die Runde durch alle jüdisch beeinflußten Provinzzeitungen. Es strotzte nur so von hämischer Gemeinheit und nichtswürdiger Niedertracht. Adolf Hitler, der bekanntlich Abstinenzler ist, wurde darin als notorischer Säufer geschildert, und das Gemeinste an diesem Presseskandal war, daß der Verfasser des Interviews den Eindruck zu erwecken versuchte, als habe er als Vertreter einer jüdischen Zeitung einen ganzen Abend zusammen mit Adolf Hitler pokuliert und somit die beste Gelegenheit gehabt, ihn aus nächster Nähe zu beobachten.

Die Versammlung im Kriegervereinshaus war überfüllt und mußte zum erstenmal polizeilich gesperrt werden. Ich begann meine Rede mit einer scharfen Auseinandersetzung mit der reichshauptstädtischen Journaille und versäumte nicht, die jüdische Pressekanaille an Hand von einwandfreien Beweisen rücksichtslos an den Pranger zu stellen.

Ich verlas die einzelnen Presseberichte vor den atemlos

lauschenden Menschenmassen und stellte ihnen dann immer nach Verlesung den wahren Tatsachenverhalt gegenüber. Das war in seiner Wirkung frappierend, und der Zuhörer bemächtigte sich eine ständig steigende Wut und Empörung, die sich in lauten Zurufen des Unwillens Luft zu machen versuchte.

Plakat zur Versammlung am 4. Mai 1927
[Originalbbildung leider zu klein um genau zu entziffern, daher hier kein Link zum Text. Anm. d. Scriptorium]

Als ich eben die Abrechnung mit der Journaille beendigt hatte und zum Hauptthema übergehen wollte, erhob sich mitten im Saal auf der rechten Seite ein anscheinend etwas angetrunkenes Individuum. Ich sah durch den Nebel von Zigarren- und Tabakqualm einen weingeröteten Kopf, der sich da unter aneinandergepferchten Menschen in die Höhe schob, und vernahm zu meinem maßlosen Erstaunen, wie dieser freche Provokateur Anstalten machte, die Versammlung, die bis dahin in vollster Disziplin verlaufen war, durch anmaßende und beleidigende Zwischenrufe zu stören. Ich wollte das zuerst überhören. Die Versammlung selbst war auch über dieses dreiste Vorgehen so betroffen, daß sie einen Augenblick lang in atemloser Stille versank; und in dieser atemlosen Stille wiederholte das Subjekt ostentativ, um zu provozieren und die Zuhörer zu Unbesonnenheiten zu reizen, seine mich auf das gröblichste beleidigenden Zurufe, die mir beim erstenmal im einzelnen unverständlich geblieben waren. Und das wirkte um so empörender, als ich ja niemandem und durch nichts Veranlassung zu einem so ungezogenen Benehmen gegeben hatte.

Ich merkte sofort, daß wir es hier offenbar mit einem Lockspitzel zu tun hatten, und ich war deshalb entschlossen, mich in keiner Weise provozieren zu lassen, vielmehr den ganzen

Zwischenfall mit einer leichten Handbewegung abzutun. Ich unterbrach auf zwei bis drei Sekunden meine Rede, wandte mich zu dem Unruhestifter herüber und sagte in wegwerfendem Ton: "Sie wollen wohl die Versammlung stören! Haben Sie Lust, daß wir von unserem Hausrecht Gebrauch machen und Sie an die frische Luft befördern?" Als das Subjekt nun nicht etwa auf seine vier Buchstaben zurücksank, sondern mit lauter Stimme seine Provokationen fortzusetzen versuchte, traten ein paar beherzte SA.-Männer hinzu, verabreichten ihm ein paar Ohrfeigen, faßten es am Nacken und Hinterteil und spedierten es so aus dem Saal heraus.

Das alles ging in Bruchteilen von Minuten vor sich. Die Versammlung selbst verlor dabei nicht einen Augenblick die Nerven. Man verbat sich nur in lauten Zwischenrufen diese ganz grundlose und ungerechtfertigte Störung und hatte vielleicht auch seine Freude daran, daß der Unruhestifter nun entfernt wurde und die Rede selbst ohne Zwischenfall fortgesetzt werden konnte.

Ich persönlich hatte dem ganzen Vorgang keine Bedeutung beigemessen. Ich sah nur von meinem erhöhten Platz aus, wie der Provokateur unter etwas unsanfter Nachhilfe den Saal verließ. Ich fuhr dann in aller Ruhe mit meiner Rede fort, indem ich das eigentliche Thema begann. Die Rede dauerte danach noch anderthalb Stunden, und da sich niemand zur Diskussion meldete, wurde die Versammlung darauf geschlossen. Eben wollten die Zuhörer in freudiger Begeisterung den Saal verlassen, als Polizei hereindrang, die natürlich von den friedlichen Besuchern mit Johlen und Pfeifen empfangen wurde. Ein Polizeioffizier bestieg einen Stuhl und krähte mit erhobener Stimme seine amtliche Meinung in den wild durcheinanderwogenden Menschenknäuel hinein. Es war ganz unmöglich, auch nur ein Wort zu verstehen. Ich legte mich selbst ins Zeug und gebot Ruhe, die auch augenblicklich eintrat. Der Polizeioffizier gewann damit die Möglichkeit, der Versammlung mitzuteilen, daß er Befehl habe, jeden Besucher auf Waffen zu untersuchen; und als ich erklärte, daß wir uns schweigend und widerspruchslos dieser Maßnahme fügen wollten, wurde die Versammlung wieder durchaus friedlich und ruhig, und es kam dann auch während der zwei Stunden, in denen die Durchsuchung von zwei- bis dreitausend Menschen durchgeführt wurde, zu keinerlei Reibungen und Zusammenstößen mehr.

Damit war die Angelegenheit eigentlich erledigt. Ich war auch durchaus dieser Meinung, hatte aber dabei die Rechnung ohne den Wirt gemacht. Mit Erstaunen mußte ich am anderen Morgen, als ich die Presse las, feststellen, daß sich nach Schluß der Versammlung noch außerordentliche Dinge am Alexanderplatz begeben hatten. Unser Unglück wollte, daß der Provokateur, den wir aus unserer Versammlung entfernt hatten, zwar ein Trunkenbold und verkommenes Subjekt war, aber sehr zu Unrecht noch einen abgelegten Pfarrertitel trug, dessen er sich offenbar in keiner Weise würdig erwies. Das aber genügte der Journaille. Das war das Fressen, das sie lange gesucht hatte. Dieselben Pressekanaillen, die jahrzehntelang alles, was geistlichen Standes war oder geistliches Gewand trug, mit dem Spülicht ihrer feigen Lügen und Verleumdungen überschüttet hatten, warfen sich nun plötzlich zu berufenen Hütern christlicher Moral und Sitte auf. Aus dem versoffenen Subjekt wurde ein ehrwürdieger, weißhaariger Pfarrer. Aus der frechen und unmotivierten Provokation unserer Versammlung machte man einen harmlosen und bescheidenen Zwischenruf. Die zwei Parteigenossen, die das Individuum, zwar etwas unsanft, aus dem Saal transportiert hatten, wurden zu nationalsozialistischen Mördern degradiert, und die paar Ohrfeigen, die der abgetakelte Pfarrer dabei bezogen hatte, wurden zu schweren und verhängnisvollen Keulenschlägen, die dem armen und bedauernswerten Opfer, das nun in irgendeinem Krankenhaus heroisch mit dem Tode rang, die Schädeldecke zertrümmert hatten.

Das war das Signal. Die Presse stürzte sich mit einer wahren Wollust auf diesen an sich harmlosen Zwischenfall. Er wurde nach allen Regeln journalistischer Verdrehungskunst aufgebauscht. "Das Maß ist voll!" "Macht endlich Schluß! Weg mit diesem verbrecherischen Terror!" "Mußte erst ein Pfarrer totgeschlagen werden, ehe die Behörden zum Einsehen kommen?" So schrie und johlte es in den jüdischen Asphaltorganen. Die Pressekanonade war offenbar von langer Hand vorbereitet und wurde amtlicherseits inspiriert und genährt. Noch in der Nacht nach der Versammlung hatte eine Besprechung zwischen den Behörden des Polizeipräsidiums und des preußischen Innenministeriums stattgefunden. Schon am nächsten Mittag kündigte ein Ullstein-Organ das sofortige Verbot der Partei an. Die national- bürgerlichen Zeitungen beugten sich, wie immer, feige und widerspruchslos der jüdischen Massenpsychose. Sie nahmen sich gar nicht die Zeit und Mühe, den objektiven Tatbestand festzustellen. Sie hieben in dieselbe Kerbe und erklärten mit pharisäerhafter Selbsgerechtigkeit, wenn der politische Kampf solche Formen annehme, dann könne man allerdings den Behörden nicht verdenken, wenn sie mit der Schärfe des Gesetztes einschritten.

Damit war die Einheitsfront vom bürgerlichen Patriotismus bis zum proletarischen Kommunismus hergestellt. Alles schrie nach dem Verbot der ohnehin verhaßten und lästigen Konkurrenz, und es war dem Polizeipräsidium ein leichtes, im Schutz dieses künstlich vorbereiteten Pressesturms das Verbot nun auch tatsächlich auszusprechen und durchzuführen. Uns fehlte es an publizistischen Möglichkeiten, die Öffentlichkeit über den wahren Sachverhalt aufzuklären. Wir besaßen keine Zeitung. Ein im Laufe des darauffolgenden Tages herausgegebenes Flugblatt wurde von der Polizei beschlagnahmt.

Nachdem die bürgerliche Presse sich der Sache der Gerechtigkeit versagt hatte, war das Schicksal der Bewegung entschieden.

Eine einzige Zeitung in Berlin hat damals die Nerven behalten und tapfer und uneigennützig unsere Bewegung gegen die Lügen und Verleumdungen der jüdischen Journaille verteidigt: die *Deutsche Zeitung*. Das soll diesem aufrechten Blatt nicht vergessen werden. Späterhin, als wir eine große Massenpartei geworden waren, hatten wir in den national-bürgerlichen Redaktionsstuben Freunde die Menge. Wir haben diesen

Freundschaften immer nur wenig Gewicht beigelegt; denn wir kannten sie allzu gut aus der Zeit, da wir klein und unbeachtet waren und es für einen bürgerlichen Zeilenschinder ein billiges Vergnügen war, ohne Gefahr auf uns zu schlagen, weil alle auf uns schlugen. Die *Deutsche Zeitung* hat damals Recht und Gerechtigkeit das offene Wort gegeben, und sie hat damit bewiesen, daß sie, wenn es um die nationale Sache geht, auch Mut genug hat, etwas Unpopuläres zu sagen, selbst wenn es sich gegen die ganze öffentliche Meinung richtet.

VERBOTEN!
(TEIL 2)

Es kam nun, was kommen mußte. Schlag auf Schlag. Mittags schon schrieben die jüdischen Zeitungen, daß das Verbot unabwendbar sei. Es gelang uns noch, im letzten Augenblick das Postscheckkonto der Partei zu retten, die wichtigsten Akten wurden in Sicherheit gebracht, und dann harrten wir der Dinge, die da kommen sollten. Abends gegen 7 Uhr erschien auf der Geschäftsstelle ein Abgesandter des Polizeipräsidiums, um einen Brief gegen Quittung abzugeben. Es war nicht schwer zu erraten, daß dieser Brief das Verbot der Partei enthielt, und es schien mir deshalb eine leichte Geste, seine Annahme einfach zu verweigern. Der Beamte mußte, ohne zum Ziel gekommen zu sein, den Rückzug antreten und heftete den Brief an die Türe des Parteibüros. Es war ja nun doch alles verloren, und so suchten wir wenigstens propagandistisch zu retten, was noch zu retten war. Der Brief wurde einem SA.- Mann in die Hand gedrückt; der warf sich ein letztes Mal in volle Uniform, fuhr zum Polizeipräsidium, und es gelang ihm tatsächlich, bis zum Zimmer des Polizeipräsidenten vorzudringen.

Dort riß er barsch und frech die Türe auf, warf den Brief ins Zimmer hinein und schrie: "Wir Nationalsozialisten weigern uns, das Verbot anzuerkennen." Die Presse schloß daraus am anderen Tage nur noch mehr auf unsere eigensinnige Verstocktheit und ruchlose Verachtung der Gesetze. Es erschien dann in aller Morgenfrühe ein großes Schupoaufgebot auf der Geschäftsstelle und besetzte das Haus bis zum Dach. Alle Schränke, Schreibtische und Regale wurden versiegelt, und damit war das Verbot praktisch durchgeführt.

Die nationalsozialistische Bewegung in Berlin hatte aufgehört, gesetzmäßig zu existieren. Das war ein Schlag, den wir nur schwer verwinden konnten. Wir hatten uns gegen die

Anonymität und gegen den Terror der Straße durchgesetzt, wir hatten Idee und Fahne vorwärts getragen, ohne auf die Gefahren, die unser dabei warteten, zu achten. Wir hatten keine Mühe und Sorge gescheut, der Bevölkerung der Reichshauptstadt unseren guten Willen und die Redlichkeit unserer Ziele zu zeigen. Das war uns auch bis zu einem gewissen Umfang schon gelungen. Die Bewegung setzte eben an, ihre letzten parteipolitischen Fesseln abzustreifen und in die Reihe der großen Massenorganisationen einzurücken, da schlug man sie mit einem mechanischen Verbot zu Boden. Man ahnte allerdings damals nicht, daß auch dieses Verbot keineswegs die Bewegung endgültig vernichten, daß es im Gegenteil ihr neue, ungeahnte Kräfte verleihen würde, und daß sie, wenn sie diese Belastungsprobe überstände, späterhin allen Anfeindungen gewachsen wäre.

Die Berliner Presse zum Verbot der NSDAP.
[Originalbbildung leider zu klein um genau zu entziffern, daher hier kein Link zum Text. Anm. d. Scriptorium]

Noch in der Nacht hatte ich eine kurze Besprechung mit Adolf Hitler, der gerade in Berlin weilte. Er übersah sofort die ganzen Zusammenhänge, die zum Verbot geführt hatten; wir stimmten darin überein, daß die Bewegung nun beweisen müsse, daß sie auch dieser schweren Prüfung Herr würde. Wie suchten zu retten, was zu retten war. Soweit es eben anging und eine Möglichkeit dazu geboten war, wirkten wir durch die anständige Presse in bescheidenem Unfang der öffentlichen Diffamierung der Bewegung durch die jüdische Journaille entgegen. Wir erreichten dabei zwar nicht viel, aber immerhin gelang es uns, wenigstens vorerst den Kern der Partei unerschüttert zu erhalten.

Es fehlte natürlich auch hier nicht an weisen Besserwissern, die nun plötzlich, da die Bewegung vom Verbot betroffen wurde, aus ihrem anonymen Dunkel auftauchten, um gute Ratschläge zur Verfügung zu stellen. Als wir kämpften, waren sie weit und breit nicht zu sehen. Nun, da das Signal zum Abbruch der Schlacht gegeben wurde, erschienen sie plötzlich wieder auf der Bildfläche, und zwar nicht, um den Rückzug zu decken, sondern um die weichenden Truppen durch feige Kritikastereien nur noch mutloser zu machen.

Vor allem ich selbst war in der Öffentlichkeit das Objekt einer hemmungslosen Verleumdung. Diese bürgerlichen Jämmerlinge wollten nun wissen, daß die Bewegung sehr wohl hätte erhalten werden können, wenn sie sich nur eines weniger radikalen und gemäßigten Tones befleißigt hätte. Mit einem Male hatten sie alles vorausgesehen und vorausgesagt. Aber sie halfen nun nicht etwa dabei, aus den Scherben einer zertrümmerten Organisation ein neues Gefüge zusammenzuleimen, sie waren im Gegenteil nur darum bemüht, weiteren Unfrieden zu stiften und die Verwirrung zu vergrößern.

Die Presse wußte bereits zu melden, daß meine Verhaftung unmittelbar bevorstünde. Das war eine offenbare Lüge, da ich mich ja in keiner Weise gegen die Gesetze vergangen hatte. Der Wunsch war der Vater des Gedankens. Und vor allem ging man darauf aus, Stimmung zu machen und die öffentliche Meinung gegen uns einzunehmen.

Zum erstenmal tauchte damals in der jüdischen Presse auch das Gerücht von einem inneren Zerwürfnis zwischen Adolf Hitler und mir auf, demzufolge ich gezwungen werden sollte, mein Amt als Berliner Gauleiter aufzugeben und, wie es damals hieß, als Gauleiter nach Oberschlesien zu übersiedeln. Das Gerücht ist in den nachfolgenden Jahren immer wieder in den mannigfaltigsten Formen variiert worden und bis zum heutigen Tag nicht zum Verstummen gekommen. Jedesmal, wenn die Bewegung zu schweren Schlägen ansetzt oder eine temporäre Krise durchzumachen hat, erscheint es in den Spalten der Judenblätter wieder und bildet für uns einen Anlaß fortdauernder Heiterkeit und Freude. Auch bei ihm ist der Wunsch der Vater des Gedankens. Man sucht mich von Berlin wegzureden, offenbar weil ich unbequem und lästig bin und weil man hofft, durch meinen Weggang eher Möglichkeiten zu finden, die Partei von innen heraus zu zersprengen.

Mir ist ein solcher Weggang vollkommen fremd. Zwar war ich in den ersten Wochen meiner Berliner Tätigkeit der Meinung, diese Arbeit wäre nur temporär, und sobald ich die schlimmsten Widerstände, die einem Aufstieg der Bewegung in der Reichshauptstadt entgegenstanden, niedergerungen hätte, könnte ich mein Amt einem anderen, Besseren, zur Verfügung stellen. Wenn ich bis zum heutigen Tag auf diesem schweren, verantwortungsvollen Posten ausgehalten habe, so liegt das nicht allein an der steigenden Freude und Befriedigung, die mir diese Arbeit gibt, sondern auch - und zwar zu einem beträchtlichen Teil - an dem Umstand, daß ich aus der jüdischen Presse immer und immer wieder ersehen muß, daß man mich dortseits lieber von hinten als von vorne besieht. Nun pflege ich niemals das zu tun, was der Jude gern will. Er müßte also schon eindringlichst die Forderung erheben, daß ich in Berlin bleiben solle, um mich zu veranlassen, nachzugeben. Solange man mich dort nicht will, bleibe ich, vor allem auch im Hinblick darauf, daß ich die Absicht habe, in Berlin noch einige Arbeit zu tun und diesen oder jenen Erfolg zu erkämpfen.

Erst im späteren Verlauf der Auseinandersetzung um die Reichshauptstadt ist mir die Größe meiner dort übernommenen Arbeit klar geworden. Gelingt es uns, Berlin dem Nationalsozialismus zu erobern, dann haben wir eigentlich alles gewonnen. Die Reichshauptstadt ist nun einmal das Zentrum des Landes; von hier aus gehen die Bewußtseinsströme unaufhaltsam ins Volk hinein. Berlin dem Deutschtum zurückgewinnen, das ist in der Tat eine historische Aufgabe und des Schweißes der Besten wert.

Mitten im tobenden Pressesturm mußte ich, einer alten Zusage zufolge, für zwei Tage nach Stuttgart verreisen. Und das war wieder Anlaß für eine maßlose, hetzerische Verleumdung in den Spalten der Journaille. Man erklärte, ich hätte mich feige gedrückt, ich sei einer drohenden Verhaftung durch die Flucht entgangen. Man benutzte die Gelegenheit, daß ich von Berlin abwesend war, die öffentliche Meinung gegen die Partei und mich mobil zu machen in der vagen Hoffnung, damit zwischen Führer und Gefolgschaft einen Keil zu treiben und die wankende Bewegung von innen heraus zu zerbrechen.

In Stuttgart selbst erfuhr ich, daß eine unverantwortliche Stelle von Berlin aus durch den Rundfunk das Gerücht verbreitet hatte, es schwebe gegen mich ein Haftbefehl. Ungeachtet dessen trat ich am Abend die Rückreise an, und obschon ein paar treue Kameraden mir bis Halle entgegenkamen, um mich davon abzuhalten, nach Berlin zurückzukehren, fuhr ich weiter und wurde dann zu später Abendstunde am Anhalter Bahnhof durch einen Empfang geehrt, den ich allerdings in meinen kühnsten Träumen nicht erwartet hatte.

Der ganze Bahnsteig stand schwarz voll von Menschen. Die Bahnhofsvorhalle war überfüllt, und draußen vor dem Bahnhof Massen von begeisterten Parteigenossen und Anhängern, um mich zu erwarten. Hunderte und Tausende von Menschen liefen, ohne Achtung der Bannmeile, die Königgrätzer und Potsdamer Straße hindurch, hinter dem abfahrenden Auto her, das sich nur mit Mühe einen Weg durch diesen Trubel bahnen konnte. Zu nächtlicher Stunde erklang an diesem schönen Maiabend zum erstenmal der Kampfruf, der nun für ein ganzes Jahr die hinreißende Massenparole der unterdrückten Bewegung in Berlin werden sollte:

"Trotz Verbot nicht tot!"

Ja, die Bewegung war nicht totzukriegen. Nicht mit Terror

und nicht mit Verboten. Man knüppelte sie zusammen, wo sie aufzutreten wagte. Sie war recht- und wehrlos. Die Behörden nahmen sie in die Zange, und die rote Bluttscheka verfolgte sie mit Dolch und Revolver; aber über Bedrängnis und Gefängnis stiegen die stolzen Adler unserer Standarten hoch. Die Idee war fest verankert in den Herzen einer gläubigen Gefolgschaft, und die Fahne flatterte siegreich den marschierenden Bataillonen voran. Verbot und Verfolgungen sollten am Ende der Bewegung jene unzerbrechbare Härte geben, deren sie bedurfte, um den schweren Kampf um das Schicksal des deutschen Volkes siegreich bestehen zu können.

Es begann nun ein neuer Abschnitt unserer Arbeit. Die Organisation war zerschlagen, das legale Gefüge der Partei aufgelöst. Es war vorerst unmöglich, die Parteigenossen durch einen neuen festen Halt zusammenzuschließen; denn es blieb natürlich nicht beim Verbot. Dazu kamen Drangsale und Schikanen aller Art, mit denen man uns das Leben sauer machte. Mit allen Mitteln wurde die Partei überwacht, bespitzelt und ausspioniert. Die Achtgroschen- Jungens verfolgten uns auf Schritt und Tritt, und keine Provokation war zu schlecht, sie gegen die Bewegung anzuwenden.

Das Verbot war vom Polizeipräsidium ausgesprochen, und zwar nicht auf Grund des Republikschutzgesetzes, sondern des Allgemeinen Landrechts. Die sogenannte Begründung, die man uns wenige Tage später übermittelte, spottete einfach jeder Beschreibung. Man hatte es sich, da wir uns nicht wehren konnten, am Alexanderplatz sehr leicht gemacht. Man unterstellte einfach Exzesse, über die ein richterliches Urteil überhaupt noch nicht vorlag, als wahr. Man erwähnte den Vorfall in der Kriegervereinshaus-Versammlung gar nicht. Man bezog sich auf Dinge, die in der weiten Vergangenheit lagen, und da die rigorosen Maßnahmen des Polizeipräsidiums gegen uns im Verfolg des Verbots selbstverständlich die Empörung in der eigenen Parteigenossenschaft bis zur Siedehitze steigerten und es unweigerlich Abend für Abend zu Ausschreitungen auf der Straße kam, nahm man das als willkommenen Vorwand, um ein Verbot zu begründen, das in der Tat erst die Ursache dazu gegeben hatte.

Man hütete sich wohlweislich, den während der Pressehetze

so stürmisch geforderten Prozeß gegen mich zur Durchführung zu bringen. Man hatte gar nichts, dessen man mich anklagen konnte. Die ganze Presseaktion war ein aufgelegtes Komödienspiel und in dieser frechen Dreistigkeit nur durchführbar, weil wir uns nicht wehren konnten und die öffentliche Meinung uns den Schutz der anständigen Gesinnung einfach versagte.

Schon ein paar Tage später hatte jeder objektiv und gerecht Denkende Gelegenheit festzustellen, wie sehr auf unserer Seite das Recht war. Da trat der greise, ehrwürdige Pfarrer a. D. mit namen Stucke, malerisch den Kpof mit einer weißen Binde verziert, in einer Reichsbannerversammlung auf, um den Knüppelgarden der Sozialdemokratischen Partei seine heldenhaften Erlebnisse auf dem Kriegsschauplatz des Nationalsozialismus zu erzählen. Der Pfarrer als Reichsbannerkamerad! Das war das Ende einer feigen, nichtswürdigen und verleumderischen Pressekampagne. Die kirchlichen Behörden erklärten in aller Öffentlichkeit, daß "der frühere Pfarrer Stucke von der Nazarethkirche rechtskräftig durch Disziplinarentscheidung des evangelischen Konsistoriums der Mark Brandenburg wegen unwürdigen Verhaltens mit Dienstentlassung bestraft" sei und daß er "nach der Entscheidung des Kammergerichts vom 21. Juli 1923 damit das Recht zur Führung des Pfarrertitels und zur Tragung der Amtskleidung eines Geistlichen der evangelischen Landeskirche verloren" habe. Man erfuhr weiterhin, daß dieses Individuum trotz seines Ausschlusses aus der Landeskirche einen schwunghaften Handel mit Leichenreden betrieb, daß sein Normalzustand die sinnlose Besäufnis war und sein Provokationsversuch in unserer Versammlung lediglich noch die Frage zuließ, ob es sich hier nur um einen Akt der Trunkenheit oder um eine bezahlte Lockspitzelei handelte. Aber was nutzte das, nachdem die Partei verboten und die Pressekampagne abgeebbt war. Die Journaille hatte ihr Ziel erreicht, die Kanonade auf die öffentliche Meinung hatte diese zur Kapitulation gezwungen, man hatte einen lästigen politischen Gegner mit den Mitteln der Staatsgewalt aus dem Weg geräumt und durch eine künstlich hergestellte Massenpsychose das öffentliche Gewissen beruhigt.

Ein stummer Appell
[Am Flußufer: "Deutschland erwache!" Anm. d. Scriptorium]

Ein paar Tage später veranstaltete die KPD. eine Riesendemonstration im Sportpalast, in deren Verlauf ein Schupowachtmeister es wagte, selbstverständlich ohne sich überhaupt auch nur die Spur einer Provokation zuschulden kommen zu lassen, den Versammlungssaal zu betreten. Man warf ihn von der Tribüne herab ein Bierglas an den Kopf, das ihm die Schädeldecke zertrümmerte, so daß er in schwerverletztem Zustand ins Krankenhaus eingeliefert werden mußte.

Wie klein und bescheiden nahm sich dagegen unser Vergehen aus! Aber der KPD. wurde kein Haar gekrümmt; denn die Kommunisten sind ja die "politischen Kinder" der Sozialdemokratie. Man läßt sie gewähren, weil man sie hin und wieder gebrauchen kann, und schließlich sind sie ja beide Brüder vom selben Fleisch und vom selben Blut.

Dem Nationalsozialismus aber rückte man mit Verboten zu Leibe, obschon er oft genug seine Friedlichkeit unter Beweis gestellt und selbst die frechsten und aufreizendsten Provokationsversuche nur mit eiserner Ruhe und Disziplin beantwortet hatte. Denn der Nationalsozialismus ist grundsätzlicher Gegner des Marxismus. Er hat den Marxismus in allen Schattierungen zur Entscheidung herausgefordert. Zwischen ihm und dem Marxismus gibt es keine Versöhnung, sondern nur Kampf bis zur Vernichtung. Das wußte man in der Lindenstraße, das wußte man am Alexanderplatz, und das wußte man auch am Bülowplatz.

Deshalb schlug man im geeigneten Augenblick zu. Deshalb verseuchte die Journaille die öffentliche Meinung mit dem Pesthauch einer schnöden, lügnerischen Verleumdung. Deshalb appellierte man an die Staatsautorität und setzte man Gesetzesparagraphen in Bewegung, die man sonst nicht müde wurde, zu verachten und mit Hohn zu bespeien.

Daß die Sozialdemokratie so handelte, konnte uns nicht wundernehmen. Die Sozialdemokratie wehrt sich ihrer Haut, und sie kämpft ja schließlich und endlich um ihre nackte Existenz. Daß aber die bürgerlichen Parteien und ihre schreibenden Zeilenschinder sich dazu herabwürdigen ließen, für den Marxismus Solddienste zu tun und dabei zu helfen, eine Bewegung, die sich nicht wehren konnte, niederzuschlagen, das wird für immer und ewig eine Schmach und Schande für die bürgerliche Presse und die hinter ihr stehenden Parteien sein.

Sie haben ihr Ziel nicht erreicht. Zwar wurden an dem Tage nach dem Verbot in einem schwerkapitalistischen Ullstein-Blatt die höchsten preußischen Würdenträger bemüht, sie stürtzten sich in geistige Unkosten, um zu beweisen, daß es in Berlin keinen Platz gebe für den Nationalsozialismus.

"Einmal und nicht wieder! Wußte man es nicht schon aus der Tätigkeit an anderen Orten, so beweisen die skandalösen Vorgänge, die sich am Mittwoch in der Versammlung im Kriegervereinshaus abgespielt haben, erneut, daßes sich bei der sogenannten nationalsozialistischen Arbeiterpartei nicht um eine Bewegung handelt, sondern um die Zusammenrottung radaulustiger und gewalttätiger Elemente, die unter der Leitung politischer Desperados sich zu einer Gefahr für die öffentliche Ruhe und Sicherheit auswachsen. Die unverblümten Aufforderungen zu Gewalttätigkeiten in der Versammlung und das Ergebnis der Waffendurchsuchungen sowie die Mißhandlung nicht genehmer Versammlungsbesucher zeigen in aller Deutlichkeit, welcher Art diese Bewegung ist, die, auf Münchener Boden gewachsen und zur Entfaltung gelangt, nunmehr ihr Tätigkeitsfeld auch nach Berlin verlegt hat.

Aber Berlin ist nicht München. Ebenso wie wir Berlin vor einer kommunistischen Räteherrschaft bewahrt haben, werden wir die Berliner Einwohnerschaft vor dem Terror dieser radausozialistischen Arbeiterpartei bewahren. Diese auf

Gewalttätigkeiten gegen Andersdenkende gerichtete und in der Organisierung von Ungesetzlichkeiten sich erschöpfende Bewegung werden wir in Berlin und in ganz Preußen im Keime ersticken."

Und die Schwingen wachsen doch wieder...

So schrieb in der *Berliner Morgenpost* vom Freitag, den 6. Mai 1927, der preußische Ministerpräsident Otto Braun. Er hat sich schwer getäuscht. Die Bewegung wurde weder in Berlin noch in Preußen im Keime erstickt. Höher und höher stieg ihre Idee, trotz Haß und Verbot! Jede Verfolgung machte die Organisation nur stärker und härter. Zwar gingen viele von uns. Aber es handelte sich dabei nur um die, die den schwersten Belastungsproben nicht gewachsen waren. Der Kern blieb fest und unerschüttert. Die Partei selbst lebte auch verboten weiter. Die Idee war zu fest in den Herzen einer gläubigen Gefolgschaft verankert, als daß sie noch mit mechanischen Mitteln herausgerissen werden konnte.

Die nationalsozialistische Bewegung in Berlin war nun vor die Probe gestellt; sie mußte beweisen, daß ihre Lebenskraft unerschütterlich war. Sie hat diese Probe in einem heroischen, entsagungsvollen Kampf bestanden und in siegreichem Vorwärtsmarsch die Parole, unter der sie begann, wahr gemacht:

Trotz Verbot nicht tot!

HETZE UND VERFOLGUNG
(TEIL 1)

Der Siegeslauf der jungen nationalsozialistischen Bewegung in der Reichshauptstadt hatte nun vorläufig durch das vom Polizeipräsidium ausgesprochene Parteiverbot ein kurzes und jähes Ende genommen. Die öffentliche Wirksamkeit der Partei war unterbunden, die Organisation zerschlagen, die Propaganda lahmgelegt, die Mitläuferscharen in alle Winde zerstreut, jeder unmittelbare Kontakt der Führung mit der Parteigenossenschaft unterbrochen. Das Parteiverbot wurde seitens der Behörden mit einer schikanösen Schärfe durchgeführt. Es war zwar nicht auf Grund des Republikgesetzes ausgesprochen und daher unmöglich, einzelne Übertretungen mit schweren Geld- und Gefängnisstrafen zu ahnden. Es basierte auf dem noch aus Friedrichs des Großen Zeit stammenden Allgemeinen Landrecht und war aus wohlerwogenen Gründen nicht mit politischen, sondern mit strafrechtlichen Argumenten motiviert. Es wurde von der Polizei und nicht vom Ministerium verhängt und war deshalb vielleicht leichter und gefahrloser zu umgehen als ein politisches Verbot, das im allgemeinen mit Androhung schwerer politischer Strafen erlassen wird.

Schon beim Verbot selbst hatte das Polizeipräsidium seine Befugnisse in flagranter Weise überschritten. Es hatte das Verbot für Berlin und für die Mark Brandenburg ausgesprochen, obschon ihm dazu offenbar, wenigstens was Brandenburg anbetraf, jegliche Qualifikation fehlte. Der Polizeipräsident konnte bestenfalls die Partei für Berlin verbieten; und wenn in der Begründung davon die Rede war, daß die Partei sich strafrechtlicher Vergehen schuldig gemacht habe, so konnte in diesem Fall, selbst vorausgesetzt, daß das den Tatsachen entsprach, von einem Parteiverbot nur dann rechtlich die Rede sein, wenn durch das Weiterbestehen der Partei die öffentliche

Ruhe und Sicherheit unmittelbar gefährdet war.

Das kam aber im Ernst gar nicht in Frage. Unsere Parteigenossen waren von politischen Gegnern angegriffen worden und hatten sich zur Wehr gesetzt. Sie hatten damit das primitivste Recht, das jedem Staatsbürger zusteht, das Recht der Notwehr, auch für sich in Anspruch genommen. Niemals waren unsere Leute die Angreifer, sondern immer nur die Angegriffenen gewesen. Nirgends konnte auf unserer Seite von Exzessen die Rede sein. Wir hatten uns der Brachialgewalt nur insoweit bedient, als wir damit unser Leben und unsere Gesundheit verteidigten.

Herr Dr. Bernhard Weiß Polizeipräsident von Berlin

Darüber hinaus konnte auch nirgendwo der Nachweis erbracht werden, daß die Partei selbst zu solchem Tun aufgefordert oder dafür die Verantwortung übernommen hätte; daß jeder Parteigenosse sich seiner Haut wehrte, wo das nötig wurde, das war einfach selbstverständlich und hatte mit der Partei an sich nicht das geringste zu tun. Das Polizeipräsidium war sich wohl auch der Brüchigkeit und Unhaltbarkeit seiner juristischen Beweisführung in der Verbotsbegründung vollauf bewußt. Wir legten sofort gegen das Verbot beim Oberpräsidium und späterhin beim Oberverwaltungsgericht Beschwerde ein. Aber der Prozeß um das Verbot wurde dadurch, daß das Polizeipräsidium dauernd um Fristverlängerung für Herbeischaffung des notwendigen Materials ersuchte, jahrelang hingezogen und kam erst zur Entscheidung, als das Verbot längst wieder aufgehoben war. Das Oberverwaltungsgericht suchte sich dann an einem klaren juristischen Spruch, der wahrscheinlich für das Polizeipräsidium vernichtend ausgefallen wäre, vorbeizudrücken, indem es erklärte, die Fristen seien nicht gewahrt worden und dem Beschwerdeführer hätte zum Einspruch die notwendige Aktivlegitimation gefehlt. Aber schon die Tatsache, daß das Polizeipräsidium nicht in der Lage war, für den Prozeß das notwendige Material zur Verfügung zu stellen, war Beweis genug dafür, daß das Verbot einen Parteiakt darstellte und mit objektiver Amtsführung nur noch wenig zu tun hatte.

Vorläufig aber wurde es mit allen erdenklichen Schikanen gegen uns zur Durchführung gebracht. Man war bestrebt, die öffentliche Tätigkeit der Partei vollständig zu unterbinden und ihr durch Zerschlagung der Organisation auch die letzten finanziellen Mittel zu rauben. Wir besaßen damals in Berlin noch keine Parteipresse. Die propagandistische Arbeit der Bewegung bestand fast ausschließlich in Veranstaltung von Massenversammlungen. Man konnte zwar selbst unter weitherzigster Auslegung der Paragraphen nicht verbieten, daß in der Reichshauptstadt unter irgendeinem Namen für irgendeine Weltanschauung geworben wurde. Es war immerhin die Möglichkeit gegeben, unter Decknamen Versammlungen einzuberufen, in denen über Nationalsozialismus gesprochen wurde. In der ersten Zeit versuchten wir das auch, das Polizeipräsidium aber holte bald zum Gegenschlag aus und verbot jede Versammlung von Fall zu Fall unter der Maßgabe, sie störe die öffentliche Ruhe und Sicherheit und sei als Fortsetzung einer verbotenen Organisation anzusehen.

Das war ausgesprochene Willkür; aber es verfehlte doch seinen Zweck nicht. Es wurde damit unmöglich gemacht, den Begriff Nationalsozialismus öffentlich überhaupt zur Diskussion zu bringen; die Polizeibehörden schritten sofort ein, wenn davon auch nur im entfernten die Rede war.

Unser nächster Versuch ging darauf hinaus, wenigstens unsere im Parlament sitzenden Abgeordneten vor der Berliner Wählerschaft reden zu lassen. Über mich persönlich wurde bald ein allgemeines Redeverbot verhängt. An meiner Stelle setzten nun eine ganze Reihe von parlamentarischen Vertretern der Partei ein. Es wurden Massenversammlungen einberufen, in denen unsere Abgeordneten sprachen. Dort wurde zu den aktuellen Fragen der Politik Stellung genommen und natürlich nicht versäumt, die Verfolgungsmethoden der Berliner Polizeibehörden gegen die NSDAP. gebührend zu brandmarken.

Joseph Goebbels

Nur wenige Worte - aber die genügen!³

Mich persönlich traf das Redeverbot außerordentlich schwer. Ich hatte ja keine andere Möglichkeit, mit meinen Parteigenossen den notwendigen Kontakt aufrechtzuerhalten. Noch fehlte uns die Presse, in der ich mit der Feder agitieren konnte. Alle Versammlungen wurden verboten, in denen ich reden wollte. Soweit Abgeordnete in unseren Versammlungen auftreten sollten, wurden diese ebenfalls sehr oft von in letzter Stunde ausgesprochenen Verboten betroffen, und die treugebliebene Parteigenossenschaft wurde dadurch in eine ständig wachsende Wut und Empörung hineingehetzt.

Nicht **daß** man uns verfolgte, sondern **wie** und mit welchen Methoden die Bewegung unterdrückt und niedergeknüppelt wurde, das erzeugte in unseren Reihen eine Haß- und Zornesstimmung, die zu den größten Besorgnissen Anlaß gab. Das Polizeipräsidium machte sich anscheinend ein Vergnügen daraus, unsere Versammlungen immer erst in letzter Stunde zu verbieten, offenbar in der durchsichtigen Absicht, der Partei damit die Möglichkeit zu nehmen, die Versammlungsbesucher rechtzeitig von dem Verbot zu unterrichten. Meistens machten sich dann Hunderte und Tausende auf den Weg und trafen am

---

³ **Text zu Plakat 1:**
Dr. Goebbels spricht in öffentl. Wählerversammlung der nationalsozialistischen Abgeordneten am Donnerstag, den 30. Juni 1927, abends 8¼ Uhr in den Hohenzollernfestsälen, Charlottenburg, Berliner Str. 105 über das Thema: **Ein Leben in Schönheit und Würde.**

Versammlungslokal nur verschlossene Türen und einen festen Kordon von Polizeibeamten.

Damit war es bezahlten Spitzeln und Provokateuren leicht gemacht, die kopf- und führerlosen Massen aufzuwiegeln und zu Tätlichkeiten gegen die Polizei und politisch Andersdenkende aufzuhetzen. Meistens sonderten sich dann kleine Sprengtrupps von den empörten Menschenmassen ab, die ihr politisches Vergnügen darin suchten, auf den Kurfürstendamm zu ziehen und an den harmlosen Passanten jüdischen Aussehens ihre Wut durch Ohrfeigen und gelegentliche Verprügelungen abzureagieren.

Das wurde selbstverständlich in der Presse der Partei, die ja doch verboten war und deshalb gar keine Möglichkeit hatte, auf ihre Anhängermassen irgendwie einzuwirken, in der demagogischsten Weise zum Vorwurf gemacht. Die Öffentlichkeit hallte wider vom Lärm und Geschrei der bedrohten Judenheit. Man suchte im ganzen Land den Eindruck zu erwecken, als würden in Berlin mitten im tiefsten Frieden Abend für Abend Pogrome auf die jüdische Bevölkerung veranstaltet, als hätte die NSDAP. eine Geheimzentrale errichtet, von der aus diese Exzesse systematisch organisiert würden.

Plakat zu einer getarnten Versammlung[4]

---

[4] **Text zu Plakat 2:**
Deutsche Volksgenossen! Heraus zur großen öffentlichen

"Macht Schluß mit den Kurfürstendamm-Krawallen!

Es darf unmöglich zugegeben werden, daß die Roheitsakte der Nationalsozialisten auf dem Kurfürstendamm zu einer gewohnten Unterhaltung dieser Jünglinge werden. Der Berliner Westen gehört zu den repräsentativen Gegenden Berlins, seine Diskreditierung durch so abscheuliche, gemeine Szenen bringt Berlin in den übelsten Ruf. Da der Polizei die Vorliebe der Hakenkreuzler für den Kurfürstendamm nun genügend bekannt ist, so muß sie dort nicht bloß nach erfolgten Ausschreitungen durchgreifen, sondern schon vorher, an jedem Tag nationalsozialistischer Radauversammlungen, entsprechende Vorkehrungen treffen."

So schrieb die *B.Z. am Mittag* am 13. Mai 1927.

Die Schuld an diesen Vorgängen, soweit sie sich überhaupt in Wahrheit abspielten, trug einzig und allein das Polizeipräsidium. Es hatte es in der Hand, uns die Möglichkeit zu geben, mit unseren Anhängermassen in Verbindung zu treten und beruhigend auf sie einzuwirken.

Dadurch aber, daß es uns diese Möglichkeit in jeder Beziehung nahm, veranlaßte es, ob gewollt oder ungewollt, geradezu die Auswüchse des politischen Kampfes, die die notwendige Folge eines solchen Vorgehens sein mußten.

Vielleicht sah man es auch nicht ungern, daß die Dinge sich so entwickelten. Man hatte keine ausreichenden Gründe, das Verbot der Partei weiterhin vor der Öffentlichkeit zu rechtfertigen. Man suchte also, sich ein Alibi zu verschaffen. Die Öffentlichkeit sollte mit Fingern auf uns weisen. Es sollte sich die Meinung festsetzen, daß diese Partei wirklich nur eine Zusammenrottung von verbrecherischen Elementen sei und die Behörden nur ihre Pflicht täten, wenn sie ihr jede weitere Lebensmöglichkeit unterbanden.

Die nationalsozialistische Bewegung ist, wie keine andere

Wählerversammlung am Donnerstag, den 1. September 1927 abends 8¼ Uhr, im Viktoria-Garten, Berlin-Wilmersdorf, Wilhelmsave. 114. Es spricht der nationalsozialistische Reichstagsabgeordnete **Graf Reventlow** über das Thema: **Äußere, innere und innerste Politik.**

Partei, auf den Führergedanken eingestellt. Bei ihr gilt der Führer und seine Autorität alles. Es liegt in der Hand des Führers, die Partei in Disziplin zu erhalten oder sie in Anarchie versinken zu lassen. Nimmt man der Partei ihre Führer und zerstört damit den Fond von Autorität, die ihre Organisation aufrechterhält, dann macht man die Massen kopflos, und Unbesonnenheiten sind dann immer die Folge. Wir konnten nicht mehr auf die Massen einwirken. Die Massen wurden rebellisch, und man durfte sich dann am Ende nicht darüber beklagen, daß sie zu blutigen Exzessen schritten.

Das regierende System in Deutschland kann der nationalsozialistischen Bewegung überhaupt und im ganzen, so absurd das auch klingen mag, dankbar dafür sein, daß sie vorhanden ist.

Versammlungsplakat während des Verbots[5]

Die Wut und Empörung über die Folgen einer seit 1918 betriebenen aberwitzigen Tributpolitik ist im Volk so groß, daß, würde sie nicht von unserer Bewegung gebändigt und

---

[5] **Text zu Plakat 3:**
Der Nationalsozialist Reichstagsabg. Hans Dietrich (Franken) spricht in einer großen öffentlichen **Wählerversammlung** am Freitag, den 30. September, abends 8 Uhr, in Schwarz Festsälen, Lichtendorf, Möllendorfstr. 25-26, über das Thema: **Wels, Thälmann oder Hitler!**
Freie Aussprache! / Einlaß 7 Uhr 30 / Unkostenbeitrag 30 Pf. / Erwerbslose 10 Pf.

diszipliniert, sie Deutschland in kürzester Frist in ein Blutbad stürzen müßte. Die nationalsozialistische Agitation hat nicht etwa unser Volk in die Katastrophe hineingeführt, wie das die gewerbsmäßigen Katastrophenpolitiker immer wieder glauben machen möchten. Wir haben nur die Katastrophe rechtzeitig und richtig erkannt und aus unseren Ansichten über den chaotischen Zustand in Deutschland niemals einen Hehl gemacht. Nicht **der** ist Katastrophenpolitiker, der die Katastrophe Katastrophe nennt, sondern **der**, der sie verursacht. Und das konnte man denn doch in der Tat nicht von uns behaupten. Wir hatten noch niemals an einer Regierungskoalition teilgenommen. Wir hatten, solange die Bewegung überhaupt vorhanden war, in der Opposition gestanden und den Kurs der deutschen Politik auf das schwerste und rücksichtsloseste bekämpft. Wir hatten von Anfang an die Folgen vorausgesagt, die sich nun in immer deutlicher werdenden Konturen am politischen Horizont abzuzeichnen begannen.

Unsere Erkenntnisse waren so natürlich und zwangsläufig, daß die Massen ihnen in steigendem Maße Sympathien entgegenbrachten. Solange wir den Ansturm des Volkes gegen die Tributpolitik in Händen hatten und damit auf das schärfste diszipliniert vortrugen, bestand wenigstens nicht die Gefahr, daß die Wellen der Empörung in nicht mehr zu bändigenden Formen über dem herrschenden Regime zusammenschlugen. Zweifellos war und ist die nationalsozialistische Agitation die Wortführerin der Volksnot. Aber solange man sie gewähren läßt, kann man die Volkswut kontrollieren und sich damit die Sicherheit verschaffen, daß sie sich in gesetzmäßigen und erträglichen Methoden äußert.

Nimmt man dem Volk die Repräsentanten und Dolmetsche seines Leidens, dann öffnet man damit der Anarchie Tür und Tor; denn nicht **wir** sprechen über das herrschende Regime das radikalste und rücksichtsloseste Urteil aus.

Radikaler und rücksichtsloser als wir denken die Massen selbst, denkt der kleine Mann aus dem Volk, der es nicht gelernt hat, das Wort richtig zu gebrauchen, der aus seinem Herzen keine Mördergrube macht, sondern seine steigende Wut in steigend scharfer Form zum Ausdruck bringt.

Die nationalsozialistische Agitation ist gewissermaßen ein

Sicherheitsventil für die regierende Schicht. Durch dieses Sicherheitsventil hat die Empörung der Massen eine Ausflußmöglichkeit. Wenn man es verstopft, dann werden Wut und Haß in die Massen selbst zurückgetrieben und brodeln hier in unkontrollierbaren Wallungen auf.

Die politische Kritik wird sich immer nach den Fehlern des zu kritisierenden Systems richten. Sind die Fehler leichter Natur und kann man dem, der sie macht, den guten Willen nicht absprechen, dann wird die Kritik sich immer in gesitteten und fairen Formen bewegen. Sind die Fehler aber grundsätzlicher Art, bedrohen sie die eigentlichen Fundamente des staatlichen Gefüges, und hat man darüber hinaus noch Veranlassung zu dem Verdacht, daß die, die sie begehen, durchaus nicht guten Willens sind, sondern, im Gegenteil, ihre eigene werte Person immer vor den Staat und das Gesamtinteresse stellen, dann wird auch die Kritik massiver und hemmungsloser werden. Der Radikalismus der Agitation steht immer in direktem Verhältnis zu dem Radikalismus, mit dem vom regierenden System gesündigt wird. Sind die gemachten Fehler so verhängnisvoll, daß sie am Ende Volk und Wirtschaft, ja die gesamte staatliche Kultur in den Abgrund zu stürzen drohen, dann kann die Opposition sich nicht mehr damit begnügen, die Symptome des kranken Zustandes anzuprangern und ihre Abstellung zu fordern, dann muß die Opposition gegen das System selbst zum Angriff vorgehen. Sie ist dann in der Tat **radikal** insofern, als sie den Fehlern bis an die Wurzeln nachgeht und sie von der Wurzel aus zu beseitigen bestrebt ist.

Wir hatten vor dem Parteiverbot unsere Anhängermassen fest in der Hand. Das Polizeipräsidium besaß die Möglichkeit, die Partei in Organisation und Propaganda auf das schärfste zu überwachen. Jeder parteipolitische Exzeß konnte sofort und unmittelbar geahndet werden. Das war nun nach dem Verbot anders geworden. Die Partei selbst bestand nicht mehr, ihre Organisation war zerschlagen, man konnte gerechterweise die Führer der Partei nicht mehr verantwortlich machen für das, was in ihrem Namen geschah, da man ihnen ja jede Einwirkungsmöglichkeit auf ihre Anhänger genommen hatte. Ich war nun Privatmann und hatte keineswegs die Absicht, für das, was das Polizeipräsidium durch seine sich ständig wiederholenden Schikanen an üblen Begleiterscheinungen des politischen Kampfes herauffführte, die Verantwortung zu übernehmen. Dazu kam noch, daß die jüdische Journaille sich einen besonderen Spaß daraus zu machen schien, mich jetzt, wo ich keinerlei Möglichkeiten hatte, mich gegen Angriffe politischer und privater Art zur Wehr zu setzen, in steigendem Maße persönlich zu beschimpfen, wohl in der Hoffnung, damit die Massen, mit denen ich jeden Kontakt verloren hatte, der Bewegung und mir zu entfremden und sie damit den gerissenen demagogischen Einflüsterungen, vor allem kommunistischer Spitzel, zugänglich zu machen.

Ich habe damals zum erstenmal erfahren, was es heißt, auserwählter Liebling der jüdischen Presse zu sein. Es gab rein gar nichts mehr, was man mir nicht zum Vorwurf gemacht hätte; und sozusagen alles war glatt aus den Fingern gesogen. Es fehlte mir selbstverständlich die Lust und die Zeit, dagegen überhaupt etwas zu unternehmen. Der Uneingeweihte fragt sich manchmal, warum denn nationalsozialistische Führer der jüdischen Verleumdung nur so selten mit den Mitteln der Gesetze entgegenwirken. Man kann ja der Journaille Berichtigungen einschicken, man kann sie wegen Beleidigung verklagen, man kann sie vor die Gerichte ziehen.

Das ist allerdings leichter gesagt als getan. In irgendeinem Berliner Blatt taucht so eine Lüge auf und macht dann die Runde durch Hunderte und aber Hunderte von ihm abhängiger Provinzzeitungen. Jedes einzelne Provinzblatt fügt einen eigenen Kommentar dazu, und wenn man einmal mit dem Berichtigen anfängt, dann kommt man zu keinem Ende mehr. Das ist es ja auch, was die jüdische Presse erreichen will. Denn im Erfinden von Verleumdungen ist der Jude, den Schopenhauer ja schon als Meister der Lüge bezeichnete, unerschöpflich. Kaum hat man heute eine Falschmeldung richtiggestellt, wird sie morgen durch eine neue überboten, und geht man gegen die zweite Lüge vor, wer hindert so ein Pressereptil daran, übermorgen eine dritte zu erfinden. Und erst gar vor die Gerichte gehen? - Sind nationalsozialistische Führer denn nur dazu da, sich mit jüdischen Verleumdern vor dem Strafrichter herumzuschlagen? Die Staatsanwaltschaft verweigert in allen Fällen ein Einschreiten zu unseren Gunsten wegen Mangels an öffentlichem Interesse. Man ist auf Privatklage angewiesen. Das kostet viel Zeit und noch mehr Geld. Man müßte ein ganzes Leben und ein Riesenvermögen daran wenden, vor den Gerichten der Republik gegen jüdische Schmierfinken seine Reputation wieder herzustellen.

So ein Prozeß läßt dann mindestens ein halbes Jahr und oft noch länger auf sich warten. Mittlerweile hat die Öffentlichkeit den Gegenstand des Prozesses längst vergessen; der jüdische Schmierfink erklärt dann einfach vor Gericht, er sei einem Irrtum zum Opfer gefallen, und kommt meistens mit einer Strafe von fünfzig bis siebzig Mark davon; und die wird ihm natürlich bereitwilligst vom Verlag ersetzt. Die Zeitung selbst aber bringt am anderen Tag über den Prozeß einen Bericht, aus dem der harmlose Leser entnehmen muß, daß der jüdische Lügner absolut im Recht gewesen sei, daß wohl etwas Wahres an der Verleumdung sein müsse, was schon ohne weiteres daraus gefolgert werden könne, daß das Gericht den Angeklagten mit einer so glimpflichen Strafe habe laufen lassen. Und damit hat die jüdische Presse eigentlich alles erreicht, was sie erreichen wollte. Sie hat zuerst die Ehre des politischen Gegners vor der Öffentlichkeit diskreditiert und besudelt; sie hat ihm Zeit und Geld gestohlen. Sie macht aus der Niederlage vor Gericht einen Sieg, und manchmal hilft ein instinktloser Richter dem Verleumder noch dabei, durch Zubilligung der Wahrung berechtigter Interessen überhaupt straflos auszugehen.

Das sind keine tauglichen Mittel, der persönlichen Verleumdung durch die jüdische Presse entgegenzuwirken. Ein Mann des öffentlichen Lebens muß sich darüber klar sein, daß, wenn er einer verbrecherischen Politik zu Leibe rückt, diese sich sehr bald nach dem Rezept "Haltet den Dieb!" zur Wehr setzt und nun durch persönliche Verleumdungen den Mangel an schlagkräftigen sachlichen Beweisen zu ersetzen versucht. Er muß sich deshalb mit einer dicken Haut umgeben, muß für jüdische Lügen ganz unempfänglich sein und vor allem in Zeiten, wo er zu schweren politischen Schlägen ausholt, kaltes Blut und ruhige Nerven bewahren. Er muß wissen, daß jedesmal, wenn er dem Feind gefährlich wird, der Feind ihn persönlich angreift. Dann wird er niemals unangenehme Überraschungen erleben. Im Gegenteil! Er freut sich am Ende sogar darüber, daß er von der

Journaille beschimpft und beschmutzt wird; denn das ist ihm schließlich der untrüglichste Beweis dafür, daß er sich auf dem richtigen Wege befindet und den Feind an der verwundbaren Stelle getroffen hat.

Nur schwer habe ich mich zu dieser stoischen Auffassung durchringen können. Ich habe in der ersten Zeit meiner Berliner Arbeit maßlos unter den Angriffen der Presse zu leiden gehabt. Ich nahm das alles viel zu ernst und war oft in Verzweiflung darüber, daß es offenbar keine Möglichkeit gäbe, die persönliche Ehre im politischen Kampf rein und sauber zu halten. Das ist mit der Zeit ganz anders geworden. Vor allem das Übermaß der Presseangriffe hat jede Empfindlichkeit darüber in mir ertötet. Wenn ich wußte oder ahnte, daß die Presse mich persönlich begeiferte, habe ich wochenlang keine jüdische Zeitung in die Hand genommen und mir dadurch meine ruhige Überlegung und kalte Entschlossenheit bewahrt.

Liest man das ganze Lügenzeug einige Wochen später, als es gedruckt wird, dann verliert es mit einem Schlag jegliche Bedeutung. Dann sieht man, wie nichtig und zwecklos all dieses Getue ist; und vor allem gewinnt man dabei allmählich auch die Fähigkeit, die wahren Hintergründe solcher Pressekampagnen zu durchschauen.

Es gibt heute in Deutschland überhaupt nur zwei Möglichkeiten, berühmt zu werden: man muß entweder, mit Verlaub zu sagen, dem Juden in ein Unaussprechliches hineinkriechen oder aber ihn rücksichtslos und mit aller Schärfe bekämpfen. Während das erste nur für demokratische Zivilisationsliteraten und karrierelustige Gesinnungsakrobaten in Frage kommt, haben wir Nationalsozialisten uns zu dem zweiten entschlossen. Und dieser Entschluß soll denn auch mit aller Konsequenz zur Durchführung gebracht werden. Wir haben uns bis zum heutigen Tag über den Erfolg nicht zu beklagen brauchen. Der Jude hat in seiner sinnlosen Angst vor unseren massiven Angriffen zuletzt immer alle ruhige Besinnung verloren. Er ist, wenn es hart auf hart geht, doch nur ein dummer Teufel. Man überschätzt manchmal, vor allem in Kreisen der deutschen Intelligenz, die sogenannte Weitsichtigkeit, Klugheit und verstandesmäßige Schärfe des Juden. Der Jude urteilt immer nur klar, wenn er im Besitz aller Machtmittel ist. Tritt ihm ein politischer Gegner hart und unerbittlich entgegen, und läßt er keinen Zweifel darüber, daß es nun einen Kampf auf Leben und Tod gibt, dann verliert der Jude augenblicklich jede kühle und nüchterne Überlegung. Er ist, und das stellt wohl das Hauptmerkmal seines Charakters dar, bis ins Tiefste von seinem eigenen Minderwertigkeitsgefühl durchdrungen. Man könnte den Juden selbst als den fleischgewordenen verdrängten Minderwertigkeitskomplex bezeichnen. Man trifft ihn deshalb auch nicht tiefer, als wenn man ihn mit seinem eigentlichen Wesen bezeichnet.

Nenne ihn Schuft, Lump, Lügner, Verbrecher, Mörder und Totschläger. Das wird ihn innerlich kaum berühren. Schaue ihn scharf und eine Zeitlang an und sage dann zu ihm: "Sie sind wohl ein Jude!" Und du wirst mit Erstaunen bemerken, wie unsicher, wie verlegen und schuldbewußt er im selben Augenblick wird.

Hier auch liegt die Erklärung dafür, daß prominente Juden immer wieder den Strafrichter bemühen, wenn sie als Juden bezeichnet werden. Es würde niemals einem Deutschen einfallen zu klagen, weil man ihn Deutscher genannt hat; denn der Deutsche empfindet in der Zugehörigkeit zu seinem Volkstum immer nur eine Ehre, aber nie eine Schande. Der Jude klagt, wenn er als Jude bezeichnet wird, weil er im letzten Winkel seines Herzens davon überzeugt ist, daß das etwas Verächtliches ist und daß es keine schlimmere Beschimpfung geben kann, als so bezeichnet zu werden.

Wir haben uns niemals viel damit abgegeben, der jüdischen Verleumdung entgegenzuwirken. Wir wußten, daß wir verleumdet wurden. Wir haben uns rechtzeitig darauf eingestellt und nicht in der Widerlegung einzelner Lügen unsere Aufgabe gesehen, sondern vielmehr darin, die Glaubwürdigkeit der jüdischen Journaille an sich zu erschüttern.

Und das ist uns auch im Laufe der Jahre in vollstem Maße gelungen. Läßt man die Lüge ruhig gewähren, dann wird sie sich bald in ihrer eigenen Überspannung totlaufen. Der Jude erfindet in seiner Verzweiflung zuletzt so haarsträubende Verleumdungen und Niederträchtigkeiten, daß selbst der gutgläubigste Bildungsphilister nicht mehr darauf hereinfällt.

Sie lügen! Sie lügen! Mit diesem Schlachtruf sind wir der jüdischen Schmutzkanonade entgegengetreten. Hier und da nahmen wir uns aus dem ganzen verleumderischen Wust einzelne Lügen heraus, an denen wir die Gemeinheit der Journaille handgreiflich nachweisen konnten. Und daraus folgerten wir dann: glaubt ihnen gar nichts! Sie lügen, weil sie lügen müssen, und sie müssen lügen, weil sie nichts anderes vorzubringen haben.

Es wirkt geradezu grotesk und verursacht Brechreize, wenn ein jüdisches Sudelblatt seine moralische Aufgabe darin zu sehen vorgibt, im Privatleben nationalsozialistischer Führer herumzuschnüffeln, um dort irgendeinen dunklen Punkt ausfindig zu machen. Eine Rasse, die seit über zweitausend Jahren, und vor allem dem deutschen Volk gegenüber eine wahre Atlaslast von Schuld und Verbrechen auf sich geladen hat, besitzt in der Tat keinerlei Mandat, unter gesitteten Menschen für die Reinigung des öffentlichen Lebens einzutreten.

Vorerst steht auch gar nicht zur Debatte, ob sich hier und da ein nationalsozialistischer Führer so oder so verging. Zur Debatte steht ausschließlich, wer das deutsche Volk in sein namenloses Unglück hineingeführt hat, wer den Weg zu diesem Unglück mit Phrasen und gleisnerischen Versprechungen aspaltierte und am Ende mit verschränkten Armen zuschaute, wie eine ganze Nation im Chaos zu versinken drohte. Wenn diese Frage gelöst ist und die Schuldigen zur Rechenschaft gezogen sind, dann möge man untersuchen, wo wir fehlten.

Es kann hier nicht schweigend hinweggegangen werden über die feige Charakterlosigkeit, mit der die bürgerliche Presse sich bis auf den heutigen Tag widerspruchslos dem schamlosen journalistischen Treiben jüdischer Soldschreiber beugt. Die bürgerliche Presse ist sonst immer schnell bei der Hand, wenn es gilt, einem nationalen Politiker eins auszuwischen oder sogenannte Auswüchse der nationalsozialistischen Presse zu brandmarken. Der jüdischen Journaille gegenüber dagegen ist sie von einer unverständlichen, geradezu verantwortungslosen Weitherzigkeit. Man fürchtet die publizistische Schärfe und Rücksichtslosigkeit der Journaille. Man hat offenbar keine Lust, sich in die Gefahrenzone hineinzubegeben. Man ist dem Juden gegenüber von einem unüberwindlichen Minderwertigkeitsgefühl erfüllt und läßt nichts unversucht, mit ihm in gutem Frieden zu leben.

Wenn die bürgerliche Presse sich einmal dazu ermannt, ein milde tadelndes Wort gegen jüdische Verleumder aufzubringen, dann bedeutet das schon sehr viel. Meistens verharrt sie in seriöser Ruhe und vornehmem Stillschweigen und zieht sich in die Sicherheit des Wortes zurück: Wer Schmutz anfasst, besudelt sich!

Hetze und Verfolgung (Teil 2)

Daß die jüdische Presse uns angriff und verleumdete, das war nicht einmal das Schlimmste: denn wir wußten ja, daß all diese Lügen sich früher oder später totlaufen würden. Noch niemals ist eine Idee, wenn sie richtig war, von ihren Feinden totgelogen worden. Schlimmer trafen uns die behördlichen Schläge, die nach Erlaß des Verbotes über die Bewegung hereinprasselten. Die Organisation war zertrümmert, eine ordnungsmäßige Fortführung des Mitgliederbestandes unmöglich gemacht. Damit war der Partei die wichtigste Finanzquelle verstopft. Es ist einfach nicht wahr, daß die nationalsozialistische Bewegung von den Subsidien großkapitalistischer Geldgeber lebt. Wir jedenfalls haben niemals etwas von den Riesensummen gesehen, die der Papst oder Mussolini oder Frankreich oder Thyssen oder Jakob Goldschmidt der Partei angeblich überwiesen haben. Die Partei lebte und lebt ausschließlich von den Beiträgen ihrer Mitglieder und den Überschüssen ihrer Versammlungen. Stopft man diese Geldquellen zu, dann ist der Partei damit jede Lebensmöglichkeit genommen.

So war es auch bei uns nach Erlaß des Verbots. In dem Augenblick, in dem der ordnungsmäßige Einlauf der Mitgliederbeiträge abebbte und Überschüsse aus Versammlungen nicht mehr hereinkamen - die meisten Versammlungen wurden verboten und auch die erlaubten warfen keine Erträgnisse ab -, geriet die Partei in die schlimmste finanzielle Krise. Sie mußte ihren Verwaltungsapparat auf das Notwendigste einschränken.

Die Gehälter wurden auf ein Minimum herabgesetzt, und selbst in diesem Umfang konnten sie nur bruchstückweise und in kleinen Beträgen ausgezahlt werden. Die gesamte Parteibeamtenschaft stellte sich mit einem bewundernswerten

Opfersinn auf diese Notwendigkeit um; nicht ein einziger Beamter wurde entlassen, aber alle haben damals auf 20 und 30 und sogar 50 Prozent ihres ohnehin kärglichen Gehalts verzichtet, um damit die Partei weiter am Leben zu erhalten.

Hin und wieder erwies das Polizeipräsidium mir die Gnade, in einer öffentlichen Versammlung rednerisch auftreten zu dürfen. Damit war dann eine Möglichkeit gegeben, dem gepreßten Herzen Luft zu machen. Das geschah aber so selten, daß der politische Wert einer solchen Generosität meistens gleich Null war.

Nachdem sich das Polizeipräsidium auf Drängen der Öffentlichkeit schließlich dazu entschlossen hatte, das Verbot für die Mark Brandenburg, für die es überhaupt nicht zuständig war, wieder rückgängig zu machen, konnten wir außerhalb von Berlin, meistens in Potsdam, wenigstens die Funktionäre der Partei zusammenrufen und mit ihnen die wichtigsten Fragen der Politik und Organisation besprechen.

In Berlin war das ganz ausgeschlossen. Man verbot nicht nur die Versammlungen der Partei, sondern auch die Versammlungen aller ihrer Unterorganisationen. Ja, man gab sich sogar die Blöße, eine vom Deutschen Frauenorden, einer der NSDAP. nahestehenden Frauenorganisation, einberufene Schlagetergedenkfeier zu untersagen in der Besorgnis, sie "könnte die öffentliche Ruhe und Sicherheit gefährden".

Die zwangsläufige Folge einer solchen Verbotspraxis waren immer und immer wiederkehrende politische Exzesse auf den Straßen. Mancher Jude des Berliner Westens hat bei diesen Ausschreitungen seine Ohrfeigen bezogen. Zwar war er nicht persönlich schuld an dem, was man der NSDAP. antat. Aber die Masse kennt nun einmal diese feinen Unterschiede nicht. Sie nimmt sich den, der greifbar ist, und wenn zwar auch Herr Cohn oder Herr Krotoschiner vom Kurfürstendamm das Polizeipräsidium in keiner Weise beeinflußten, immerhin gehörten sie zur Rasse, immerhin waren sie Partei, immerhin sah der Mann aus dem Volk in ihnen die Schuldigen.

Viele SA.-Leute sind damals in die Gefängnisse gewandert, weil sie in dem Verdacht standen, zu späten Abendstunden am Kurfürstendamm ein Exempel statuiert zu haben. Die Gerichte gingen dagegen mit drakonischen Strafen vor. Eine Ohrfeige kostete in den meisten Fällen sechs bis acht Monate.

Aber damit konnte das Übel nicht ausgerottet werden. Solange die Partei verboten war und man ihren Führern die Möglichkeit nahm, beruhigend auf die Massen einzuwirken, blieben solche Exzesse unvermeidlich.

Verhaftung eines nationalsozialistischen "Schwerverbrechers"

Das Polizeipräsidium ging nun dagegen mit einer neuen Methode vor, und die war eigentlich gefährlicher als alle bisher angewandten. Bei großen politischen Zusammenstößen wurden aus irgendeinem Grunde manchmal hundert und mehr Parteigenossen zwangsgestellt und ohne Angabe von Gründen der politischen Abteilung des Polizeipräsidiums eingeliefert. Eine rechtliche Handhabe war dafür meistenfalls nicht vorhanden. Sie wurden in großen Unterkunftsräumen zusammengepfercht und bis zum folgenden Mittag um 12 Uhr festgehalten. Dann ließ man sie laufen, ohne ihnen das Geringste anzutun.

Das erschien den Herren am Alexanderplatz auch vollkommen überflüssig; denn man wollte die Parteigenossen und SA.-Männer ja gar nicht bestrafen, sondern ihnen nur Schwierigkeiten in ihrem Amt und Dienst machen. So ein bedauernswerter Zwangsgestellter hatte durch seine Verhaftung einen halben Arbeitstag verloren; er konnte bestenfalls mittags um 2 Uhr an seinem Arbeitsplatz erscheinen. Seine marxistischen oder demokratischen Vorgesetzten kamen sehr bald hinter den Grund seiner Verspätung, und dann wurde er mitleidlos aufs Pflaster geworfen.

Und das war schließlich der Zweck der Übung!

Die Sozialdemokratische Partei hat vor dem Kriege mit bierehrlichem Eifer das System der Pickelhaube bekämpft. Die Pickelhaube fiel als Erstes der Revolution von 1918 zum Opfer. Wir haben dafür den Gummiknüppel eingetauscht. Der Gummiknüppel scheint in der Tat das Hoheitsabzeichen der Sozialdemokratischen Partei zu sein; unter dem Regime des Gummiknüppels ist im Laufe der Jahre in Deutschland eine Zwangsgesinnung und Gewissensfesselung eingetreten, die jeder Beschreibung spottet. Gerade wir haben sie in ausgiebigem Maße am eigenen Leib zu verspüren bekommen. Wir konnten dabei Theorie von Praxis unterscheiden lernen und sind manchmal allerdings zu anderen Schlüssen gekommen, als sie in der Weimarer Verfassung zu lesen steht. Gerade in jenen Wochen wurde in München ein Parteigenosse Hirschmann, ein einfacher Arbeiter, mitten im tiefsten Frieden, und ohne daß er einem Menschen auch nur ein Haar gekrümmt hatte, von Reichsbannerrowdies auf offener Straße niedergeschlagen und so lange mit Brettern, Zaunlatten und Totschlägern traktiert, bis er in irgendeiner Gosse sein armseliges und verfolgtes Leben aushauchte. Da konnte man feststellen, wie ein bürgerliches Polizeipräsidium auf einen so schamlosen Brutalitätsakt reagiert. Man ließ das Reichsbanner vollkommen ungeschoren. Die rote Presse durfte ungestraft unseren ermordeten Kameraden mit Gift und Geifer überschütten, und eine gegen den Mordterror einberufene nationalsozialistische Protestversammlung wurde von der Polizei verboten.

Die bürgerliche Welt ist unter den Keulenschlägen des marxistischen Terrors zusammengebrochen, und sie verdiente auch kein anderes Ende. Wir aber waren gewillt, den marxistischen Terror zu brechen; niemand konnte es uns verdenken, wenn wir solche herausfordernden Gegensätze miteinander in Vergleich brachten und daraus Konsequenzen zogen, die uns nur noch mehr verbittern und empören mußten.

Auch in diesen schweren Wochen war der SA.-Mann der Träger unseres Kampfes. Zum erstenmal zwang man ihn, seine geliebte braune Uniform auszuziehen, seine stolzen Fahnen waren eingerollt, die Abzeichen der Partei durften nicht mehr getragen werden. Heimlich und verschämt steckten wir in die Ecke des rechten Rockkragens unsere Wolfsangel. An diesem Zeichen erkannten sich die Unentwegten. Es entging dem Auge des Gesetzes, wurde bald von Tausenden und Tausenden getragen und erschien mehr und mehr im Straßenbild der Reichshauptstadt. Wer die Wolfsangel trug, der gab damit seinem Willen zum Widerstand Ausdruck. Er erklärte vor aller Öffentlichkeit, daß er trotz allem gewillt war, weiterzukämpfen. Er forderte eine ganze feindliche Welt heraus und tat seine Überzeugung kund, daß die Auseinandersetzung zwischen Nationalsozialismus und jüdischem Untermenschentum am Ende doch von uns siegreich durchgefochten werden würde.

Je mehr wir uns so von der feindlichen Presse und den Schikanen des Polizeipräsidiums in die Enge getrieben sahen, um so sehnsüchtiger wurde in uns der Wunsch nach einer Möglichkeit, uns, wenn auch notdürftig, gegen die Journaille publizistisch zur Wehr zu setzen. Es fehlte uns eine Zeitung. Wo wir nicht reden durften, wollten wir schreiben können. Unsere Feder sollte in den Dienst der Organisation gestellt, die abgebrochene Verbindung zwischen Führung und Gefolgschaft mußte wieder angeknüpft werden. Es war notwendig, den Parteigenossen wenigstens Woche um Woche den Glauben an die Bewegung zu stärken und sie im weiteren Aushalten zu bekräftigen.

Damals entstand aus unserer Zwangslage heraus zum ersten Male der Gedanke, eine eigene Zeitung zu gründen. Wir wußten zwar, daß wir vorerst der Großmacht der jüdischen Presse kaum etwas Wirksames entgegenstellen konnten. Trotzdem haben wir mit kleinen Anfängen begonnen, weil es notwendig war und weil wir an unsere Kraft glaubten.

Wir begannen, die ersten Vorbereitungen für die Gründung eines Wochenblattes zu treffen. Dieses Wochenblatt mußte entsprechend den Kampfsituationen in Berlin aggressiv sein. Es sollte mit den schärfsten publizistischen Mitteln der Bewegung die Bahn frei machen. Wir wollten es der jüdischen Presse gleich tun an Sarkasmus und zynischem Witz, nur mit dem Unterschied, daß wir für eine reine und große Sache eintraten.

Wir waren ein gehetztes Wild, das der Jäger angeschossen

durch den Forst treibt. Wenn ihm am Ende gar nichts mehr anderes übrigbleibt, dann stellt es sich seinem Verfolger; und zwar nicht, um sich zu verteidigen, sondern um mit scharfen Zähnen und gebeugtem Geweih gegen den unerbittlichen Treiber zum Angriff vorzugehen.

Dazu waren wir nunmehr entschlossen. Man hatte uns in die Verzweiflung gehetzt. Man hatte uns jedes Mittel zur Verteidigung genommen. So mußten wir uns dem Verfolger entgegenwerfen, mußten versuchen, zuerst eine feste Position im Rückzug zu gewinnen und dann zur Offensive vorzugehen.

Damit waren Titel und Name unseres neu zu gründenden Kampfblattes ohne weiteres gegeben. Es sollte *Der Angriff* heißen; und geschrieben wurde es **"Für die Unterdrückten! Gegen die Ausbeuter!"**

Joseph Goebbels

"DER ANGRIFF" (TEIL 1)

Die Herausgabe einer eigenen Zeitung war für die verbotene Partei in Berlin zu einer unabweisbaren Notwendigkeit geworden. Da das Polizeipräsidium jede öffentliche Wirksamkeit der Bewegung durch Versammlungen, Plakate und Demonstrationen unterbunden hatte, blieb uns nichts anderes mehr übrig, als durch das Mittel der publizistischen Massenbeeinflussung neuen Boden zu gewinnen.

Schon in der Zeit, da die Partei noch erlaubt war, hatten wir uns mit dem Gedanken getragen, ein eigenes Organ für die Berliner Bewegung zu gründen. Aber die Durchführung dieses Planes war immer an den vielfältigsten Hindernissen gescheitert. Es fehlte uns einmal das Geld, um ein der jetzigen Bedeutung der Bewegung entsprechendes Zeitungsunternehmen aufzuziehen. Dann standen unserem Projekt eine Reihe von organisatorischen und parteimäßig bedingten Schwierigkeiten im Wege; und nicht zuletzt waren wir auch durch die Propagandatätigkeit der Partei in Versammlungen und Demonstrationen so im Übermaß in Anspruch genommen, daß uns schon die Zeit fehlte, das Projekt wirksam und erfolgreich zur Durchführung zu bringen.

Nun aber war die Partei verboten. Versammlungen waren untersagt, von Demonstrationen auf der Straße konnte gar keine Rede mehr sein. Nachdem der erste Pressesturm verebbt war, herrschte über uns in der Journaille ein allgemeines Schweigen. Man hoffte dort, man könne die Bewegung, die man mit brutaler Gewalt organisatorisch niedergeschlagen hatte, durch Stillhalten überwinden.

Dem Übelstand wollten wir durch unsere Zeitung abhelfen. Sie sollte ein Organ für die Öffentlichkeit werden. Wir wollten mitreden, mitbestimmen; wir wollten auch ein Stück öffentliche Meinung sein; unser Ziel war, jenes Band zwischen Führung und

Parteigenossenschaft wieder anzuknüpfen, das durch die drakonische Verbotspraxis des Berliner Polizeipräsidiums rauh und mitleidlos durchschnitten worden war.

Schon die Wahl des Namens der Zeitung begegnete am Anfang großen Schwierigkeiten. Es wurden die wildesten und militantesten Titel erfunden. Sie machten zwar der kämpferischen Gesinnung ihrer geistigen Väter alle Ehre, ließen aber auf der anderen Seite jegliche propagandistische und programmatische Formulierung vermissen. Ich war mir darüber klar, daß am Namen der Zeitung ein großer Teil des Erfolges hing. Der Name mußte agitatorisch wirksam sein und schon in einem einzigen Wort das ganze Programm der Zeitung umschließen.

Noch heute ist es mir lebhaft in der Erinnerung, wie wir eines Abends im kleinen Kreis brütend zusammensaßen und über den Titel der Zeitung nachdachten. Da schoß es mir plötzlich wie eine Erleuchtung durch den Kopf: unsere Zeitung kann nur einen Titel tragen: *"Der Angriff"!* Dieser Name war propagandistisch wirksam, und er umschloß in der Tat alles, was wir wollten und wonach wir zielten.

Es war nicht der Zweck dieser Zeitung, die Bewegung zu verteidigen. Wir hatten nichts mehr, was wir verteidigen konnten, denn man hatte uns alles genommen. Die Bewegung mußte aus der Defensive in die Offensive geführt werden. Sie mußte kämpferisch und aggressiv vorgehen; kurz und gut, sie mußte angreifen. Darum kam als Titel ausschließlich *Der Angriff* in Frage.

Wir wollten mit dem Mittel der Publizistik die Propagandamethoden fortsetzen, die uns im frei gesprochenen Wort verboten waren. Es lag nicht in unserer Absicht, ein Informationsblatt zu gründen, das für unsere Anhänger gewissermaßen das tägliche Journal ersetzen sollte.

Unsere Zeitung entstand aus der Tendenz heraus und sollte auch in der Tendenz und für die Tendenz geschrieben werden. Unser Ziel war nicht, zu informieren, sondern anzuspornen, anzufeuern, anzutreiben. Das Organ, das wir gründeten, sollte gewissermaßen wie eine Peitsche wirken, die die säumigen Schläfer aus ihrem Schlummer aufweckt und sie zu rastlosem Handeln vorwärts hetzt. Wie der Name, so war auch das Motto der Zeitung ein Programm. Neben ihrem Titel stand es groß und fordernd zu lesen: "Für die Unterdrückten! Gegen die Ausbeuter!" Auch hierin schon kam die ganze kämpferische Haltung unseres neuen Organs zum Ausdruck. Es war schon in Titel und Motto das Programm und der Wirkungskreis dieser Zeitung umrissen. Es handelte sich für uns nur noch darum, Titel und Motto mit aktivem politischem Leben zu erfüllen.

Die nationalsozialistische Presse hat ihren eigenen Stil, und es verlohnt sich, an dieser Stelle einige Worte darüber zu verlieren. Die Presse ist nach einem Wort Napoleons die "siebente Großmacht", und sie hat seit der Zeit, da dieses Wort gesprochen wurde, ihre Einflußmöglichkeiten eher vermehrt als vermindert. Welche ungeheure Machtfülle in ihr beschlossen liegt, das hat sich vor allem im Krieg gezeigt. Während die deutsche Presse in den Jahren von 1914 bis 1918 von einer fast gelehrtenhaft anmutenden, wissenschaftlichen Objektivität war, erging sich die Ententepresse in einer hemmungs- und zügellosen Demagogie. Sie vergiftete in systematischer Rafinesse die ganze Weltmeinung gegen Deutschland, sie war nicht objektiv, sondern im radikalsten Sinn tendenziös. Die deutsche Presse befleißigte sich, objektive Tatsachenberichte zu geben und ihr Lesepublikum über die großen Ereignisse des Weltringens nach bestem Wissen und Gewissen zu informieren. Die Ententepresse dagegen war aus einer bestimmten Absicht heraus geschrieben. Sie hatte das Ziel, die Widerstandskraft der kämpfenden Heere zu stärken und die uns feindlichen Völker zu erhalten im Glauben an ihre gerechte Sache und an den "Sieg der Zivilisation über den von Deutschland drohenden Kulturumsturz".

Die deutsche Regierung und Heeresleitung mußten manchmal verbieten, daß deutschgeschriebene defaitistische Organe überhaupt an die Front befördert wurden. In Frankreich und England wäre ein gleiches undenkbar gewesen. Dort kämpfte die Presse, unbeeinflußt durch Parteitendenzen, in fanatischer Geschlossenheit für die nationale Sache. Sie war eine der wichtigsten Vorbedingungen für den endgültigen Sieg.

Die Ententeorgane dienten somit weniger informatorischen als propagandistischen Zwecken. Es kam bei ihnen nicht so sehr darauf an, die objektive Wahrheit festzustellen, als vielmehr den Zielen des Krieges publizistisch-aggressiv nachzuhelfen. Dafür hatte der kleine Mann Verständnis; das war vor allem eine gute Kost für den Soldaten, der draußen in den Schützengräben für die Sache der Nation Blut und Leben einsetzte.

Der Weltkrieg war für Deutschland mit dem 9. November 1918 nicht beendet. Er wurde fortgesetzt, nur mit neuen Mitteln und Methoden und auf einer anderen kämpferischen Ebene. Er war nun aus dem Gebiet der waffenmäßigen Auseinandersetzung hinübergelagert in das Gebiet eines gigantischen wirtschaftspolitischen Kampfes. Das Ziel jedoch blieb dasselbe; die Feindbundstaaten gingen auf die restlose Vernichtung des deutschen Volkes aus; und das Furchtbare an diesem Verhängnis war und ist, daß es in Deutschland große, einflußreiche Parteien gibt, die der Entente bei diesem teuflischen Beginnen bewußt Vorschub leisten.

Angesichts dieser drohenden Gefahr steht es dem Zeitgenossen nicht zu, wissenschaftlich- objektiv und nüchtern zu den Vorgängen in der Politik Stellung zu nehmen. Er selbst ist ja Mitgestalter der Dinge, die sich um ihn herum abspielen. Er kann es getrost einer späteren Zeit überlassen, die historische Wahrheit zu finden. Seine Aufgabe besteht darin, historische Realitäten mitzuschaffen, und zwar in einem Sinne, daß sie seinem Volk und seiner Nation zu Nutzen und Vorteil gereichen.

Die nationalsozialistische Presse ist fast ausschließlich von dieser Tendenz bestimmt. Sie wird aus propagandistischen Zwecken geschrieben. Sie wendet sich an die breiten Volksmassen und will sie für die nationalsozialistischen Ziele gewinnen. Während bürgerliche Organe sich damit begnügen, mehr oder weniger tendenzlose Informationen zu vermitteln, hat die nationalsozialistische Presse darüber hinaus eine viel größere und entscheidendere Aufgabe. Sie zieht aus den Informationen politische Konsequenzen, sie überläßt es nicht dem Leser, sich diese nach eigenem Geschmack zu bilden. Der Leser soll vielmehr in ihrem Sinne und in ihrer Zweckrichtung erzogen und beeinflußt werden.

So ist die nationalsozialistische Zeitung nur ein Teil der nationalsozialistischen Propaganda. Sie hat ein ausgesprochen politisches Ziel und darf deshalb nicht mit einem bürgerlichen Informations- oder gar Publikationsorgan verwechselt werden. Der Leser der nationalsozialistischen Presse soll durch die

Lektüre seiner Zeitung in seiner Haltung bestärkt werden. Seine Beeinflussung wird ganz bewußt betrieben. Sie muß eindeutig, unmißverständlich, zweckhaft und zielstrebig vorgehen. Das ganze Denken und Empfinden des Lesers soll in eine bestimmte Richtung hineingezogen werden. So wie der Redner nur die Aufgabe hat, durch seine Ansprache den Zuhörer für die nationalsozialistische Sache zu gewinnen, so darf der Journalist nur die Aufgabe kennen, durch seine Feder das gleiche Ziel und denselben Zweck zu erreichen.

Das war ein Unikum in der gesamten deutschen Journalistik und wurde deshalb auch zu Anfang mißverstanden, bekämpft oder gar lächerlich gemacht. Die nationalsozialistischen Presseorgane hatten ihrer Natur nach gar nicht den Ehrgeiz, es mit den großen bürgerlichen oder jüdischen Gazetten an Präzision der Berichterstattung und Weite des zu behandelnden Stoffes aufzunehmen. Eine Weltanschauung ist immer einseitig. Wer eine Sache von zwei Seiten betrachten kann, verliert damit schon seine Sicherheit und kompromißlose Schärfe. Die "sture Eigensinnigkeit" unserer öffentlichen Wirksamkeit, die uns so oft zum Vorwurf gemacht wird, ist letzten Endes das Geheimnis unseres Sieges. Das Volk will klare und unmißverständliche Entscheidungen. Der kleine Mann haßt nichts mehr als Doppelseitigkeit und den Standpunkt des Sowohl-als-auch. Die Massen denken einfach und primitiv. Sie lieben es, komplizierte Tatbestände zu verallgemeinern und aus der Verallgemeinerung heraus ihre klaren und kompromißlosen Schlüsse zu ziehen. Die sind zwar meistens einfach und unkompliziert, aber sie treffen doch in der Regel den Nagel auf den Kopf.

Die politische Agitation, die von diesen Erkenntnissen ausgeht, wird die Volksseele immer bei der richtigen Stelle anfassen. Versteht sie es nicht, die Verwirrung der Tatbestände zu entwirren, sondern trägt sie die Kompliziertheit der Dinge so, wie sie sich in der Sache darbietet, ins Volk hinein, dann wird sie immer am Verständnis des kleinen Mannes vorbeischießen.

Auch die jüdische Presse ist ja nicht ohne Tendenz. Sie kann sich heute selbstverständlich einer greifbaren und sichtbaren Tendenz begeben; denn die ihr innewohnende Tendenz ist öffentlich schon wirksam geworden und bedarf deshalb nicht mehr der agitatorischen Verteidigung.

Die vornehmen Judenblätter sind solange objektiv und befleißigen sich dem Schein nach einer nüchternen Leidenschaftslosigkeit, solange die Macht der Judenheit gesichert ist. Wie wenig aber diese nüchterne und leidenschaftslose Objektivität dem wahren Wesen der jüdischen Journaille entspricht, das kann man immer feststellen, wenn diese Macht einmal bedroht ist. Dann verlieren die Soldschreiber in den jüdischen Redaktionsstuben alle ruhige Überlegung, und aus den seriösen Journalisten werden mit einem Schlage die verlogensten Kanaillen einer verleumderischen Judenjournaille.

Selbstverständlich konnten und wollten wir im Anfang unserer publizistischen Arbeit den großen jüdischen Organen keine Konkurrenz machen in bezug auf Information. Dazu hatte die Journaille einen zweiten Vorsprung; wir hatten ja auch nicht so sehr den Ehrgeiz, tendenzlos zu informieren, wir wollten agitatorisch kämpfen. Beim Nationalsozialismus ist alles Tendenz. Alles ist auf ein bestimmtes Ziel eingestellt und auf einen bestimmten Zweck eingerichtet. Alles wird diesem Ziel und Zweck dienstbar gemacht, und was ihm nicht dienlich sein kann, das wird mitleidlos und ohne viel Bedenken ausgemerzt. Die nationalsozialistische Bewegung ist von großen Rednern, nicht von großen Schriftstellern gemacht worden. Sie hat diesen Wesenszug mit allen entscheidenden revolutionären Bewegungen der Weltgeschichte gemeinsam. Sie mußte von vornherein dafür sorgen, daß auch ihre Presse ihren großen agitatorischen Tendenzen untergeordnet wurde.

Die Presse mußte in der Hauptsache von Agitatoren der Feder geschrieben werden, so wie die öffentliche Propaganda der Partei selbst von Agitatoren des Wortes betrieben wurde.

Die Berliner Führerschaft (1927)

Das war in unserer damaligen Situation allerdings leichter gesagt als getan. Wir verfügten zwar über ein ansehnliches Korps von ausgebildeten und erfolgreichen Parteiagitatoren. Unsere bedeutenden Redner waren aus der Bewegung selbst hervorgegangen. Sie hatten in der Bewegung und für die Bewegung das Reden gelernt. Die Kunst der modernen Massenbeeinflussung durch Plakat und Flugzettel wurde von den Propagandisten der Partei souverän beherrscht. Jetzt aber galt es, diese Kunst auf das Gebiet des Journalismus zu übertragen.

Die Bewegung hatte hier nur einen Lehrmeister: den Marxismus. Der Marxismus hatte vor dem Krieg seine Presse in dem eben skizzierten Sinn erzogen. Die marxistische Presse hat niemals informatorischen, sondern immer nur tendenziösen Charakter gehabt. Marxistische Leitaufsätze sind geschriebene Reden. Die ganze Aufmachung der roten Presse ist bewußt auf Massenbeeinflussung eingestellt. Hier liegt eines der großen Geheimnisse des marxistischen Aufstiegs. Die Führer der Sozialdemokratie, die ihre Partei in vierzigjährigem Ringen zu Macht und Ansehen brachten, waren in der Hauptsache Agitatoren und blieben das auch, wenn sie zur Feder griffen. Niemals haben sie bloße Schreibtischarbeit geleistet. Sie waren von dem Ehrgeiz besessen, aus der Masse heraus für die Masse zu wirken.

Damals schon waren uns diese Erkenntnisse nicht fremd. Wir gingen nicht unvorbereitet an unsere schwere Aufgabe heran. Das Neuartige unserer Arbeit bestand lediglich darin, theoretische Grundsätze in die Praxis umzusetzen.

"DER ANGRIFF"
(TEIL 2)

Und selbst davon konnte vorerst nur in bescheidenem Umfang die Rede sein. Denn bevor wir an unsere eigentliche agitatorische Aufgabe herantreten konnten, mußten wir eine Unmenge von materiellen Schwierigkeiten aus dem Weg räumen, die vorläufig unsere ganze Zeit und Kraft in Anspruch nahmen.

Es ist nicht schwer, eine Zeitung zu gründen, wenn man im Besitz oder Genuß unbeschränkter Geldmittel ist. Man engagiert die besten Schreiber und Verlagsfachmänner, und dann kann die Sache kaum fehlschlagen. Schwerer schon ist es, sich an ein Zeitungsunternehmen heranzuwagen ohne Geld und nur gestützt auf eine Organisation; denn dann muß das, was an finanziellen Mitteln fehlt, durch die Straffheit und innere Solidarität der Organisation selbst ersetzt und ausgeglichen werden. Am schwersten aber ist es, eine Zeitung zu gründen ohne Geld und ohne Organisation; denn dann kommt es lediglich auf die Wirksamkeit des Organs an, und entscheidend für den Erfolg ist die Intelligenz derer, die es schreiben.

Uns standen keine Geldmittel für unser neu zu gründendes Organ zur Verfügung. Wer sollte auf den irrsinnigen Gedanken kommen, uns Geld zu geben, dieser lächerlichen Zwergenpartei, die noch obendrein verboten war und sich weder bei den Behörden noch bei der Öffentlichkeit irgendwelcher Sympathien erfeute!

Jedes Geld, das man uns lieh, war in den Kamin geschrieben. Auch keine straff disziplinierte, von einer solidarischen Gesinnung erfüllte Organisation stand hinter uns. Diese war ja eben, als wir im Begriff standen, sie zu schaffen, durch ein rigoroses Verbot zerschlagen worden.

Wie mußten uns also zu dem verzweifelten Versuch entschließen, ohne Geld und ohne feste Anhängerschaft unsere

Zeitung sozusagen aus dem Boden herauszustampfen. Ich gebe heute zu, daß wir uns damals der Schwierigkeiten dieser Aufgabe gar nicht bewußt gewesen sind. Unser Plan war vielmehr die Ausgeburt einer verwegenen Tollkühnheit; wir gingen an seine Durchführung nur aus der Überlegung heran, daß wir doch nichts mehr zu verlieren hätten.

Aber schon der Name war ein Schuß ins Schwarze. Die für die Zeitung einsetzende Propaganda tat ein Übriges, wenigstens die Anfänge des jungen Unternehmens verheißungsvoll zu gestalten.

In der letzten Juniwoche erschienen an den Plakatsäulen in Berlin mysteriöse Anschläge, über die sich manch einer den Kopf zerbrach. Wir hatten unseren Plan so geheim wie möglich gehalten, und es war uns in der Tat gelungen, ihn den Augen der Öffentlichkeit gänzlich zu entziehen. Ein großes Erstaunen ging durch Berlin, als eines Morgens an den Litfaßsäulen auf blutroten Plakaten in lakonischer Kürze zu lesen stand: **"Der Angriff"**! Man war betroffen, als ein paar Tage später ein zweites Plakat erschien, auf dem die mysteriöse Andeutung des ersten zwar erweitert wurde, ohne aber dem Uneingeweihten die Möglichkeit zu geben, sich restlos Klarheit zu verschaffen.

Dieses Plakat lautete: "Der Angriff erfolgt am 4. Juli."

Ein glücklicher Zufall wollte, daß an demselben Tag von Seiten der Roten Hilfe ein Plakat angeschlagen wurde, auf dem in drohenden roten Lettern zu lesen stand, bei Unglücksfällen und Verwundungen solle man sich sofort an die zuständige Sanitätsstelle dieser kommunistischen Hilfsorganisationen wenden.

Wirksame Säulenreklame zum Erscheinen des "Angriff"

Damit war nun für die Öffentlichkeit das ruchlose Geheimnis, das sich hinter diesen mysteriösen Andeutungen verbarg, aufgedeckt. Es war offenbar, daß mit dem Angriff ein kommunistischer Putsch gemeint war. Dieser Putsch sollte am 4. Juli in Berlin beginnen, und, wie die Ankündigung der Roten Hilfe bewies, sorgte die kommunistische Partei bereits für sachgemäße Pflege und Betreuung der zu erwartenden Schwerverwundeten.

Dieses Gerücht ging wie ein Lauffeuer durch die Reichshauptstadt. Es wurde von der Presse aufgegriffen, die ein großes Rätselraten begann. Die Provinzpresse stotterte ängstliche Verlegenheiten; im Landtag wurde von seiten der Mittelparteien eine Anfrage an die Staatsregierung gerichtet, ob sie bereit und in der Lage sei, über die alarmierenden Nachrichten, die über bevorstehende Unruhen und Putschversuche der kommunistischen Partei in die Öffentlichkeit gedrungen seien, Auskunft zu geben. Kurz und gut, es herrschte überall große Verwirrung; bis dann nach zwei Tagen unser letztes, drittes Plakat erschien mit der Mitteilung, daß der "Angriff" das "Deutsche Montagsblatt in Berlin" sei, daß es einmal pro Woche erscheine, wieviel es, durch die Post bezogen, koste, und daß es "Für die Unterdrückten und gegen die Ausbeuter!" geschrieben werde.

Wir hatten durch diese wirksame und auf Effekt berechnete Plakatreklame erreicht, daß der Name der Zeitung bekannt wurde, ehe sie überhaupt erschien. Schwieriger schon war es, die zur Gründung der Zeitung doch nun einmal notwendigen, wenn auch bescheidenen Geldmittel herbeizuschaffen. Der Partei lieh niemand nur einen roten Heller. Ich mußte mich schließlich dazu entschließen, auf meinen Namen hin eine Summe von zweitausend Mark zu pumpen, für die ich selbst einstehen wollte. Diese Summe sollte dazu dienen, die ersten Anfänge des jungen Unternehmens sicherzustellen. Es erscheint heute lächerlich, solche geringfügigen Geldbeträge überhaupt zu erwähnen. Damals bedeuteten sie für uns ein ganzes Vermögen; ich mußte tagelang herumlaufen, um sie mit guten Worten und Beschwörungen bei Freunden der Partei aufzutreiben.

Der erste Stamm der Abonnenten wurde durch den noch übriggebliebenen Rest der Parteigenossen gestellt. Die Parteigenossen selbst setzten sich für die Werbearbeit an der Zeitung mit einem rastlosen Eifer ein. Jeder Parteigenosse war davon überzeugt, daß es sich hier um die wichtigste temporäre Aufgabe handelte, und daß von dem Gelingen dieses Werkes

Sein oder Nichtsein unserer Bewegung in der Reichshauptstadt abhing.

Der Straßenverkauf wurde durch arbeitslose SA.-Männer organisiert, Druck und Verlag der Zeitung einer befreundeten Firma übertragen, und dann begannen wir mit der Arbeit.

Die größte Schwierigkeit bestand darin, einen geeigneten Mitarbeiterstab zu finden. Die Bewegung hatte kaum eine publizistische Vergangenheit. Sie wies gute Organisatoren und die besten Redner auf, aber an Schriftstellern oder gar an ausgebildeten Journalisten mangelte es überall. Man mußte in der letzten Verzweiflung einfach Parteigenossen dazu kommandieren. Diese brachten wohl den guten Willen und vielleicht auch in günstigen Fällen ein bescheidenes schreiberisches Können. Aber von journalistischer Erfahrung war keine Spur vorhanden. Ich hatte zwar, als ich zum erstenmal eine Zeitungsgründung erwog, einen festen Hauptschriftleiter ins Auge gefaßt. Es war mir auch gelungen, ihn für das junge Unternehmen zu gewinnen, aber gerade in dem Augenblick, in dem der Plan feste Gestalt gewann, wurde er eines alten Pressevergehens wegen verhaftet und auf zwei Monate nach Moabit auf Freiquartier geschickt.

Wir gerieten damit in arge Bedrängnis. Keiner von uns verstand vom Pressehandwerk auch nur soviel, daß er überhaupt einen Umbruch bewerkstelligen konnte. Die ganze Aufmachung einer Zeitung, die technischen Vorarbeiten für jede Nummer, selbst Korrekturlesen, war uns ein Buch mit sieben Siegeln. Wir sind an diese Aufgabe ohne die blasseste Vorkenntnis herangegangen. Es ist als ausgesprochenes Glück zu bezeichnen, daß das Experiment am Ende noch ohne schwerste Blamagen gelang.

Besser schon wußten wir um den Stil und die Haltung des neu gegründeten Organs Bescheid. Darauf verstanden wir uns, und darüber hat es unter uns auch kaum eine Auseinandersetzung gegeben. Daß die Zeitung ein ganz neues Gesicht tragen mußte, daß dieses Gesicht dem Antlitz des erwachenden jungen Deutschland entsprechen sollte, das stand für uns von vornherein fest. Die Zeitung mußte in ihrem ganzen Charakter kämpferisch und aggressiv sein, und auch ihre Aufmachung, ihr Stil, ihre Methode mußten dem Wesen und dem Geist der Bewegung angepaßt werden.

Die Zeitung wurde für das Volk geschrieben. Sie mußte sich deshalb auch der Sprache bedienen, die das Volk spricht. Es lag nicht in unserer Absicht, ein Organ für das "gebildete Publikum" zu schaffen. Der *Angriff* sollte von den Massen gelesen werden; und die Massen lesen nun einmal nur das, was sie verstehen.

Besserwisser haben uns manchmal und oft geist- und kulturlos gescholten. Sie rümpften die Nase über den Mangel an Intellekt, der unsere publizistischen Auslassungen auszeichne, und verwiesen demgegenüber darauf, wie geistreich und zivilisiert die bürgerlichen, vor allem die jüdischen Organe geschrieben seien. Uns machten diese Vorwürfe nur wenig Kopfzerbrechen. Es kam uns nicht darauf an, eine falsche und verlogene Zivilisationsmanie nachzuahmen. Wir wollten Massen gewinnen, wir wollten dem kleinen Mann ins Herz hinein sprechen. Wir wollten uns in sein Denken und Empfinden hineinversetzen und ihn für unsere politische Idee gewinnen. Wie der Erfolg später zeigte, ist uns das auch in weitem Maße gelungen.

Als wir im Juli 1927 mit zwei- bis dreitausend Auflage begannen, da gab es in Berlin große jüdische Organe, deren Auflage hundert und mehr Tausend betrug. Die hielten uns nicht für wert, daß sie uns überhaupt beachteten. Diese Organe gehören heute, wo unsere Zeitung über eine achtunggebietende Auflage verfügt, längst der Vergangenheit an. Sie waren so geistreich geschrieben, daß der Leser Brechreize bei der Lektüre bekam. Ihre Zeilenschinder spiegelten sich eitel und selbstzufrieden in der schillernden Komplikation ihres Intellektualismus, sie verfeinerten sich in einem zivilisierten Stil so wirklichkeitsfremd, daß ihre Sprache am Ende von den Massen nicht mehr verstanden wurde.

In diesen Fehler sind wir niemals verfallen. Wir waren einfach, weil das Volk einfach ist. Wir dachten primitiv, weil das Volk primitiv denkt. Wir waren aggressiv, weil das Volk radikal ist. Wir schrieben bewußt so, wie das Volk empfindet, nicht um dem Volk zu schmeicheln oder ihm nach dem Munde zu reden, sondern um es unter Gebrauch seines eigenen Jargons allmählich auf unsere Seite zu ziehen und dann systematisch von der Richtigkeit unserer Politik und Schädlichkeit der unserer Gegner zu überzeugen.

Drei wesenhafte Charaktermerkmale zeichneten unser neues Organ von allen bisher in Berlin bestehenden Zeitungen aus. Wir erfanden eine neue Art des politischen **Leitaufsatzes**, der politischen **Wochenübersicht** und der politischen **Karikatur**.

Der **politische Leitaufsatz** war bei uns ein geschriebenes Plakat, oder besser noch gesagt, eine zu Papier gebrachte Straßenansprache. Er war kurz, prägnant, propagandistisch gedacht und agitatorisch wirksam. Er setzte bewußt das, wovon er den Leser eigentlich überzeugen wollte, einfach als bekannt voraus und zog daraus unerbittlich seine Schlüsse. Er wandte sich an das große Publikum und war in einem Stil geschrieben, daß der Leser ihn gar nicht übersehen konnte.

Der Leitaufsatz einer bürgerlichen oder jüdischen Zeitung wird meistens von Publikum gar nicht gelesen. Der kleine Mann glaubt, das sei nur für die auserwählte Intelligenz. Der Leitaufsatz bei uns degegen war das Herzstück der ganzen Zeitung. Er war in der Sprache des Volkes geschrieben und gleich in den Anfangssätzen von einer agitatorischen Schärfe, daß keiner, der mit dem Lesen begann, ihn ungelesen beiseite legte.

Die erste Nummer des "Angriff"
[Originalbbildung leider zu klein um genau zu entziffern, daher hier kein Link zum Text. Anm. d. Scriptorium]

Der Leser sollte den Eindruck gewinnen, als sei der Schreiber des Leitaufsatzes eigentlich ein Redner, der neben ihm stünde und ihn mit einfachen und zwingenden Gedankengängen zu seiner Meinung bekehren wollte. Das Ausschlaggebende war, daß dieser Leitaufsatz in der Tat das Gerippe der ganzen Zeitung abgab, um das sich alle übrigen Stücke organisch herumgruppierten. Damit hatte die ganze Nummer eine bestimmte Tendenz, und der Leser wurde auf jeder Seite in dieser Tendenz bestärkt und gehärtet.

Das **politische Tagebuch** gab in einer kurzen Übersicht Kenntnis von den politischen Vorgängen, die sich im Verlauf einer Woche abgespielt hatten. Auch sie wurden der großen Einheitstendenz der ganzen Nummer ein- und untergeordnet. Das Tagebuch gab den Verlauf der Dinge in lapidarer Kürze und zog daraus mit unerbittlicher Folgerichtigkeit die politischen Konsequenzen.

Das war zwar auf die Dauer etwas eintönig, verfehlte aber im Effekt seine Wirkung nicht. Wir sahen überhaupt unsere agitatorische Aufgabe weniger darin, in Vielfältigkeit zu schillern, als vielmehr, ein paar ganz große politische Leitgedanken zur Darstellung zu bringen, ein paar ganz große politische Forderungen zu formulieren und die dann allerdings in hundert und mehr Variationen dem Leser in zäher Folgerichtigkeit einzuhämmern und aufzuzwingen.

Dazu kam ein ganz neuer Stil der **politischen Karikatur.** Unter dem Druck der Gesetze war es kaum möglich, mit Worten zum Ausdruck zu bringen, was wir wollten und forderten. Das Wort gibt einem festumrissenen Tatsachenbestand und ist deshalb immer juristisch faßbar.

Anders die politische Karikatur. Sie ist vielfältigen Deutungen ausgesetzt. Man kann sich hinter ihr nach Belieben verstecken. Was der einzelne daraus liest, das ist seine Sache. Auch ist das Publikum eher geneigt, einem zeichnenden als einem schreibenden Künstler zu verzeihen und Nachsicht ihm gegenüber zu üben. Die Kunst des Zeichenstiftes erscheint dem Lesepublikum schwieriger und deshalb bewundernswerter als die Kunst der Feder. Man bringt ihr deshalb wärmere Sympathien entgegen. Die Karikatur geht nach ihren Wesen nach auf groteske, ironische und manchmal auch zynische Wirkungen aus. Sie regen mehr das Lach- als das Denkvermögen an. Und wer die Lacher auf seiner Seite hat, der hat bekanntlich immer recht.

Das machten wir uns zunutze. Wo man es uns verwehrte, mit der Feder anzugreifen, da bedienten wir uns des zeichnenden Stiftes. Prototypen der Demokratie, die dem Wort gegenüber von einer mimosenhaften Empfindlichkeit waren, wurden nun einem geneigten Publikum mit Karikaturen vorgestellt. Ein günstiges Geschick gab uns einen politischen Zeichner, der die Fähigkeit dazu in ausgesprochenen Maße besaß. Er verband die Gabe der künstlerischen Darstellung mit der der wirksamen Formulierung von politischen Parolen zu einer so glücklichen Einheit, daß aus ihr karikaturistische Darstellungen von unwiderstehlicher Komik entstanden. In jeder Nummer rückten wir so den prononzierten Gegnern unserer Bewegung in Berlin, vor allem dem Polizeipräsidenten Dr. Weiß, zu Leibe. Das geschah meist in einer so kessen und unverfrorenen Frechheit, daß es dem Angegriffenen schlechterdings unmöglich gemacht war, dagegen mit der Strenge des Gesetzes vorzugehen; er hätte sich unweigerlich der Gefahr ausgesetzt, als Spielverderber und Übelnehmer ausgelacht zu werden. Das lesende Publikum gewöhnte sich sehr schnell an diese Art des karikaturistischen Angriffs, und bald erwartete man mit Spannung jeden Sonnabend, was denn der *Angriff* nun in seiner neuen Nummer mit dem hochmögenden Residenten am Alexanderplatz auszumachen habe.

Leiter und politisches Tagebuch, Karikatur und journalistisches Beiwerk ergaben in der Gesamtheit eine agitatorische Einheitlichkeit, die von unwiderstehlicher Wirkung war; und damit hatte die Zeitung ihren eigentlichen Zweck erreicht. Sie ersetzte, soweit das überhaupt möglich ist, das gesprochene Wort. Sie stellte den zerrissenen Kontakt zwischen Führung und Gefolgschaft in idealer Weise wieder her; sie umschlang die gesamte Partei wieder mit einem einheitlichen Band der Kameradschaft und gab jedem Parteigenossen die Überzeugung zurück, daß seine Sache nicht verloren sei, sondern nur mit anderen Mitteln vorwärts getrieben wurde.

Bis wir dieses Ziel erreichten, hatte es allerdings vorläufig noch gute Weile. Wir befanden uns erst in den Anfängen, und die boten uns technische Schwierigkeiten die Menge. Unsere ganze Kraft und Sorge wurde davon in Anspruch genommen. Da der zum Hauptschriftleiter der Zeitung ausersehene Mitarbeiter vorläufig noch in Moabit saß, kommandierte ich kurz entschlossen unseren politischen Geschäftsführer zur Redaktion ab. Er übernahm die provisorische Hauptschriftleitung des jungen Unternehmens; wenn er auch keine blasse Ahnung von der Arbeit hatte, die seiner wartete, so brachte er doch zu seinem neuen Amt einen gesunden Menschenverstand und eine gewisse Summe von natürlichen Fähigkeiten mit. Er mußte sich zuerst in seine Aufgabe einfinden; und das war um so schwieriger und verantwortungsvoller, als ja die Ergebnisse seiner Arbeit unmittelbar einem größeren Publikum zu Gesicht kamen und die Zeitung nicht nur vom Freund mit Wohlwollen, sondern auch vom Feind mit bitterer Skepsis und arroganter Überheblichkeit gelesen wurde. Der erste Umbruch der ersten Nummer war eine Sache für sich. Keiner von uns verstand etwas davon, einer berief sich auf den anderen. Die Zeit drängte, und wir standen vor einer unlösbaren Aufgabe.

An einem Montagmorgen, als ich von einer kurzen Reise aus dem Sudetenland zurückkehrte, fand ich in Hirschberg am Bahnhofskiosk die erste Nummer des eben zum erstenmal erschienenen *Angriff*. Scham, Trostlosigkeit und Verzweiflung beschlichen mich, als ich dieses Surrogat mit dem verglich, was ich eigentlich gewollt hatte. Eine kümmerliche Winkelzeitung, ein gedruckter Käse! So kam mir diese erste Nummer vor. Viel guter Wille, aber nur wenig Können. Das war das Ergebnis einer flüchtigen Lektüre.

Und so wie ich dachten die meisten Anhänger und Leser. Man hatte sich viel versprochen, und nur wenig war erreicht worden. Wir waren nahezu alle in Gefahr, die Flinte ins Korn zu werfen und unsere Sache endgültig aufzugeben. Aber zuletzt wurden wir immer wieder vom Trotz hochgerissen. Wir wollten dem Gegner nicht den Triumph gönnen, uns am Ende doch unter seinen Schlägen zusammensinken und kapitulieren zu sehen.

Kaum bemerkte ich, daß die Bewegung selbst Widerstand zu leisten begann, daß die eigenen Parteigenossen mißmutig und verzagt am Werk verzweifelten, da entschloß ich mich, die letzte Kraft an unsere gemeinsame Sache zu setzen. Auf einem *ad hoc* zusammenberufenen Gautag in Potsdam stellte ich mich vor die Parteigenossenschaft hin und erläuterte in langen und grundsätzlichen Ausführungen Ziel und Zweck des Unternehmens. Ich versuchte, den Parteigenossen klar zu machen, daß es eines Nationalsozialisten unwürdig sei, bei augenblicklichen Fehlschlägen zurückzuweichen und eine Sache, die sich als notwendig erwiesen hätte, nur deshalb aufzugeben, weil sie von Schwierigkeiten begleitet sei. Ich verfehlte nicht, darauf hinzuweisen, da, wenn wir verzweifelten, es um die nationalsozialistische Bewegung in Berlin überhaupt getan und das bisher eroberte Terrain endgültig verloren sei, daß auf unseren Schultern eine ungeheure Verantwortung ruhe, und daß jeder sich wohl überlegen müsse, ob er diese Verantwortung feige von sich werfen wolle. Das verfehlte seine Wirkung nicht.

Mit frischem Mut ging die gesamte Parteigenossenschaft wieder an die Arbeit. Wir hatten zwar mit unserem Zeitungsplan zu einer außerordentlich ungünstigen Zeit begonnen; mitten im Sommer, am 4. Juli, kam die erste Nummer heraus. Die Organisation war gelähmt, die Geldmittel fehlten, ein fester Mitarbeiterstab war noch nicht zusammengestellt, das journalistische Können ließ überall noch viel zu wünschen übrig. Aber zuletzt waren uns auch hier, wie immer in ausweglosen Situationen, Wille und zähe Entschlossenheit Wegweiser.

Wir wollten! Das mußte genügen. Die Aufgabe, der wir uns unterzogen, war notwendig. Das mußte ausreichen. Widerstände können immer gebrochen werden., wenn man nur den Willen dazu hat. Eine Bewegung, wie die unsere aber darf sich niemals von Widerständen beirren lassen. Die Anfänge des jungen Unternehmens waren gleich von Zusammenbruch und Bankrott bedroht. Aber wir haben uns dieser Bedrohung mutig entgegengeworfen. Arbeit, Fleiß, Wille, Beharrlichkeit und Begabung haben uns auch dieser Schwierigkeiten Herr werden lassen. Der *Angriff* war bald in der Tat ein Angriff. In unermüdlicher Arbeit haben wir ihn geschärft und geschliffen: und aus dem kümmerlichen Käseblatt, das am 4. Juli 1927 zum erstenmal das Licht der Welt erblickte, wurde in kurzer Frist schon eine achtunggebietende und mitreißende Kampfzeitung. Wir rückten dem Ziel näher. Wir griffen an. Und nun sollte das junge Organ in seiner neuen Form allerdings denen mehr Sorge machen, gegen die es geschrieben war, als denen, die es schrieben!

VERZWEIFLUNG UND NIEDERGANG

Unterdes war der Hochsommer gekommen. Die Sauregurkenzeit setzte mit Macht ein. Das politische Leben der Reichshauptstadt stumpfte nach und nach ab und verlor jede Schärfe. Der Reichstag war in Ferien gegangen, Sensationen oder große politische Überraschungen standen vorerst nicht zu erwarten. Die nationalsozialistische Bewegung der Reichshauptstadt war scheinbar zusammengebrochen, und es wurde von ihr weder in der Presse noch sonstwo in der Öffentlichkeit irgendein Aufhebens gemacht.

Das machten sich die defaitistischen Elemente, die in die Bewegung geschickt waren, um sie von innen heraus zu zersetzen und mürbe zu machen, zunutze. Unsere neugegründete Zeitung stand noch in den allerersten Anfängen und entsprach in dieser Form durchaus nicht den berechtigten Wünschen und Anforderungen der Parteigenossenschaft. Die öffentliche Wirksamkeit der Partei war unter dem Verbot bis auf ein Minimum zusammengeschrumpft. Wir konnten unsere Mitgliederkartei nur im Verschwiegenen und sehr unvollkommen weiterführen, und somit war auch das Eingehen der Mitgliedsbeiträge nur sehr stockend.

Die Partei fristete ein kümmerliches Dasein. Es fehlte ihr an den für politische Arbeit nun einmal notwendigen Geldmitteln; private Geldgeber hatte sie nicht, weder heute noch damals, und aus unserem eigenen Vermögen konnten wir erst recht nichts zusteuern, weil wir allesamt arm und mittellos waren, und die wenigen Summen, die dem einen oder anderen noch zur Verfügung gestanden hatten, schon restlos in der ersten Zeit nach dem Verbot aufgebraucht worden waren.

In der Parteigenossenschaft selbst machte sich ein steigender Unmut bemerkbar, der von provokatorischen Elementen systematisch geschürt und aufgeputscht wurde. Die Bewegung wurde, teils bewußt, teils unbewußt, durch immer wieder auftauchende, geschickte Alarmnachrichten oder durch heimliche Zersetzungsarbeit beunruhigt und in ständiger Nervosität gehalten.

Wir konnten uns dagegen öffentlich nur wenig wehren; denn selbstverständlich hatten wir ein Interesse daran, das innere Leben der Partei, das auch nach ihrem Verbot noch weiter fortbestand, den Augen der Polizei nach Möglichkeit zu entziehen, da wir ja befürchten mußten, daß, wo es irgendwie in sichtbare Erscheinung trat, die Behörden mit rigorosen Zwangsmaßnahmen gegen uns und die Partei vorgehen würden.

Der organisatorische Zusammenhalt der Bewegung ruhte wieder einmal fast ausschließlich auf den einzelnen SA.-Verbänden. Die politische Partei war nicht so fest gegliedert und in sich zusammengeschlossen, daß sie für eine verbotene politische Arbeit eingesetzt werden konnte. Die SA. jedoch hatte sich, wenigstens in ihren alten Gruppen, vollkommen intakt gehalten. Man gründete Vereine unter Decknamen, manchmal mit den kuriosesten Titeln, in denen die nationalsozialistische Idee weiter gepflegt und die Arbeit, so gut das unter dem Druck des Verbots möglich war, fortgesetzt wurde.

Es entstanden Sparvereine "Zum goldenen Sechser", Kegelklubs "Gut Holz", Schwimmvereine "Gut Naß" und ähnliche phantastische Unternehmen, die in Wirklichkeit nur Fortsetzungen der vom Polizeipräsidium zu Unrecht verbotenen nationalsozialistischen Bewegung in Berlin darstellten.

Allerdings konnte man immer nur auserwählte und durchaus zuverlässige Parteigenossen für diese Arbeit heranziehen. Die Gefahr des Spitzeltums und organisierter Provokationen lag allzu nahe. Sobald unsere Arbeit einen bestimmten, eng umgrenzten Personenkreis überschritt, kam sie unweigerlich den Behörden zu Ohren und wurde dann mit Zwangsmaßnahmen und Schikanen beantwortet. Das bedeutete für alle Mies- und Flaumacher die große Zeit. Sie fühlten sich berufen, die Maßnahmen, die von der Parteileitung unter dem Druck des Verbots getroffen wurden, zu benörgeln und zu bekritteln, anstatt sie mit Disziplin und Verantwortung zur Durchführung zu bringen. Sie fühlten sich sicher in dem Bewußtsein, daß die Partei keinerlei Möglichkeit hatte, gegen sie einzuschreiten oder sich gegen ihr Zersetzungswerk zur Wehr zu setzen. Wir mußten auch in der Tat diesem schamlosen Treiben, das nur zum kleineren

Teil von widerspenstigen Parteigenossen, zum größeren Teil aber von bezahlten, nichtswürdigen Elementen in Szene gesetzt wurde, mit verbissenem Ingrimm zuschauen und unsere Vergeltung auf bessere Tage verschieben.

Unter solchen Umständen sank unsere Initiative, die schon durch die amtlichen Verfolgungsmethoden wesentlich gelähmt war, auf ein Minimum herab. Kaum hatte man einen Entschluß gefaßt, so wurde er im Munde von Übelwollenden zerlegt und zerkaut, und meistens kam nicht viel mehr dabei heraus als eine frucht- und ergebnislose Debatte. Tat man jedoch nichts, dann erklärten diese Subjekte schadenfroh, die Partei sei in ihrer Aktivität erstarrt, von einer nationalsozialistischen Bewegung in der Reichshauptstadt könne gar nicht mehr gesprochen werden.

Der *Angriff* machte uns große Sorgen. So schnell wir die ersten technischen Schwierigkeiten überwunden hatten, so schwer war es, der finanziellen Nöte Herr zu werden. Wir hatten die Zeitung ohne jegliche geldliche Unterstützung gegründet. Es standen nur Mut und Verzweiflung dabei Pate. Das junge Unternehmen war damit gleich in seinen Anfängen von den schwersten Erschütterungen bedroht. Unsere hochgesteckten Erwartungen hatten sich nur in geringem Maße erfüllt. Nach einem kurzen, jähen Aufflackern war die öffentliche Anteilnahme an unsere publizistischen Arbeit allenthalben erloschen, und da es nicht möglich war, über die Kreise der eigenen Parteigenossenschaft hinaus unser Organ wirksam zu machen, verloren auch bald die festen Anhänger ihr Interesse an diesem Unternehmen. Man hielt die Sache für aussichtslos. Man erklärte, die Gründung sei nicht genügend vorbereitet gewesen, man hätte damit bis zum Herbst zuwarten und sich nicht im Sommer der Gefahr aussetzen sollen, gleich in der politischen Erstarrung der Sauren-Gurken-Zeit die Zeitung verkümmern zu sehen.

Das Kontingent von festen Abonnenten war kläglich und vollkommen unzureichend; im Straßenverkauf setzten wir nur geringe Mengen unserer allwöchentlich am Sonnabend-Abend erscheinenden Zeitung ab. Die notwendigen Gelder blieben aus, wir mußten bei unserem Drucker pumpen und Kredite aufnehmen, und das hatte wieder zur Folge, daß die Zeitung in ihrer äußeren Aufmachung an Ansehen verlor. Das Papier war schlecht, der Druck unzulänglich, der *Angriff* machte den Eindruck eines Käseblattes, irgendwo in obskurer Anonymität erscheinend und bar jeden Ehrgeizes, einmal in die Reihe der großen Presseorgane der Reichshauptstadt aufzurücken.

Schon nach einem Monat stand der *Angriff* normal gesehen vor der Pleite. Lediglich die Tatsache, daß es uns immer wieder gelang, im letzten Augenblick hier und da eine kleinere Geldsumme aufzutreiben, rettete uns vor dem offenen Bankrott.

Unsere ganze Zeit und Arbeit war ausgefüllt mit Geldsorgen. Geld und Geld und immer wieder Geld! Wir konnten den Drucker nicht bezahlen. Nur in kleinen Beträgen wurden die Gehälter abgeglichen. Wir blieben Miete und Telephongeld schuldig. Die Bewegung schien in der Geldkalamität zu ersticken.

Hätten wir wenigstens noch die Möglichkeit gehabt, öffentliche Versammlungen zu veranstalten und durch große Redner auf die Massen einzuwirken! Vielleicht hätten wir dadurch die drohende Finanzkrise überwunden. Denn unsere Versammlungen brachten immer bedeutende Überschüsse, die bis auf den heutigen Tag von der politischen Bewegung verwirtschaftet wurden. Aber Versammlungen waren ja meistens verboten; und wo sie zum Schein erlaubt wurden, ließen die Behörden uns nur die kostspieligen Vorbereitungen treffen, um im letzten Augenblick trotzdem mit einem plötzlichen Verbot herauszurücken. Sie brachten uns damit nicht nur um den erwarteten Überschuß, sondern auch um die Geldsumme, die wir bereits für die Vorbereitung der Versammlung hatten aufwenden müssen.

Manchmal und oft ist in der Öffentlichkeit die Frage aufgeworfen worden, woher die nationalsozialistische Bewegung die riesigen Geldsummen nehme, die sie zur Unterhaltung ihres großen Parteiapparates und zur Finanzierung ihrer gigantischen Propagandafeldzüge benötigt. Man hat auf die verschiedenartigsten geheimen Geldquellen gemutmaßt. Einmal war es Mussolini, das andere Mal der Papst, ein drittes Mal Frankreich, ein viertes Mal die Großindustrie und ein fünftes Mal irgendein bekannter jüdischer Bankier, der die nationalsozialistische Bewegung finanzierte. Die blödsinnigsten und aberwitzigsten Verdachtsmomente wurden ins Feld geführt, um die Bewegung zu komprimittieren. Die schlimmsten Feinde der Partei wurden zu ihren generösesten Geldgebern ernannt, und eine blindgläubige Öffentlichkeit ist jahrelang auf diese Ammenmärchen hereingefallen.

Und doch ist nichts einfacher als die Lösung dieses nur scheinbar so mysteriösen Rätsels. Die nationalsozialistische Bewegung hat niemals Geld von Männern oder Organisationen genommen, die außerhalb ihrer Reihen standen oder gar die Bewegung in der Öffentlichkeit bekämpften und von ihr bekämpft wurden. Sie hatte das auch gar nicht nötig. Die nationalsozialistische Bewegung ist so groß und innerlich gesund, daß sie sich aus eigenen Mitteln finanzieren kann. Eine Partei von einigen Hunderttausend, heute gar von nahezu einer Million Mitgliedern hat schon in den Parteibeiträgen eine gesunde finanzielle Grundlage.

Damit kann sie ihren ganzen Organisationsapparat, wenn er sparsam aufgebaut ist - und das ist ja bei uns selbstverständlich - erhalten. Die Propagandafeldzüge aber, die wir bei Wahlen oder großen politischen Aktionen veranstalten, finanzieren sich aus sich selbst heraus. Das ist für die Öffentlichkeit nur deshalb so unverständlich, weil andere Parteien, mit denen man uns vergleicht, gar nicht in der Lage sind, für den Zutritt zu ihren Versammlungen Eintrittsgeld zu erheben. Sie sind heilfroh, bei freiem Eintritt und gar noch Gewährung von Freibier ihre Säle mit Not zu füllen. Das kommt einmal daher, daß diese Parteien nur unzulängliche Redner haben und das andere Mal, daß die politischen Ansichten, die in ihren Versammlungen vertreten werden, für die breiten Volksmassen gänzlich uninteressant und wenig zugkräftig sind. Anders bei der nationalsozialistischen Bewegung. Sie verfügt über ein Rednerkorps, das in der Tat als mit Abstand das beste und schlagkräftigste im heutigen Deutschland überhaupt bezeichnet werden muß. Wir haben diese Redner nicht systematisch in die Schule genommen und sie zu großen Rhetorikern ausgebildet. Sie sind aus der Bewegung selbst herausgewachsen. Die innere Begeisterung gab ihnen Kraft und Fähigkeit, mitreißend auf die Massen einzuwirken.

Das Volk hat ein Gefühl dafür, ob ein politischer Redner das, was er sagt, selbst glaubt. Unsere Bewegung ist aus dem Nichts heraufgestiegen, und die Männer, die sich von früh an ihr zur

Verfügung stellten, sind durchdrungen von der Richtigkeit und Notwendigkeit der politischen Idee, die sie in blinder Überzeugung vor der Öffentlichkeit vertreten. Sie glauben das, was sie sagen; und diesen Glauben übertragen sie mit der Kraft des Wortes auf ihre Zuhörer.

Der politische Redner ist sonst in Deutschland nie zu Hause gewesen. Während die westlichen Demokratien schon von früh auf die Kunst der politischen Rede für das Volk ausgebildet und verfeinert hatten, war in Deutschland selbst bis zum Ende des Krieges der politische Redner in seiner Wirksamkeit fast ausschließlich auf das Parlament beschränkt. Die Politik ist bei uns niemals eine Sache des Volkes gewesen, immer nur Angelegenheit einer bevorzugten regierenden Schicht.

Das sollte nun mit dem Heraufstieg der nationalsozialistischen Bewegung anders werden. Nicht der Marxismus hat die breiten Massen im eigentlichen Sinn politisiert. Zwar wurde das Volk durch die Weimarer Verfassung mündig gemacht, aber man versäumte alles, um dieser Volksmündigkeit auch die notwendige politische Auswirkungsmöglichkeit zu geben. Die Tatsache, daß man es nach dem Krieg unterließ, überhaupt Versammlungslokale zu schaffen, in denen größere Volksmassen zur politischen Aufklärung untergebracht werden konnten, war schon der Beweis dafür, daß die Väter der Demokratie im Ernst gar nicht die Absicht hatten, das Volk politisch zu erziehen, daß sie vielmehr in der Masse nur Stimmvieh sahen, gut genug, bei Wahlen den entsprechenden Zettel in die Urne zu werfen, im übrigen aber eine *misera plebs*, die nach Möglichkeit von der wirklichen Gestaltung der politischen Entwicklung fernzuhalten war.

Die nationalsozialistische Bewegung hat hier in vielerlei Beziehung bedeutsamen Wandel geschaffen. Sie wandte sich in ihrer Propaganda an die Massen selbst, und es gelang ihr auch in jahrelangem Kampf, das schon vollständig erstarrte politische Leben in Deutschland wieder in Bewegung zu bringen. Sie erfand für die politische Agitation eine ganz neue Sprache und verstand es, die Probleme der deutschen Nachkriegspolitik in einem Maße zu popularisieren, daß auch der kleine Mann aus dem Volk dafür Verständnis und Interesse haben konnte.

Man hat unsere Agitation vielfach primitiv und geistlos gescholten. Aber man ging bei dieser herben Kritik von ganz falschen Voraussetzungen aus. Gewiß ist die nationalsozialistische Propaganda primitiv; doch auch das Volk denkt ja primitiv. Sie vereinfacht die Probleme, sie entkleidet sie mit Bewußtsein ihres verwirrenden Beiwerks, um sie in den Horizont des Volkes hineinzupassen. Als die Massen einmal erkannt hatten, daß die drängenden Fragen der Gegenwart in nationalsozialistischen Versammlungen in einem Stil und einer Sprache behandelt wurden, daß jedermann sie verstehen konnte, da setzte auch unaufhaltsam der Strom der Zehn- und Hunderttausende in unsere Versammlungen ein. Hier fand der kleine Mann Aufklärung, Ansporn, Hoffnung und Glauben. Hier gewann er in der Irrnis und Wirrnis der Nachkriegszeit einen festen Halt, an den er sich in der Verzweiflung anklammern konnte. Für diese Bewegung war er darum bereit, seinen letzten Hungergroschen zu opfern. Nur aus dem Erwachen der Massen heraus - davon mußte er sich hier überzeugen - konnte die Nation zum Erwachen gebracht werden.

Das ist die Erklärung dafür, daß unsere Versammlungen sich sehr bald eines wachsenden Zuspruchs erfreuten und die Partei darum nicht nur keine Gelder dafür auszugeben brauchte, sondern in ihnen die beste und dauerhafteste Finanzierungsmöglichkeit besaß.

Die Behörden trafen uns an der verwundbarsten Stelle, wenn sie bekannten nationalsozialistischen Rednern, an ihrer Spitze dem Führer der Bewegung selbst, manchmal monate- und jahrelang jede rednerische Tätigkeit verboten. Sie kannten den ungeheuren Einfluß dieser Agitatoren auf die Massen, sie waren sich nicht im unklaren darüber, daß die große rednerische Begeisterung, von der diese Männer selbst getragen sind, auch auf die Massen übertragen wird und die Bewegung damit einen Impuls erhält, den keine Presse und keine Organisation auf andere Weise wettmachen kann. Auch das Polizeipräsidium in Berlin ging darum nach Erlaß des Verbotes zuerst darauf aus, die agitatorische Tätigkeit der Bewegung vollends unmöglich zu machen. Und das war der schwerste Schlag, der uns treffen konnte. Wir verloren damit nicht nur den geistigen Kontakt mit den Massen, es wurde auch unsere wichtigste Finanzquelle verstopft.

Wir versuchten zwar immer wieder, auf diese oder jene versteckte Art und Weise unsere öffentliche Agitation vorzutragen. Das gelang ein-, zweimal, plötzlich kamen die Behörden hinter unsere Schliche, und es regnete wieder Verbote. Die Verfassung spielte in der modernen demokratischen Polizeipraxis nur eine untergeordnete Rolle. Demokratien pflegen mit ihren eigenen geschriebenen Gesetzen meistens nicht allzu glimpflich umzugehen. Das Recht der Meinungsfreiheit ist immer nur dann gewährleistet, wenn man die Meinung, die man in der Öffentlichkeit vertritt, mit der Meinung der hochmögenden Regierung und der hinter ihr stehenden Parteienkoalition übereinstimmt. Wagt aber ein nichtswürdiges Subjekt, einmal eine andere Meinung zu vertreten als die in den Ämtern gepflegte und für richtig erkannte, dann pfeift man meistens auf Meinungsfreiheit, und an ihre Stelle treten Gesinnungszwang und Knebelung des freien Wortes. Gewiß kann sich der Verfolgte auf die Verfassung berufen. Aber nur ein Hohngelächter wird ihm zur Antwort werden. Die Verfassung besteht in ihren Rechten nur für die, die sie erfunden haben und in ihren Pflichten nur für die, gegen die sie erfunden worden ist.

Unsere Versammlungen wurden unter allen möglichen Begründungen verboten. Man untersagte sogar nationalsozialistischen Reichstagsabgeordneten, vor ihren Wählern zu sprechen, man entblödete sich nicht, sich dabei auf ein altes Landrecht aus der Zeit Friedrichs des Großen zu berufen und damit jenes Preußen zum Helfershelfer aufzurufen, das angeblich durch die Revolte vom 9. November 1918 ganz und gar zum Sturz gebracht worden war.

Es fehlte uns vorläufig noch an Möglichkeiten, diese agitatorischen Ausfälle durch die Presse zu ersetzen. Der Typ des *Angriff* war noch zu neu, als daß er den Massen ohne weiteres einging. Auch steckte er noch zu sehr in den Anfängen. Das Wesen dieses jungen Zeitungsunternehmens war noch so wenig herauskristallisiert, daß ein weitreichender Einfluß vorerst ganz ausgeschlossen war.

Der *Angriff* wurde damals vielleicht am meisten in der eigenen Partei kritisiert. Man fand ihn zu scharf, zu radikal, zu draufgängerisch. Seine Art, aggressiv vorzugehen, war für die ewig Halben zu laut und polternd. Er hatte es bisher nicht verstanden, sich das Herz seiner Leserschaft zu erobern und redete vorläufig noch in den Wind hinein.

Das allerdings war ein Übelstand, der uns nur wenig Sorge machte. Dem konnte man durch Leistung und Fleiß abhelfen. Schlimmer jedoch war es mit einer anderen Schwierigkeit, die die Partei manchmal in sehr bedrohliche Gefahren hineingeführt hat und auch diesmal wieder, wie bei allen Krisen, aufzutauchen begann:

Die nationalsozialistische Bewegung hat in Deutschland eigentlich keine Vorgängerin. Zwar knüpfte sie in ihren Forderungen und geistigen Inhalten an diese oder jene politische oder kulturelle Bewegung der Vergangenheit an. Ihr Sozialismus hängt mit dem Stöckerscher Prägung zusammen. In ihren antisemitischen Tendenzen fußt sie auf den Vorarbeiten der Dühring, Lagarde und Theodor Fritsch. Ihre rassemäßig und kulturell bestimmten Forderungen sind wesentlich und entscheidend von den fundamentalen Erkenntnissen Chamberlains mitbestimmt.

Aber die NSDAP. hat die Ergebnisse dieser Arbeiten nicht blind und kritiklos übernommen und sie zu einem undefinierbaren Ragout zusammengebraut. Sie sind in unserer geistigen und progammatischen Arbeit umgeprägt und eingeordnet worden; und das Wesentliche an diesem Umschmelzungsprozeß ist, daß die nationalsozialistische Progammatik dieses ganze große Gedankengut zu einer allumfassenden Synthese zusammengegossen hat.

Der echte Nationalsozialist pflegt sich niemals darauf zu berufen, daß er in dieser oder jener Bewegung der Vorkriegszeit, die mit unserer heutigen Partei eine entfernte Ähnlichkeit hat, schon mitgearbeitet habe. Der Nationalsozialist ist ein durchaus moderner politischer Typ; und er fühlt sich auch als solcher. Seine Wesenheit wird in der Hauptsache von den großen revolutionären Explosionen der Kriegs- und Nachkriegszeit bestimmt.

Allerdings geistern in den Reihen der Partei immer noch deutschvölkische Typen herum, die da meinen, die eigentlichen geistigen Nährväter der ganzen nationalsozialistischen Weltanschauung zu sein. Irgendein Spezialgebiet aus unserer großen Gedankenwelt ist ihre Liebhaberei, und sie glauben nun, die Partei sei lediglich dazu da, gerade für diese ihre Liebhaberei ihre ganze Kraft und agitatorische Arbeit einzusetzen.

Solange die Partei von den großen politischen Aufgaben beansprucht ist, sind diese Bestrebungen für ihre Entwicklung vollkommen ungefährlich. Sie werden erst gefährlich, wenn die Partei durch Verbote und innere Schwierigkeiten in Krisen gerät. Dann eröffnet sich diesen **nur** antisemitisch oder **nur** rassenmäßig interessierten Spezialisten ein freies Betätigungsfeld.

Sie versuchen **mit Fleiß**, die Parteiarbeit für ihr manchmal außerordentlich belustigendes Spezialistentum mit Beschlag zu belegen. Sie verlangen von den Führern der Partei, die ganze Kraft der Organisation auf ihre spezialistischen Liebhabereien zu konzentrieren, und lehnen diese das ab, dann werden sie meistens, wie sie ehedem unsere begeistertsten Anhänger waren, unsere wütendsten Gegner und ergehen sich in blinden und hemmungslosen Angriffen gegen die Partei und ihre öffentliche Tätigkeit.

Kaum war über uns das Polizeiverbot hereingebrochen und die öffentliche Wirksamkeit der Bewegung unterbunden, da tauchten diese völkischen Wunderapostel in Scharen auf. Der eine trat für die Reform der deutschen Sprache ein, der andere glaubte, in der Biochemie oder Homöopathie den Stein der Weisen gefunden zu haben, ein dritter sah in dem antisemitischen Grafen Pückler den Heiland des zwanzigsten Jahrhunderts, ein vierter hatte eine neue und weltumstürzende Geldtheorie erfunden und ein fünfter den ursächlichen Zusammenhang zwischen Nationalsozialismus und Atomzertrümmerung entdeckt. All diese Spezialaufgaben wurden dann irgendwie mit der Partei und ihren Bestrebungen in Verbindung gebracht. Die Spezialisten verwechselten ihre grotesken Liebhabereien mit Nationalsozialismus und verlangten, daß die Partei auf ihre meist frechen und arroganten Forderungen eingehe, wenn anders sie nicht ihre ganze historische Mission verspielen und vertun wolle.

Dagegen hilft nur eine goldene Rücksichtslosigkeit. Wir haben solche naiven Phantastereien in unserer Bewegung niemals aufkommen lassen, und manch einem völkischen Weltbeglücker, der da meistens auf Sandalen, mit Rucksack und

Jägerhemd angestreunt kam, wurde bei uns höhnisch und lachend die Türe gewiesen.

Das Polizeipräsidium hatte offenbar keine Lust, die Frage des Verbots vor einem ordentlichen Gericht entscheiden zu lassen. Zwar wurde in Moabit des öfteren in der Angelegenheit des betrunkenen Pfarrers Stucke vernommen; aber zu einem Prozeß reichte weder das Material noch anscheinend der Mut der verantwortlichen Behörden aus.

Nichtsdestoweniger blieb die Partei auch weiterhin verboten. All unser Protestgeschrei war nutzlos. Die nationale Presse versagte sich auch jetzt noch unseren berechtigten Forderungen nach Schutz und Hilfe. Sie war wohl insgeheim froh, daß mit uns ein lästiger Konkurrent in der Reichshauptstadt in seiner Wirksamkeit gehemmt war und damit die altbewährte bürgerliche Ruhe und Ordnung weiter aufrechterhalten blieb.

Unsere Geschäftsstelle in der Lützowstraße war damals so eine Art "Verschwörerzentrale". Ein geregeltes Arbeiten wurde hier mehr und mehr unmöglich. Wir wurden fast jede Woche von einer Haussuchung heimgesucht. Unten auf der Straße wimmelte es nur so von Spitzeln und Provokateuren. Unsere Akten und Karteien waren irgendwo in Privatwohnungen untergebracht, an der Türe hatten wir große Schilder angeheftet, auf denen zu lesen stand, daß sich hier das Büro der nationalsozialistischen Abgeordneten befinde; das allerdings hinderte die Polizei niemals daran, diese Räume nach Belieben zu durchsuchen und unsere Arbeit in jeder Beziehung zu behindern und aufzuhalten.

Wir rannten gegen eine Wand von Brei. Der Gegner stellte sich nicht einmal mehr zum Kampf. Wo wir den Versuch machten, ihn anzugreifen, wich er aus. Er hatte sich in die Sicherheit der Totschweigetaktik zurückgezogen, und keine agitatorische Raffinesse vermochte ihn aus seinem Hinterhalt herauszulocken. Man redete von uns gar nicht mehr. Der Nationalsozialismus war in Berlin tabu. Ostentativ vermied es die Presse, überhaupt unsere Namen zu nennen. Auch aus den jüdischen Zeitungen verschwanden, wie auf geheimen Befehl, die Hetzartikel gegen uns. Man hatte sich zu weit vorgewagt und suchte nun, durch beflissenes Schweigen das allzu laute Geschrei der vergangenen Monate vergessen zu machen.

Das war für uns schwerer zu ertragen als der offene und

brutale Angriff. Denn damit waren wir überhaupt und gänzlich zur Wirkungslosigkeit verdammt. Der Feind hielt sich versteckt im feigen Hinterhalt und suchte uns durch Totschweigen und Nichtachtung auf der ganzen Linie zu vernichten.

Der Nationalsozialismus sollte nur eine Episode in der Reichshauptstadt sein. Man wollte ihn allmählich durch Schweigetaktik auf Eis legen, um dann bei beginnendem Herbst über ihn zur Tagesordnung übergehen zu können.

In Moabit vor den Richtern standen täglich nationalsozialistische SA.-Männer. Der eine hatte ein verbotenes Braunhemd getragen, der zweite die öffentliche Ruhe und Sicherheit durch Zeigen eines Parteiabzeichens gefährdet, der dritte einem frechen und arroganten Juden auf dem Kurfürstendamm eine Ohrfeige gegeben. Still und geräuschlos wurde das mit den schwersten drakonischen Strafen geahndet. Sechs Monate waren das Minimum, zu dem unsere SA.-Männer für lächerliche Lappalien verurteilt wurden. Die Presse registrierte das nicht einmal mehr. Das war allmählich selbstverständlich geworden.

Daß die jüdischen Gazetten nach einem bestimmten und auf lange Sicht vorgezeichneten Feldzugsplan arbeiteten, das war für uns erklärlich. Das Ziel dieses Feldzugsplanes hieß: Vereisung des Nationalsozialismus, stillschweigendes Begräbnis, Mundtotmachung ihrer Führer und Redner. Unverständlich aber bleibt es, daß die bürgerliche Presse bei diesem schändlichen Handwerk Vorschubdienste leistete. Sie hatte es damals in der Hand, die nationalsozialistische Bewegung in Berlin herauszupauken. Sie hätte uns damit nicht zu Gefallen zu sein brauchen, sondern nur der gerechten Sache das Wort geben müssen. Sie hatte die Pflicht, mindestens zu verlangen, daß, wenn die nationalsozialistische Bewegung verboten war, auch die kommunistische Partei verboten werden müßte. Denn die kommunistische Partei hatte - unterstellt, daß das, was man uns vorwarf, wirklich den Tatsachen entsprach - ein ungleich höheres Blutschuldkonto als wir. Aber auch die bürgerlichen Organe wagten es nicht, die kommunistische Partei hart anzufassen, weil die Kommunisten die politischen Kinder der Sozialdemokratie waren, weil man wußte, daß, wo man sie angriff, ganz Juda füreinander bürgte und man einer Einheitsfront von Ullstein und

Mosse bis zum Karl-Liebknecht-Haus gegenüberstand.

Wir haben damals in unserer Verzweiflung und angesichts des scheinbar unabwendbaren Niedergangs unserer Berliner Organisation ein für allemal verlernt, auf das politische Bürgertum irgendeine Hoffnung zu setzen. Das politische Bürgertum ist feige. Es fehlt ihm an Mut zu Entschlüssen, an Charakter und Zivilcourage. In der bürgerlichen Presse ist es Mode, **mit** den Wölfen, und keiner besitzt dort die Verwegenheit, einmal **gegen** die Wölfe zu heulen. Den Nationalsozialismus zu verfolgen, war geradezu modern. Die jüdische Journaille hatte ihn als zweitklassig abgestempelt. Er galt für intellektuelle Kreise als geist- und kulturlos, gemein und aufdringlich, und ein anständiger Mensch wollte damit nichts zu tun haben. So war es ungeschriebenes Gesetz für die öffentliche Meinung. Der Bildungsphilister stimmte aus Angst, etwa für überfällig und unmodern angesehen zu werden, in den Chor der Verfolger mit ein. Die Bewegung war von allen Seiten eingekesselt. Müde, krank und abgestumpft sahen wir dem unabwendbaren Gang der Dinge zu. Die Partei war unseren Händen entglitten, der Versuch, sie noch einmal durch ein kühnes und aggressives Kampforgan hochzureißen, auf der ganzen Linie mißlungen. Es schien so, als sei es beschlossene Sache, daß wir in der Reichshauptstadt nicht hochkommen sollten.

Oft haben wir damals für Stunden den Glauben an unsere Zukunft verloren. Und trotzdem arbeiteten wir weiter. Nicht aus Begeisterung, sondern aus verzweifeltem Haß. Wir wollten unseren Gegnern nicht den Triumph gönnen, uns in die Knie zu zwingen. Der Trotz gab uns in einem unaufhaltsam scheinenden Niedergang immer wieder Mut zum Ausharren und Weiterkämpfen.

Hier und da war uns dann das Schicksal auch einmal hold. Eines Tages ging die Haftzeit unseres Hauptschriftleiters zu Ende. Abgerissen und abgestumpft kam er von Moabit zurück und ging dann gleich wieder schweigend und ohne Pathos an seine Arbeit. Der *Angriff* hatte damit einen journalistischen Mittelpunkt. Die Arbeit wurde von neuem und mit frischen Kräften begonnen.

Durch das dunkle Gewölk, das drohend und verhängnisvoll über uns lastete, ging zum erstenmal ein kurzes Leuchten auf.

Schon begannen wir wieder zu hoffen, schon schmiedeten wir neue Pläne. Die Sorgen blieben hinter uns zurück, und mutig schritten wir vorwärts. Wir wollten nicht kapitulieren. Wir waren der festen Überzeugung: einmal wird das Schicksal demjenigen, der in Sturm und Not und Gefahr aufrecht stehen bleibt, auch seinen Segen und seine Gnade nicht verweigern!

NÜRNBERG 1927

Parteitage haben in der Geschichte der nationalsozialistischen Bewegung immer eine besondere Rolle gespielt. Sie waren sozusagen Haltepunkte in der großen agitatorischen Entwicklung der Partei. Dort wurde Rechenschaft abgelegt über die geleistete Arbeit und in richtunggebenden politischen Beschlüssen die taktische Linie des zukünftigen Kampfes festgelegt.

Der Parteitag 1923 hat die krisenhaften Entscheidungen innerhalb der Bewegung in diesem Sturm- und Drangjahr wesentlich mit beeinflußt. Im November 1923 holte die Partei zu letzten Schlägen aus, und als diese mißlungen waren, verfiel die Gesamtbewegung in ganz Deutschland einem behördlichen Verbot. Die Führer der Partei wanderten auf die Festung oder ins Gefängnis, der Apparat der Organisation wurde zerschlagen, die Pressefreiheit aufgehoben, und die Anhänger der Partei verstreuten sich in alle Winde.

Als Adolf Hitler im Dezember des Jahres 1924 der Freiheit zurückgegeben wurde, ging er gleich daran, die Vorbereitungen zur Neugründung der Partei zu treffen, und im Februar 1925 entstand die alte Bewegung aufs neue. Adolf Hitler hat damals mit seherischer Prophetengabe vorausgesagt, daß wohl fünf Jahre nötig sein würden, um die Bewegung wieder so auszubauen, daß sie in die politische Entwicklung entscheidend eingreifen könne. Diese fünf Jahre waren ausgefüllt mit rastloser Arbeit, mit kämpferischem Elan und revolutionärer Massenpropaganda. Zwar mußte die Bewegung sich seit ihrer Neugründung wieder aus den kleinsten Anfängen emporarbeiten, und das schien um so schwerer, als sie ja einmal von großer politischer Bedeutung gewesen war und darauf plötzlich in das Nichts zurückgestoßen wurde. Im Jahr 1925 konnten wir noch nicht vor einem Parteitag Rechenschaft über die eben begonnene neue Arbeit ablegen. Die Organisation stand erst wieder in den ersten Anfängen. Sie arbeitete in den meisten Landesteilen noch unter behördlichem Druck, teilweise sogar unter noch nicht aufgehobenen Verboten. Die Anhängermassen waren noch nicht wieder zu einer festen Einheit zusammengeschlossen; die Parteileitung sah sich demzufolge gezwungen, von einem Parteitag abzusehen, dahingegen die agitatorische Arbeit der Partei nach allen Kräften zu intensivieren.

Im Jahre 1926 waren wir nun wieder soweit. Die Bewegung hatte die ersten Anfangsschwierigkeiten siegreich überwunden und nun wieder in allen Gauen und größeren Städten ihre festen Stützpunkte errichtet. Im Sommer 1926 rief sie wieder zu ihrem ersten großen Parteitag nach dem Zusammenbruch 1923 auf. Er fand in Weimar statt und bedeutete für unser damaliges Kräfteverhältnis schon einen unerwarteten Erfolg. Die Arbeit setzte gleich danach mit aller Macht ein. Die Partei begann allmählich, die Fesseln der Anonymität zu sprengen und brach nun als entscheidender politischer Faktor in die Öffentlichkeit ein.

Im Jahre 1927 konnte man nun darangehen, den Parteitag in größerem Stil aufzuziehen. Als Tagungsort wurde Nürnberg ausersehen, und es erging an die gesamte Bewegung der Appell, in Geschlossenheit und Disziplin an diesem Tag ein sprechendes Zeugnis abzulegen von der Stärke und unzerbrechbaren Kraft der wiedererstandenen Partei.

Parteitage der NSDAP. unterscheiden sich wesentlich von den Parteitagen anderer Parteien. Diese sind entsprechend dem parlamentarisch-demokratischen Charakter ihrer Veranstalter lediglich als billige Diskussionsgelegenheit gedacht. Es treten dort die Repräsentanten der Partei aus allen Landesteilen zu meist höchst platonischen Beratungen zusammen. Die Politik der Partei wird einer kritischen Untersuchung unterzogen, und der Niederschlag dieser Debatten findet dann meistens in pompösen Stilübungen, sogenannten Resolutionen, seinen tagesbedingten Ausdruck. Diese Resolutionen sind meistens von gar keinem zeitgeschichtlichen Wert. Sie sind lediglich für die Öffentlichkeit berechnet. Oft sucht man in ihnen nur die latenten Gegensätze, die in der Partei aufgerissen sind, künstlich zu verkleistern, und niemand empfindet das peinlicher und schmerzlicher als diejenigen, die ein ganzes Jahr lang treu und unbeirrt für die Partei im Lande gearbeitet haben.

Meistens verlassen die Parteivertreter ihre Parteitage nur mit schwerem Herzen. Die Risse im Parteiorganismus sind ihnen dort erst recht zu Bewußtsein gekommen. Sie haben sich in unfruchtbaren Diskussionen die Köpfe heiß geredet und der Öffentlichkeit das jämmerliche Schauspiel von schwankenden und steitenden Gesinnungsbrüdern gegeben. Das Ergebnis der Arbeit auf den Parteitagen ist meistens, politisch gesehen, gleich Null. Die weitere Politik der Partei wird durch die Parteitage kaum beeinflußt. Die Parteipäpste verschaffen sich durch künstliche Vertrauenskundgebungen nur ein Alibi für das kommende Jahr und setzen dann die alte Politik mit den alten Mitteln in alter Form fort. Die gefaßten Resolutionen sollen in ihrer starken und kraftmeierischen Art nur dazu dienen, der aufbegehrenden Anhängerschaft Sand in die Augen zu streuen und sie weiterhin bei der Stange der Partei zu halten.

Unsere Parteitage sind von ganz anderem Geist erfüllt. Zu ihnen kommen nicht nur die beamteten und hauptamtlich für die Partei tätigen Vertreter zusammen. Sie sind Heerschauen über die gesamte Organisation. Jeder Parteigenosse, und vor allem jeder SA.-Mann rechnet es sich zur besonderen Ehre an, bei den Parteitagen persönlich anwesend zu sein und in der Masse der erschienenen Parteigenossen mitzuwirken. Der Parteitag bietet keine Gelegenheit zu unfruchtbarer Diskussion. Er soll im Gegenteil der Öffentlichkeit ein Bild geben von der Einigkeit, Geschlossenheit und ungebrochenen Kampfkraft der Partei im ganzen und die innere Verbundenheit zwischen Führung und Gefolgschaft sichtbar vor Augen führen. Auf den Parteitagen soll der Parteigenosse neuen Mut und neue Kraft sammeln. Der Gleichklang des Marschtritts der SA.-Bataillone soll ihn genau so wie die scharfe und kompromißlose Formulierung der gefaßten Entschlüsse erheben und stärken; er soll vom Parteitag wie neugeboren an seine alte Arbeit zurückgehen.

Der Weimarer Parteitag im Jahr 1926 hatte den dort versammelten Führern, Parteigenossen und SA.-Männern jene ungeheure Kraftreserve gegeben, mit deren Einsatz sie die schweren politischen Kämpfe bis zum August 1927 durchfechten konnten. Ein Abglanz dieser ungeheuren Kraftentfaltung wurde mit in die Arbeit eines ganzen Jahres hineingenommen. Nun sollte der Nürnberger Parteitag im Jahr 1927 beweisen, daß die Partei seitdem nicht etwa auf dem alten Standpunkt stehengeblieben war oder gar aus ihren Machtpositionen zurückgewichen war, daß ihre Arbeit im Gegenteil allenthalben im ganzen Reichsgebiet von Sieg und Erfolg gekrönt wurde und die Partei nunmehr auch über die organisatorischen Schranken hinaus für das ganze deutsche Deutschland das unverwüstliche Bild neuer politischer Kraft und Stärke darbieten konnte.

Vor allem jene Landesteile, in denen die Bewegung jahrelang bekämpft und terrorisiert worden war, hatten ein natürliches Anrecht darauf, daß der Parteitag die Einigkeit und Geschlossenheit der Gesamtbewegung zum Ausdruck brachte und nicht etwa in innerem Zank über Programm und Taktik zerfiel.

Die Berliner Parteigenossenschaft erwartete vom Nürnberger Parteitag mehr als ein bloßes Zusammentreffen von Parteigenossen. Sie hatte im abgelaufenen Jahr die schwersten Kämpfe überstehen müssen. Sie war aus diesen Kämpfen gestärkt und gereift hervorgegangen, und nun bot sich ihr die Gelegenheit, außerhalb des Druckes der Behörden und ohne politische Fesselung die ungebrochene Geschlossenheit der Berliner Organisation vor der Bewegung des ganzen Reiches zum Ausdruck zu bringen.

Die Vorbereitungen zu diesem Parteitag nahmen Monate in Anspruch. Je stärker der Druck von außen wurde, desto höher wuchs die Freude und Spannung, mit der man diesem Masentreffen entgegensah. Der Berliner Parteigenosse und SA.-Mann wollte sich hier neue Kraft für den ferneren Kampf holen. Er wollte sich berauschen an den demonstrierenden Massenaufmärschen, in denen sich die Organisation des ganzen Reiches, aus Ost und West und Süd und Nord, ein Stelldichein gab.

Drei Wochen vor dem Nürnberger Parteitag schon begaben sich etwa fünfzig arbeitslose SA.-Männer von Berlin aus zum Fußmarsch nach Nürnberg.

Jenseits der Grenzen der Hauptstadt zogen sie die alte, geliebte Uniform wieder an und marschierten im gleichen Schritt und Tritt die vielen hundert Kilometer dem Ziel ihrer Wünsche entgegen.

Kampf um Berlin

Fußmarsch Berlin - Nürnberg

Es mag einem Spießer unverständlich erscheinen, daß es möglich war, trotz des Parteiverbots drei Sonderzüge von Berlin nach Nürnberg zusammenzustellen und diesen Massenabmarsch bis zum letzten Augenblick den Augen der Behörden zu entziehen. Und doch war das möglich.

Am Sonnabend vor dem Parteitag, der gewissermaßen den Auftakt zu dem großen nationalsozialistischen Treffen darstellte, stand schon fest, daß diese Tagung zu einem Riesenerfolg für die ganze Bewegung würde. Über vierzig Sonderzüge aus allen Teilen des Reiches liefen während des Morgens im Nürnberger Hauptbahnhof ein. Dazu kam noch eine Unmasse von Teilnehmern, die zu Fuß und zu Rad, in Marschgruppen und auf Lastautomobilen der alten Reichsstadt zuströmten.

Die nationalsozialistische Bewegung ist tot! So hatten ihre Feinde zwei Jahre lang gejubelt; und nun stellte sich das genaue Gegenteil heraus. Die Bewegung war nicht nur unter den

Keulenschlägen amtlicher Verfolgungen nicht zusammengebrochen, sie hatte sie siegreich überwunden und erhob sich heute ungebrochener denn je.

Schon der Name Nürnberg war für die meisten Parteigenossen von einem Zauber ohnegleichen umgeben. Er bedeutete ihnen das Deutsche schlechthin. Unter den Mauern dieser Stadt wurden Kulturtaten von weltgeschichtlichem Rang getan. Wenn man von Nürnberg sprach, dann meinte man beste deutsche Tradition, die zukunftsträchtig nach vorne weist.

In dieser Stadt waren schon einmal deutsche Männer in schwerer Zeit marschiert, zu Zehntausenden, begrüßt und umjubelt von deutschen Patrioten, die da meinten, das neue Reich sei bereits erstanden. Was damals so gewaltig und hinreißend in der kritischsten Zeit der Nachkriegspolitik demonstrierte, versank in sich selbst, da es noch nicht bis zum letzten gefügt und gestaltet war, da ein großes Erbe in unglücklichen Monaten nach dem Zusammenbruch der Partei von Männern verwaltet wurde, die sich dieser Aufgabe nicht gewachsen zeigten.

Nun blickte das nationale Deutschland wieder einmal nach Nürnberg, wo die nationalsozialistischen Braunhemden zu Zehntausenden aufmarschierten, um gegen die Tributpolitik für einen neuen Staat zu demonstrieren. Glaube und Hoffnung vieler Hunderttausender geleiteten den Siegesmarsch dieser jungen Aktivisten, die in einem zweijährigen erbitterten Ringen bewiesen hatten, daß die nationalsozialistische Idee und ihre parteipolitische Organisation mit keinem Mittel und keinem Terror zu erschüttern war.

Am 9. November 1923 war das erste Werk zusammengebrochen. Es hatte seine historische Aufgabe erfüllt und mußte vorläufig dem Chaos Platz machen. Nach Zeiten tiefsten Zusammenbruchs begann im Februar 1925 der Wiederaufbau der Bewegung, und nun sollte zum erstenmal in einem Massenaufgebot gezeigt werden, daß der Stand der Partei von 1923 bereits weit überholt war und die Bewegung wieder an der Spitze des national-revolutionären Deutschlands marschierte.

Die Nation schaute voll Glauben und Vertrauen auf diesen nationalsozialistischen Massenaufmarsch. Jeder SA.-Mann fühlte, daß er mit seinen marschierenden Kameraden wieder einmal die eherne Spitze am bleiernen Keil bildete, und daß er das allein seiner Tapferkeit, seinem Mut und seiner zähen Ausdauer zu verdanken hatte. Mit Stolz und innerer Erhebung ging er in diese Tage hinein. Er hatte die sinkende Fahne aufgegriffen und sie in Nacht und Finsternis vorangetragen. Das Banner stand fest. Allüberall, in jeder Stadt, in jedem Dorf kannte man die leuchtende Fahne des nationalsozialistischen Volksaufbruchs, und wo man die Bewegung nicht lieben lernen wollte, da hatte man sie doch wenigstens hassen und fürchten gelernt.

Aus den Fabriken kamen sie, aus Gruben und Kontoren, von Pflug und Egge, und mitten unter ihnen stand der Führer der Bewegung. Ihm wußte man Dank dafür, daß die Politik der Partei nicht einen Zentimeter vom geraden Kurs abgewichen war. Er war Gewähr dafür, daß das auch in Zukunft so bleiben würde.

Heute war der eine nicht Schreiber und der andere nicht Prolet, dieser nicht Bauernknecht und jener nicht kleiner Beamter. Heute waren sie alle die letzten Deutschen, die nicht an der Zukunft der Nation verzweifeln wollten. Sie waren die Träger der Zukunft, die Gewährsmänner, daß Deutschland nicht zum Untergang, sondern zur Freiheit bestimmt war. Sie waren das Symbol einer neuen Glaubensstärke für Hunderttausende und Millionen geworden. Wenn sie nicht waren, das wußten sie alle, dann mußte Deutschland verzweifeln. Und so hoben sie die Banner und die Herzen hoch, so ließen sie dröhnend den Rhythmus ihres Massenschritts an den Mauern der alten Reichsstadt widerhallen.

Das junge Deutschland stand auf und forderte seine Rechte.

Fahnen flatterten über der Stadt; Ungezählte hatten unter diesen Fahnen geblutet, Ungezählte waren dafür in die Gefängnisse geworfen worden und manch einer darunter gefallen.

Das wollten sie nicht vergessen; das wollten sie vor allem heute nicht vergessen, wo diese Fahnen unter einer leuchtenden Sonne und umjubelt von Zehntausenden durch die Straßen der Stadt getragen wurden.

Der *Angriff* erschien zum Nürnberger Parteitag zum erstenmal in einer Sondernummer. Auf der ersten Seite eine hinreißende zeichnerische Darstellung: eine in Fesseln geschmiedete Faust zerbricht die hemmenden Ketten und reißt eine flatternde Fahne nach oben. Darunter in lakonischer Kürze nur die Worte: "**Trotz Verbot nicht tot!**"

Das war es, was jeder Berliner Parteigenosse und SA.-Mann dunkel und dumpf empfand: die Bewegung hatte alle Krisen und Vernichtungsschläge siegreich überwunden. Sie hatte kühn und verwegen einem aberwitzigen, mechanischen Verbot getrotzt und marschierte nun auf, um der Öffentlichkeit zu zeigen, daß man sie zwar verbieten, aber nicht vernichten konnte.

Die Sonderverhandlungen begannen schon am Freitagnachmittag. Die Kongreßteilnehmer tagten in einzelnen Spezialgruppen, die als solche schon lehrreiche Vorbildungsversuche künftiger Ständeparlamente darstellten. Die Beratungen waren, wie sich das bei der Partei von selbst verstand, getragen von sittlichem Ernst und tiefstem Verantwortungsgefühl. Die zur Debatte stehenden Punkte wurden - und das ist kein Widerspruch in sich - fast ohne Debatte erledigt, so sozusagen über alle Fragen Einmütigkeit unter den Delegierten bestand. Man redete nicht, sondern handelte und faßte feste Entschlüsse. Aus dem Extrakt der Meinungen formten die Gruppenreferenten ihre Vorschläge, die an den am nächsten Tag zu eröffnenden Kongreß weitergegeben wurden. Abstimmungen fanden nicht statt. Es wäre auch ziemlich zwecklos gewesen, da sie immer dasselbe Bild der Einmütigkeit und Geschlossenheit ergeben hätten.

Draußen wirbelten schon die Trommeln. Die ersten Sonderzüge von Braunhemden rollten ein.

Der Sonnabend brachte einen feinen Nieselregen. Frühmorgens schon beim Betreten der Stadt bot Nürnberg ein ganz neues Bild. Sonderzug auf Sonderzug traf ein. Braunhemden über Braunhemden marschierten in langen Zügen durch die Stadt ihren Quartieren zu.

Klingendes Spiel in den Straßen, die schon im Schmuck der Fahnen standen.

Gegen Mittag wurde der Kongreß eröffnet. Der schöne Kulturvereinssaal war von festlich gestimmten Menschen dicht gefüllt. Eine Flügeltür springt auf, und unter endlosem Jubel der Vesammelten betritt Adolf Hitler mit der engeren Führerschaft den Saal.

In kurzen, in sich abgeschlossenen, richtunggebenden Referaten wird die Politik der Partei eindeutig und kompromißlos festgelegt. Der Kongreß dauert bis um die siebte Abendstunde, und dann ist Nürnberg ganz berauscht von der aufmarschierenden nationalsozialistischen Massenbewegung. Als gegen zehn Uhr abends vor dem Deutschen Hof die endlosen Reihen fackeltragender SA.-Leute vor dem Führer vorbeimarschieren, da wird jedem bewußt, daß mit dieser Partei ein Felsblock aufgerichtet ist, mitten im brandenden Meer des deutschen Zusammenbruchs.

Und dann steigt der große Tag auf. Noch liegt Nebel über der Stadt, als morgens um 8 Uhr die nationalsozialistischen SA. sich zum großen Massenappell im Luitpoldhain zusammenfinden. Zug um Zug ziehen die braunen Abteilungen in mustergültiger Disziplin auf, bis nach einer Stunde die weiten Terrassen überfüllt sind von dichtgedrängten Heerhaufen.

Als Hitler unter unter endlosem Jubel seiner Getreuen erscheint, bricht die Sonne aus dunklem Gewölk heraus. In einem spontanen Akt erfolgt die Übergabe der neuen Standarten.

Die alten Farben sanken, die Fahne des alten Reiches wurde in den Schmutz getreten. Wir gaben unserem Glauben das neue Symbol.

Abmarsch! Weit sind die Straßen gedrängt voll von Tausenden und aber Tausenden. Blumen, Blumen, Blumen! Jeder SA.-Mann ist geschmückt wie ein siegreicher Krieger, der aus der Schlacht in die Heimat zurückkehrt.

Auf dem Hauptmarkt findet vor einer unübersehbaren Menschenmenge der Vorbeimarsch statt. Endlos, endlos, stundenlang! Immer neue braune Scharen marschieren herauf und grüßen ihren Führer.

*Die sturmerprobte Berliner SA.
im Vorbeimarsch in Nürnberg (August 1927).*

Sonnenschein liegt über allem, und immer und immer wieder Blumen.

Das junge Deutschland marschiert.

Die kampferprobte Berliner SA. hält die Spitze. Sie wird von Jubel und Blumen überschüttet. Es schlägt ihr hier zum erstenmal das Herz des deutschen Volkes entgegen.

Mitten darunter die Fußmärschler, Deutsche Proletarier aus Berlin, die in dem Reich einer versprochenen Schönheit und Würde weder Arbeit noch Brot fanden und sich an einem Julitag nach Nürnberg aufmachten. Den Tornister vollbepackt mit Flugzetteln, Zeitungen und Büchern. Jeden Tag, ob er Regen oder glutheiße Sonne brachte, marschierten sie 25 Kilometer, und wenn sie abends ins Quartier kamen, dann haben sie bis in die tiefe Nacht hinein weder Rast noch Ruhe gekannt, um für ihre politische Idee zu werben.

In den Großstädten wurden sie bespuckt und niedergeschlagen.

Schadet nichts! Sie paukten sich durch und kamen vor der Zeit in Nürnberg an.

Nun marschieren sie mit ihren Kameraden. Aus der verbotenen Organisation in Berlin fanden sich siebenhundert SA.-Männer, die zu Fuß, mit Rädern, auf Lastautos und in Sonderzügen den Weg nach Nürnberg suchten. Sie hatten sich monatelang das Brot vom Munde abgespart, verzichteten auf Bier und Tabak, ja mancher hungerte sich buchstäblich das Fahrgeld zusammen. Sie verloren zwei Arbeitstage an Lohn, und der Preis für den Sonderzug allein betrug fünfundzwanzig Mark. Manch einer von diesen Siebenhundert verdiente in der Woche zwanzig Mark.

Selbst der brachte sein Fahrgeld zusammen, und am Sonnabendmorgen war auch er mit klopfendem Herzen neben seinen Kameraden aus den Waggons geklettert, die von Berlin nach Nürnberg rollten; und abends marschierte er mit den Zehntausenden am Führer vorbei, schwang seine brennende Fackel hoch und grüßte. Seine Augen fangen plötzlich an zu glänzen. Er weiß gar nicht, ob er glauben darf, daß das alles wahr ist. Zu Hause hat man ihn nur bespuckt und begeifert, niedergeknüppelt und ins Gefängnis geworfen. Und jetzt stehen an den Straßenrändern Tausende und Tausende von Menschen, die grüßen ihn und rufen Heil!

Über der alten Reichsstadt wölbt sich ein tiefer, blauer Himmel; die Luft ist klar wie Glas, und die Sonne lacht, als hätte sie nie einen solchen Tag gesehen.

Und nun schmettern die Fanfaren. Marschierende Kolonnen. Endlos, endlos! Man möchte fast glauben, als sollte das ewig so fortgehen. Und an den Straßen warten schwarze Menschenmauern. Keiner ruft Pfui. Bewahre! Sie alle winken und lachen und jubeln, als kämen die Zehntausende aus siegreicher Schlacht; und werfen Blumen und immer wieder Blumen.

Die Siebenhundert marschieren an der Spitze. Weil sie ein Jahr lang den schwersten Kampf durchfochten, darum werden sie nun mit Blumen überschüttet. Sie stecken sie an den Gürtel, immer mehr. Die Mützen sind bald nur noch blühende Blumensträuße, und die Mädchen lachen und winken ihnen zu. Daheim spuckt man sie an.

Und nun marschieren sie am Führer vorbei. Tausende, Zehntausende rufen Heil. Sie hören's kaum. Aus den Gürteln reißen sie die Blumen und werfen den jubelnden Menschen zu.

Vorbeimarsch. Die Beine fliegen, während die Musik den "Parademarsch der langen Kerls" schmettert.

Bruder, wen verfolgst Du?

Und dann kommt der Abend, müde und schwer. Es beginnt zu regnen. In einer hinreißenden Schlußkundgebung des Delegiertenkongresses wird noch einmal die gesammelte revolutionäre Kraft der Bewegung manifestiert. Die Straßen draußen sind überfüllt von jubelnden und begeisterten Menschen. Es ist, als sei das neue Reich schon erstanden.

Trommelklang und Pfeifenspiel. Eine Begeisterung, die nur eben noch das unverdorbene Herz einer sehnsüchtigen deutschen Jugend hervorbringt. In sieben Massenversammlungen sprechen abends die großen Redner der Partei vor Zehntausenden von Menschen.

Die Nacht bricht herein. Ein großer, gesegneter Tag geht dahin. Er sollte für alle, die an ihm teilnahmen, eine Quelle der Kraft für ein ganzes Jahr Arbeit, Sorge und Kampf sein.

Und nun bindet den Helm fester!

Die Berliner SA. verließ in ihren Sonderzügen um die späte Abendstunde die alte Reichsstadt. Vor Berlin aber wartete eine Überraschung auf sie, die sich keiner hatte träumen lassen. Die Züge werden in Teltow plötzlich zum Halten gebracht, der ganze Bahnhof ist von Schutzpolizisten und Kriminalbeamten besetzt, es wird in besserer Vorsicht zuerst nach Waffen gesucht, und dann führt man in der Tat das wahnwitzigste aller Experimente durch, daß man siebenhundert Nationalsozialisten, die nur in vollstem Frieden zu ihrem Parteitag nach Nürnberg gefahren waren, an Ort und Stelle verhaftet und in bereitgestellten

Lastautos dem Berliner Polizeipräsidium zuführt.

Das war nun wirklich ein Geniestreich des Alexanderplatzes. Es war damals das erste Mal, daß eine Massenverhaftung in diesem Stil durchgeführt wurde, und sie erregte denn auch in weiten Kreisen des In- und Auslandes größtes Aufsehen. Unter Bedeckung von Karabinern und geschwungenen Gummiknüppeln werden siebenhundert Menschen schuldlos massenverhaftet und der Polizei eingeliefert.

Das war jedoch nicht das Schlimmste. Provozierender war die Art und Weise, wie diese Verhaftung durchgeführt wurde. Man wußte, daß der Führer der Partei in Nürnberg der Berliner SA. zwei neue Standarten feierlichst überreicht hatte. Man dachte sich wohl, daß diese beiden Standarten mit allen anderen ruhm- und sieggekrönten Fahnen der Berliner SA. im Zuge mitgeführt wurden, und nun entblödete man sich nicht, diese Kampfsymbole der Bewegung von der Polizei beschlagnahmen zu lassen.

Ein junger SA.-Mann weiß sich im letzten Augenblick verzweifelten Rat. Er schneidet von seiner Fahne das Tuch herunter und verbirgt es unter seinem braunen Hemd.

"Was haben Sie da unter Ihrem Hemd? Aufmachen!"

Der Junge erbleicht. Eine schmutzige Hand reißt das braune Hemdtuch auf; und nun beginnt dieser Knabe zu glühen. Er tobt und kratzt und spuckt und geifert. Mit acht Mann muß man ihn überwältigen. Sein geliebtes Fahnentuch reißt man ihm in Fetzen von der Brust herunter.

Ist das eine Heldentat, und macht sie der Polizei eines Ordnungsstaates Ehre?

Dem Jungen traten die Tränen in die Augen. Er stellt sich plötzlich hoch und aufrecht unter seine Kameraden und beginnt zu singen. Sein Nebenmann stimmt ein, und dann mehr und mehr, bis schließlich alle singen. Das ist kein Gefangenentransport mehr, der da in dreißig, vierzig Lastautos durch die Straßen des eben aus seinem Schlaf erwachenden Berlin hindurchgeführt wird - das ist ein Zug von jungen Helden.

"Deutschland, Deutschland über alles!" so schmettert es im Massenchor während der ganzen Fahrt aus den Lastautos. Erstaunt reibt sich der Spießer die Augen. Man hatte doch gemeint, die nationalsozialistische Bewegung sei tot. Man glaubte doch, Verbot und Drangsale und Gefängnis hätten ihr den

Rest gegeben. Und nun hebt sie sich wieder kraftvoll und mutgeschwellt, und keine Schikane konnte ihren Aufstieg hemmen.

Siebenhundert Menschen stehen in einer großen Halle als Gefangene zusammengepfercht. Sie werden einzeln vor den Vernehmungsbeamten gerufen. Sie stellen sich trotzig und frech vor ihn hin und wiederholen auf jede Frage fest und unbeirrbar in stereotyper Gleichmäßigkeit: "Ich verweigere die Auskunft." Das alles untermalt vom Gesang der Kameraden: "Noch ist die Freiheit nicht verloren!"

Mit diesen SA.-Männern konnte man gegen den Teufel marschieren. Sie hatten ihre verbotenen Fahnen um die Herzen gebunden. Dort ruhten sie in guter Hut, und der Tag war nicht fern, an dem sie sich in leuchtender Reinheit wieder erhoben. Man mußte die siebenhundert Zwangsgestellten natürlich sehr bald ohne Weiterungen entlassen. Sie waren keiner Missetat schuldig; aber darum handelte es sich ja auch gar nicht.

Die Polizei wollte nur dem geschlagenen Gegner wieder einmal ihre behördliche Macht zeigen. Sie wollte beweisen, daß sie auf dem Posten war. Am anderen Morgen, als die Siebenhundert wieder zur Arbeit zurückkehrten, fand manch einer seinen Platz schon von einem anderen eingenommen.

Dann kam der Prolet an seine Maschine zurück und sah, daß er bereits von einem Kollegen abgelöst war. Man wirft ja so leicht auf die Straße in dieser Demokratie der Freiheit und der Brüderlichkeit. Der Beamte kam heim und fand auf seinem Tisch die Ankündigung eines Disziplinarverfahrens. Man hatte ihm ja Freiheit der Meinung amtlich gewährleistet, als die Reaktion gestürzt und der freieste Staat der Welt begründet wurde.

Die Aktion der Berliner politischen Polizei in Teltow, die in einer scheinbar sinnlosen Verhaftung der vom Nürnberger Parteitag heimkehrenden Nationalsozialisten bestand, stellte sich, wie wir späterhin erfuhren, im Sinn ihrer Urheber nicht als erfolglos heraus. Nach Erhebungen der Partei wurden von den Verhafteten, die durch die polizeilichen Vernehmungen einen Arbeitstag verloren, insgesamt vierundsiebzig werktätige Menschen von ihren Arbeitsstellen entlassen und aus Amt und Brot gejagt. Unter den Gemaßregelten befand sich eine ganze Reihe von höheren, mittleren und unteren Beamten, Buchhaltern,

Stenotypisten, und das Gros wurde gestellt von Handarbeitern der verschiedensten Erwerbszweige.

Mit diesem Erfolge konnte man sich sehen lassen. Man durfte das befriedigende Gefühl haben, Menschen, denen man mit den Paragraphen der Gesetze nichts anhaben konnte, wenigstens materiell in ihrem Beruf geschädigt zu haben. Und das war ja schließlich eine, wenn auch billige, so doch wirksame Rache.

Wem Gott ein Amt gibt - - -

Der *Angriff* führte seinen Gegenhieb auf seine Art. Er brachte in der nächsten Nummer eine Karikatur, darauf der Berliner Polizeipräsident Dr. Bernhard Weiß in einer unnachahmlich grotesken Situation zu sehen war. Er stand da, eine große schwarze Hornbrille auf dem breiten Nasenrücken, die Hände nach hinten verschränkt, erstaunt einen SA.-Mann ansehend, der, die braune, blumengeschmückte Mütze im Nacken, mit breit grinsendem Lachen ihm gegenübertritt und einen Nürnberger Trichter entgegenhält. Die Überschrift lautete: "Wem Gott ein Amt gibt ..." Und darunter stand zu lesen: "Wir haben dem lieben Bernhard aus Nürnberg was Schönes mitgebracht."

"Berlin, den 30. August 1927. Der Polizeipräsident.
Tagebuch-Nr. 1217 P 2. 27.
An den Kriminalgehilfen Herrn Kurt Krischer, Abteilung IV.
Aus Ihrer in der sogenannten Hitlertracht erfolgten Teilnahme an der Nürnbergfahrt der verbotenen Berliner Organisation der Nationalsozialistischen Deutschen Arbeiterpartei und daraus,

daß von der Zeitschrift *Der Angriff* und den Aufnahmeerklärungen der Partei verschiedene Exemplare bei Ihnen gefunden wurden, schließe ich, daß Sie weiter für eine verbotene Organisation tätig sind. Diese Bestätigung ist mit Ihrer Stellung als Staatsbediensteter unvereinbar. Ich sehe mich deshalb gezwungen, Ihnen das Dienstverhältnis fristlos mit der Maßgabe zu kündigen, daß Sie mit Ablauf des 31. d. M. aus dem Dienst scheiden.

gez. Zörgiebel."

Das war der Sinn, und das war die Methode. Sorge und Not brachen wieder über die Bewegung herein. Viele ihrer Mitglieder büßten ihre Teilnahme an der Nürnbergfahrt mit Hunger, Elend und Arbeitslosigkeit. Das hatte jedoch auch seine gute Seite. In den Reihen der Parteigenossen wuchs die Wut und Empörung bis zur Siedehitze. Aber diesmal machte sie sich nicht in sinnlosen Terrorakten Luft. Sie wurde vielmehr umgeprägt in Arbeit und Erfolg. Der große Schwung, der die nationalsozialistische Massendemonstrationen in Nürnberg durchzittert hatte, wurde mit in die graue Sorge des Alltags hineingenommen. Was kümmerten uns nun Redeverbot, Finanzschwierigkeiten und Parteiauflösung? Die Berliner Organisation hatte der Bewegung gezeigt, daß man im Reich auf dem Posten stand, und daß wir nicht in verlorener Stellung kämpften, sondern vielmehr unser Ringen seine Rückwirkungen für die ganze nationalsozialistische Bewegung hatte. Die Gesamtpartei stand hinter der Berliner Organisation und verfolgte mit heißem Herzen die weitere Fortsetzung des Kampfes.

Der Parteitag begann sich in unserer Tagesarbeit auszuwirken. Die Saure-Gurken-Zeit war überwunden, der Sommer mit all seinen Sorgen und Bedrängnissen lag hinter uns. Die Erstarrung des politischen Lebens fing an zu weichen. Es ging mit neuen Kräften neuen Zielen entgegen. Und über allem leuchteten die Nürnberger Tage als siegverheißendes Fanal!

ÜBERWINDUNG DER KRISE

"Polizeipräsidium
Abteilung I A
An Herrn Reichstagsabgeordneten Dietrich-Franken.
Auf die gestern persönlich vorgebrachte Beschwerde teile ich mit, daß ich gegen die Rückgabe der beschlagnahmten Abzeichen, die der Wirtschaftsstelle des Büros der Abgeordneten gehören, keine Bedenken habe.
Zur Freigabe der beschlagnahmten Fahnen bin ich ebenfalls bereit, falls einwandfrei der Nachweis erbracht werden kann, daß diese auswärtigen Ortsgruppen der NSDAP. gehören.
Der Polizeipräsident
In Vertretung: Wündisch."

"Polizeipräsidium
Abteilung I A
Herrn Heinz Haake.
Auf das Schreiben vom 25. August 1927, betr. Redeverbot für Dr. Goebbels: Mit der Auflösung der NSDAP. in Groß-Berlin ist jede Tätigkeit der aufgelösten
Vereinigung innerhalb dieses Bezirks unzulässig. Ausgenommen hievon sind lediglich Veranstaltungen, zu denen jedermann Zutritt hat, und in denen ausschließlich Abgeordnete der NSDAP. als Redner auftreten, um für die Idee der von ihnen vertretenen Parteianhänger für künftige Wahlen zu werben. Ein Auftreten des früheren Führers der NSDAP. Berlin, Herrn Dr. Goebbels, als Redner in Wählerversammlungen der NSDAP. in Berlin kommt somit nicht in Frage, da hierin eine Fortsetzung der Tätigkeit der verbotenen NSDAP. Groß-Berlin erblickt werden müßte. Sollte Dr. Goebbels dennoch in Versammlungen der NSDAP. als Redner auftreten, so werde ich diese sofort auflösen.

In Vertretung:
beglaubigt: Krause, Kanzleiassistent."

Antwort des *Angriff*.

"Ich, Krause, werde also der Verfassung ins Gesicht schlagen, Dr. Goebbels die freie Meinungsäußerung, die jedem Deutschen garantiert ist, absprechen, und wenn er es wagen sollte, dennoch den Mund aufzumachen, die Versammlung auflösen.

Böser Krause, wir vernehmen mit Zittern Deine schrecklichen Drohungen. Wir werden also nicht versäumen, vor jeder Versammlung erst schüchtern anzufragen: Ist Krause im Hause?

Vorerst aber nehmen wir das Tagebuch zur Hand, um Deinen Namen zu notieren."

Eine Karikatur aus dem *Angriff*:

Auf einem Kasten sitzt geduckt und verstört ein kleiner Jude, in dem der Leser unschwer den Berliner Polizeivizepräsidenten Dr. Weiß erkennt. Er hält mit aller Macht den Deckel des Kastens geschlossen. Auf dem Kasten steht geschrieben: "NSDAP. Berlin."

Im Nebenbild: Aus dem Kasten springt ein grinsender SA.-Mann hervor. Der Jude fliegt dabei hoch in die Luft. Unterschrift: "Wenn Du denkst, Du hast'n, springt er aus dem Kasten."

Ein SA.-Mann ist durch die Verhaftung in Teltow in bittere Not gekommen. Er gehörte zu den Zwangsgestellten. Sein Arbeitgeber aber will ihm nicht glauben, daß eine unzulässige Festnahme der Grund zur Arbeitsversäumnis sei. Besagter SA.-Mann schreibt an den Polizeipräsidenten und bittet um eine Bescheinigung der Gründe, die zu der Verhaftung in Teltow führten, damit er sie seinem Arbeitgeber vorweisen kann. Die Antwort:

"Der Polizeipräsident
Abteilung I A
An Herrn J. Sch., Berlin-L.
Dem Antrage vom 24. August 1927 auf Erteilung einer

So ist das mit den Verboten: Wenn Du denkst, Du hast'n - - springt er aus dem Kasten!

polizeilichen Bescheinigung, aus welchen Gründen Sie am Montag, den 22. August 1927 auf dem Bahnhof Teltow zwangsgestellt worden sind, vermag ich nicht zu entsprechen. gez. Wündisch."

Aus einem Bericht des *Angriff* am Montag, den 26. September 1927:

"Sinnlos werden Verhaftungen vorgenommen. Wer irgendein Wort der Empörung über die Schupo-Roheiten fallen läßt, wird verhaftet. Ein harmloser Spießbürger, der gerade des Weges kommt, bekommt einen Karabinerkolben ins Kreuz, und als er sich verblüfft umdreht, schreit ihm ein grüner Unmensch ins Gesicht: 'Gehen Sie weiter, sonst schlage ich Ihnen den Schädel ein.'

Als der Reichstagsabgeordnete Dietrich sich ins Revier begibt, um sich der Verhafteten anzunehmen, wird er dort tätlich angegriffen. Ein ihn begleitender Schwerkriegsbeschädigter wird zu Boden geschlagen, als er es wagt, für eine Frau ein Wort einzulegen, der die Bluse vom Leib gerissen wurde, und die der Polizeileutnant Laube in unflätigster Weise beschimpfte."

Joseph Goebbels

Plakat zu einer blutigen Versammlung in Schöneberg[6]

Aus derselben Nummer:
"Blutige Schlacht in Schöneberg. Im Anschlußan die Wählerversammlung des Landtagsabgeordneten Haake kam es zu blutigen Zusammenstößen mit Kommunisten. Da einer der drei kommunistischen Diskussionsredner, der kein Parteibuch vorweisen konnte, entsprechend der Anordnung des Polizeipräsidiums nicht zum Reden zugelassen wurde, fielen die zahlreich anwesenden Kommunisten nach Schlußder Versammlung, als die meisten Teilnehmer den Saal bereits verlassen hatten, über den Rest, darunter Dr. Goebbels und Abgeordneten Haake, mit Biergläsern und Stuhlbeinen her. Im Verlauf der sich entwickelnden Schlacht wurden die Kommunisten mit blutigen Köpfen aus dem Saal gejagt und entflohen über Dächer und in Keller. Später wurden noch heimkehrende Nationalsozialisten einzeln überfallen.

Die Verantwortung trägt das Polizeipräsidium durch das Verbot und die anschließenden Schikanen."

---

[6] **Text zu Plakat 1:**
Deutsche Volksgenossen!
Heraus zur großen öffentlichen Wählerversammlung am Freitag, den 23. September 1927, abends 8 Uhr, in der Schloßbrauerei Schöneberg, Hauptstraße 122-123. Es spricht der nationalsozialistische Landtagsabgeordnete Heinz Haake über das Thema: **Deutschenverfolgung in Berlin!**

Albert Tonak - Chauffeur von Dr. Goebbels seit 1926. (Im Kampf um Berlin fünfmal, zum erstenmal in den Pharussälen, schwer verwundet.)

Aus derselben Nummer:

"Ein bübischer Anschlag. Als der Chauffeur von Dr. Goebbels, Albert Tonak, am Freitag nach der Versammlung heimkehrte, wurde ihm vor dem Haus von roten Mordbuben aufgelauert. Er liegt nun mit zwei Messerstichen im Arm und einem Bauchstoß schwer darnieder."

"Berlin, den 10. September 1927. Der Angestelltenrat des Polizeipräsidiums.

Herrn Kriminalgehilfen Kurt Krischer, Berlin.

Der Angestelltenrat hat in der Sitzung vom 6. d. M. zu Ihrem Kündigungsschreiben Stellung genommen und ist einstimmig zu der Ansicht gelangt, daß die Entlassungsgründe in Ihrer eigenen Person liegen. Er ist nicht in der Lage, Ihrem Einspruch stattzugeben bzw. Sie bei einer evtl. Klage zu vertreten.

Im Auftrage: K. Meyer Schriftführerin."

Am Montag, den 2. Oktober 1927, vollendete der Generalfeldmarschall von Hindenburg sein 80. Lebensjahr. Die nationalen Femerichter, die die Ehre und Sicherheit des deutschen Heeres in schwerster Zeit unter Aufbietung ihrer ganzen Kraft und Einsatz selbst ihres Lebens beschützt hatten, blieben weiterhin in Gefängnis und Zuchthaus.

Aus der *Roten Fahne* Ende September: "Der Oberbandit taucht wieder auf."

Antwort des *Angriff*:

"Zunächst einmal braucht Dr. Goebbels, der Oberbandit, nicht aufzutauchen, denn er war gar nicht untergetaucht. Aber er wagte es, trotz des auf ihm lastenden Redeverbots, in der stürmischen Versammlung in Schöneberg mehrmals den Mund aufzumachen, um zur Ruhe zu mahnen und den entstehenden Tumult beizulegen.

Ohne sein beruhigendes Auftreten wäre es nämlich bei dem provokatorischen Verhalten der bolschewistischen Sprenggarde schon viel früher zum Krach gekommen, und die Versammlung wäre nicht bis zum Schluß durchzuführen gewesen...

Es war gerade keine Heldentat der kommunistischen Horde, wie sie dann geschlossen im Saal blieb, bis nur noch ein kleiner Rest nationalsozialistischer Wähler mit Dr. Goebbels und dem Abgeordneten Haake im Saal waren, um dann über dieses Häuflein herzufallen. Eine Heldentat schon deshalb nicht, weil diese Feiglinge genau wissen, daß wir jetzt während des Verbots unseren Saal- und Führerschutz nicht wie sonst organisieren können.

Trotzdem bekam ihnen dieser meuchlerische Überfall mit Biergläsern, Stuhlbeinen und Kaffeetassen bitter schlecht; denn die Nationalsozialisten setzten sich mit ihren Führern an der Spitze zur Wehr, und in Kürze war das ganze Verbrechergesindel aus dem Saal gepfeffert. Der Hauptschreier aber, der schon während der Versammlung durch fortgesetzte aufreizende Zwischenrufe einen Skandal zu provozieren suchte, ein Verbrechertyp im Schillerkragen, flüchtete im Augenblick des Kampfbeginns in die - Damentoilette.

Die eigentliche Schuld an dem ganzen Vorfall trägt zweifellos das Polizeipräsidium mit seinem ebenso verfassungswidrigen wie unbegründeten Verbot der Berliner Organisation. Wenn sich die Judenpresse vom *Berliner Tageblatt* bis zur *Roten Fahne* darüber erboste, daß wir nur Diskussionsredner zugelassen hätten, die ein Parteibuch einer gegnerischen Partei vorweisen konnten, und wenn dadurch vor allem die Unruhe in die Versammlung kam, so mögen sich die Herrschaften, wie schon der Versammlungsleiter feststellte, an die verantwortliche Stelle, das Polizeipräsidium, wenden, das unter Androhung von tausend

Reichsmark Geldstrafe im Weigerungsfall dieses Verfahren anempfohlen hatte."

"Ist der Mann unter ein Auto geraten?"
"Nein, unter die Berliner Polizei!" (Frei nach Schilling.)

Karikaturzeichnung aus derselben Nummer des *Angriff*:
Zwei Sanitäter tragen einen Schwerverletzten in eine Polizeiwache hinein. Drei roh und brutal aussehende Schupowachtmeister schauen zynisch interessiert mit verschränkten Armen zu. Der Schwerverletzte liegt leb- und regungslos auf seiner Bahre. Von der Wand grinst im Bild der Berliner Polizeipräsident. Unterschrift: "Ist der Mann unter ein Auto geraten?" "Nein, unter die Berliner Polizei!"

"Tgb. Nr. 2083 I A 1. 27
Herrn Dr. phil. Joseph Goebbels Schriftsteller
Berlin W.

Berlin, den 29. 9. 1927

Ihr Auftreten in den letzten öffentlichen Wählerversammlungen der NSDAP. in Berlin hat ergeben, daß Sie entgegen meiner Auflösungsverfügung der NSDAP. vom 5. Mai 1927 sich öffentlich für die aufgelöste Gruppe der NSDAP. in Berlin betätigen.

Nach einer mir zugegangenen Mitteilung veranstaltet das Mitglied des Landtages, Herr Heinz Haake, als Einberufer und verantwortlicher Leiter am 30. September 1927, abends 8 Uhr, in den Festsälen von Schwarz in Berlin-Lichtenberg eine große öffentliche Wählerversammlung. Ich habe Herrn Haake mitgeteilt, daß ich diese Versammlung nur dann als Wählerversammlung ansehen werde, wenn von der NSDAP. lediglich Abgeordnete als Redner auftreten, um für die Idee der von ihnen vertretenen Partei Anhänger für kommende Wahlen zu werben, und in der Aussprache nur Versammlungsteilnehmer das Wort erhalten, die nachweislich der NSDAP. nicht angehören.

Ich mache ausdrücklich darauf aufmerksam, daß Sie nicht zu den Personen gehören, die in dieser großen öffentlichen Wählerversammlung am 30. 9. 27 sprechen dürfen. Sie haben sich auch des Redens vor und nach dem Beginn der Versammlung und der Aussprache und Zwischenrufe vom Platz zu enthalten. Für den Fall der Zuwiderhandlung wird Ihnen in Ausführung der Auflösungsverfügung vom 5. Mai 1927 auf Grund des §10 217 des Allgemeinen Landrechts von 1796 und gemäß § 132 des Landesverwaltungsgesetzes vom 30. 7. 1883 hierdurch eine Zwangsstrafe in Höhe von tausend Reichsmark angedroht, an deren Stelle im Nichteintreibungsfall sechs Wochen Haft treten.

In Vertretung: gez. Wündisch Beglaubigt: Laetermann, Kanzleisekretär."

Auf eine kleine Anfrage des nationalsozialistischen Landtagsabgeordneten Haake wegen des Redeverbots gegen Dr. Goebbels in Berlin erteilte das Preußische Innenministerium die Antwort: "Dr. Goebbels sei das Reden in Berlin nicht verboten. Es werde aber auch weiterhin dafür gesorgt werden, daß Dr. Goebbels die Wählerversammlungen der nationalsozialistischen Abgeordneten nicht zu einer Umgehung des Verbots der Berliner NSDAP. mißbrauche."

"Berlin, den 25. August 1927
An den *Berliner Lokal-Anzeiger*
Berlin, Zimmerstr. 35 - 41.

Ich bin seit sehr langer Zeit Leser des *Berliner Lokal-Anzeigers* und bitte daher um Auskunft in einigen Fragen. Ich bin aus dem Grunde Ihr Leser, da ich das Bedürfnis habe, eine große nationale Tageszeitung zu lesen, die sich unbedingt für die schwarz- weiß-rote Flagge einsetzt. Um so mehr bin ich erstaunt, daß Sie seit einiger Zeit sinnentstellende Berichte über die NSDAP. bringen. Das verstehe ich um so weniger, als doch die NSDAP. auch eine schwarz-weiß-rote Bewegung ist, deren Hauptaufgabe die restlose Bekämpfung des Marxismus ist, gegen den auch Sie in Ihrem Blatt scharf Stellung nehmen.

Wir haben es auf dem Reichsparteitag der NSDAP. in Nürnberg erlebt, daß gerade diejenigen Kreise, die Leser Ihres Blattes sind, uns zugejubelt haben und uns mit Blumen überschütteten. Warum schreiben Sie in Ihrem Blatt überhaupt nichts von der gewaltigen Kundgebung des nationalen Deutschland gegen den Marxismus? Sie berichten von 12.000 Teilnehmern. Wenn Sie dabei gewesen wären, würden Sie wissen, daß es mindestens fünfmal soviel waren. Ich gebe Ihnen den Rat, sich einmal den amtlichen Bericht der Reichsbahn anzusehen. Dann werden Sie anderer Meinung sein."

"*Berliner Lokal-Anzeiger*, Schriftleitung.
Den 9. 9. 27.

Sehr geehrter Herr!
Nach der sehr eingehenden Antwort, die wir inzwischen von unserem Nürnberger Korrespondenten erhalten haben, müssen wir Ihnen mitteilen, daß ein Anlaß zur Berichtigung, von nebensächlichen Punkten abgesehen, nicht gegeben ist.
Mit vorzüglicher Hochachtung
Berliner Lokal-Anzeiger. Schriftleitung.
Dr. Breslauer."

Dr. Breslauer, der Chefredakteur des national-bürgerlichen *Berliner Lokal-Anzeigers*, ist ein sogenannter national-deutscher Jude.

Das sind ein paar durch Dokumente belegte Blitzlichtaufnahmen aus dem Film "Kampf um Berlin". Es sind keine welterschütternden Dinge, die hier zur Debatte stehen. Gewiß, es handelt sich nur um Kleinigkeiten, um Nichtigkeiten, die, im einzelnen gesehen und aus dem Zusammenhang gerissen, gar nichts bedeuten. Aber in die Zeit und in das System hineingepaßt, darin sie überhaupt möglich waren, ergeben sie doch ein drastisches und unmißverständliches Bild dessen, was die nationalsozialistische Bewegung in Berlin während des Verbots erdulden und ertragen mußte.

Man hatte die Schikanen gegen uns so verfeinert, daß sie zum Schluß in der Wirkung vollkommen versagten und nicht einmal mehr Haß und Empörung, sondern nur noch Hohn und Gelächter zur Folge hatten. Sie wurden in der Überspannung *ad absurdum* geführt, und am Ende war jeder Stoß, der uns treffen sollte, nur noch ein Hieb in die Luft.

Was nutzt es schließlich, einem Mann das Reden zu verbieten, wenn eine wachsende und wachsende Anhängerzahl dadurch in dem Verdacht bestärkt wird, daß dieser Mann, weil er die Wahrheit sagt, in der Reichshauptstadt nicht reden darf! Was nutzt es, wenn sich demgegenüber hundert und mehr Möglichkeiten finden, dieses Verbot zu umgehen!

Beispielsweise gründet man eine "Schule für Politik", die gar nichts mit der Partei zu tun hat. In der tritt der Redner, dem man das Reden verbietet, als Dozent auf, und sie erfreut sich bald eines Massenzuspruchs, wie sonst keine öffentliche politische Versammlung in Berlin.

Der Gesetzgeber gerät auf diese Weise allmählich in den Geruch der Lächerlichkeit. Das Volk verliert die Achtung vor ihm. Zu einer blutigen und rücksichtslosen Verfolgung fehlt es ihm an Größe und Brutalität. Auf Nadelstichpolitik aber reagiert der Verfolgte nur noch mit lächelnder Verachtung; und schließlich gibt es gegen jedes Mittel auch ein Gegenmittel.

Nur wenn ein Unterdrückungsregiment um sich Schrecken und Angst und panikartige Furcht verbreitet, kann es am Ende eine Bewegung für eine Zeitlang aufhalten. Bedient es sich jedoch nur kleinlicher Schikanen, dann wird es immer das Gegenteil des erstrebten Zieles erreichen...

Das Verbot drückte nicht mehr so schwer, nachdem wir uns einmal darin abgefunden hatten. Die Partei beantwortete es mit eisigem Lächeln und kaltem Hohn. Untersagte man uns, die Parteigenossenschaft in Berlin zusammenzuziehen, dann trafen wir uns eben in Potsdam. Es kamen zwar ein paar Dutzend weniger, aber die kamen, standen treu und unbeirrt zur Fahne und brachten schon durch ihr bloßes Erscheinen zum Ausdruck, daß sie der großen Sache treu blieben und auch in Gefahren ausharrten. In Potsdam trugen sie dann stolz und verwegen ihre alte Uniform zur Schau, paradierten im Braunhemd und Hitlermütze, das Koppel umgeschnallt und das Parteiabzeichen an die Brust geheftet.

An der Grenze nach Berlin mußten sie dann wieder in ihre phantasievollen Zivilkluften steigen, und es gab immer ein tolles Allotria und Gaudi, wenn sie sich in die Reichshauptstadt wie in feindliches Gebiet einschlichen. Der Geprellte war immer der Gesetzgeber, der der Bewegung und ihren Anhängern zwar Schwierigkeiten bereiten konnte, mit diesen Schwierigkeiten aber so zaghaft und bescheiden vorging, daß sie den davon Betroffenen mehr Vergnügen als Schmerz machten.

Die kommunistische Partei glaubte damals den Augenblick gekommen, die letzten Reste der nationalsozialistischen Bewegung im blutigen Terror zu ersticken. Sie überfiel unsere Anhänger und Redner in den Versammlungssälen des Berliner Ostens und Nordens und versuchte, sie mit Gewalt zu Boden zu schlagen. Aber das war für alle SA.-Männer und Parteigenossen nur ein Grund mehr, bei der nächsten Versammlung vollzählig zu erscheinen, um ein für allemal solche freche Provokationsversuche unmöglich zu machen. Das Polizeipräsidium untersagte dem Führer der verbotenen Bewegung, selbst durch Zwischenrufe in den Gang einer Versammlung einzugreifen.

Aber das zeugte von einer so kleinen und kindlichen Furcht, daß die Parteigenossen dafür nur Verachtung empfanden.

Wenn man uns das Reden und Agitieren in Berlin verbot, gingen wir aufs platte Land hinaus. Rings um die Hauptstadt, in den Vororten und Dörfern der Mark versammelten wir unsere Parteigenossen, gründeten überall feste Stützpunkte und umgürteten die Reichshauptstadt mit einem Ring von nationalsozialistischen Zellen. Von hier aus konnte später einmal, wenn die Bewegung wieder erlaubt wurde, der Vormarsch in die Reichshauptstadt weitergetragen werden. So eroberten wir in Teltow und Falkensee unsere festen Positionen, nahmen in erfrischenden und manchmal auch blutigen Diskussionen mit der KPD. Vorgelände um Vorgelände, nisteten uns in der Mark ein und intensivierten hier die Propaganda so,

daß ihre Rückwirkungen und Niederschläge auch bis nach Berlin durchdrangen.

Propaganda rings um Berlin[7]

Und selbst in Berlin hatten wir hier und da noch die Möglichkeit, propagandistisch und rednerisch zu wirken. Wie ein Lauffeuer ging es manchmal durch die Parteigenossenschaft: "Heute abend alles zur Massenversammlung dieser oder jener Partei. Wir sprechen zur Diskussion." Dann meldete sich einer von uns in der Aussprache, wir erzwangen durch die Mehrheit der Versammlung selbst eine Redezeit von ein oder zwei Stunden und hatten so doch Gelegenheit, das zu sagen, was wir sagen wollten.

Damit war das Verbot in seiner Wirksamkeit gescheitert. Auch der *Angriff* hatte unterdes ein neues Gesicht bekommen. Die ganze revolutionäre Schlagkraft der Partei war durch den Massenschwung der Nürnberger Tage gesteigert worden. Die Krise der Sommermonate wurde nach und nach überwunden, die Hoffnungen unserer Gegner erfüllten sich nicht.

Gegen jede ihrer Minen legten wir unsere Gegenminen, und damit war der gegen uns organisierte Verfolgungsfeldzug zur gänzlichen Erfolglosigkeit verurteilt.

Nur die Sorge um das liebe Geld war unser ständiger

---

[7] **Text zu Plakat 2:**
Bolschewismus oder Nationalsozialismus? so lautet die Frage des jungen Deutschland. Willst Du einen deutschen Sozialismus oder international-jüdischen Kommunismus? Soll Trotzki-Braunstein, Sinowjew-Apfelbaum, Radek-Sobelson oder *Adolf Hitler* der Befreier der Arbeiter sein? Die Antwort auf diese Frage hängt auch von Dir ab! **Komm in unsere öffentliche Versammlung** am Freitag, den 14.
Oktober, abends 8 Uhr, im großen Saal des "Deutschen Wirtshaus" in Teltow, Berliner Str. 16. Es spricht der Nationalsozialist **Dr. Goebbels** über das Thema: **Lenin oder Hitler?**
Saalöffnung 7 Uhr 30 / Unkostenbeitrag 20 Pfg. / Erwerbslose 10 Pfg.
N.S.D.A.P. Ortsgruppe Teltow Freie Aussprache

Begleiter. Der *Angriff* taumelte von einer Finanzkrise in die andere. Wir mußten sparsam haushalten, und nur an Freudentagen konnten wir in kleinen Abschlagszahlungen Teile der großen Druckerrechnungen begleichen. Auf der anderen Seite aber stand doch als Äquivalent ein wachsender propagandistischer Erfolg. Mehr und mehr nahm die Öffentlichkeit wieder von uns Notiz. Man konnte uns nicht mehr übersehen und übergehen. Die Bewegung hatte den eisigen Boykott, in den man sie hineinpressen wollte, durchgeschmolzen und flutete wieder unaufhaltsam in die Öffentlichkeit hinein. Wir waren wieder Diskussionsgegenstand. Die öffentliche Meinung, soweit sie sich noch einen letzten Rest von anständiger Gesinnung bewahrt hatte, sah sich gezwungen, für uns Partei zu ergreifen, und lauter und lauter wurde der Protest gegen die kleinlichen und schikanösen Verfolgungsmethoden, die das Berliner Polizeipräsidium gegen uns anwandte. Der Aufwand der Mittel stand in gar keinem Verhältnis mehr zur Sache, die man vom Alexanderplatz aus bekämpfte. Man schoß mit Kanonen nach Spatzen.

Das Volk hat ein ausgeprägtes Gerechtigkeitsgefühl. Wären wir unter dem Verbot zusammengebrochen, kein Hahn hätte nach uns gekräht. Da wir aber aus eigener Kraft und unter Einsatz der letzten Reserven das Verbot und seinen gewollten Zweck überwanden, eroberten wir uns die Sympathien der breiten Massen zurück. Auch der Kommunist hatte für uns im letzten Winkel seines Herzens ein Gramm Verständnis und Hochachtung. Er mußte vor sich selber zugeben, daß die Bewegung doch stärker war, als seine Hetzpresse das wahr haben wollte. Kaum stand sie wieder fest gefügt und im Kern unerschüttert vor der politischen Öffentlichkeit, da genoß sie auch wieder den alten Respekt und jenes Maß von Zuneigung, das der Mann aus dem Volk immer nur demjenigen entgegenzubringen geneigt ist, der sich aus eigener Kraft gegen Verfolgung und Bedrängnis durchzusetzen versteht.

Der Versuch, uns durch Totschweigen und behördliche Einengung zum Erliegen zu bringen, war mißlungen. Man hatte uns durch eine hemmungslose und nichtswürdige Pressekampagne zuerst einmal bekanntgemacht. Die prononcierten Vertreter der Partei hatten einen Namen, und die

Partei selbst besaß Klang und Rang. Wir hatten unsere Feinde aus der Anonymität herausgerissen; aber ein Gleiches hatten auch unsere Feinde mit uns getan.

Die Fronten waren abgezeichnet, der Kampf wurde in anderen Formen fortgesetzt. Niemand konnte mehr behaupten, daß der Nationalsozialismus aus dem politischen Leben der Reichshauptstadt verschwunden sei. Er hatte, auch im Verbot, ein neues Leben gewonnen, die Krise wurde siegreich überwunden, und nun holte die Partei zu neuen vernichtenden Schlägen aus!

TROTZ VERBOT NICHT TOT!
(TEIL 1)

Die schwere organisatorische Krise, in die die nationalsozialistische Bewegung in Berlin durch das am 5. Mai 1927 gegen sie erlassene Polizeiverbot hineingestürzt wurde, war nunmehr geistig überwunden. Die Erschütterungen, die das Parteigefüge in schwere Bedrängnis geführt hatten, waren behoben, der gestörte Kontakt zwischen Führung und Gefolgschaft durch eine radikale und aggressive Wochenzeitung wiederhergestellt und die propagandistischen Möglichkeiten, die uns während der ersten Sommermonate vollkommen gefehlt hatten, neu geschaffen. Wir hatten zwar noch Sorgen die Menge, vor allem in finanzieller Beziehung. Aber hin und wieder zeigte sich auch ein Lichtstreifen im dunklen Gewölk, das über uns hing. Und wir verlangten ja schließlich gar nichts mehr als hier und da eine kleine Hoffnung, an die wir uns anklammern konnten.

Böse hatte das Schicksal uns mitgespielt, und wir hatten manchmal und oft Grund genug, zu verzweifeln und Kampf und Ziel schweigend aufzugeben. Der neue Kurs der Bewegung war in der Reichshauptstadt mitten in seinen hoffnungsvollsten Anfängen durch behördliche Maßnahmen unterbrochen worden, und es erschien ganz unmöglich, ihn auch nur in getarnter oder versteckter Form weiter fortzusetzen.

Dann griff der *Angriff* rettend ein. Mit ihm wurde die Partei wieder konsolidiert. In seinen Spalten hatten wir die Möglichkeit, nationalsozialistische Gedankengänge auch weiterhin in der Reichshauptstadt zu propagieren.

Das junge Unternehmen wurde von uns sozusagen aus dem Boden gestampft. Es erwies sich dabei wieder einmal mit aller Klarheit, daß, wo Mut und Selbstvertrauen und auch ein gut Stück Verwegenheit Pate stehen, selbst die verzweifelsten Unternehmen durchgeführt werden können. Es kommt nur darauf an, daß ihre Träger an ihre eigene Sache glauben und sich durch erste schwere Rückschläge nicht vom einmal als richtig erkannten Kurs abdrängen lassen.

Ein großer Zeitgenosse hat einmal von sich selbst gesagt:

Guten Tag! Alles noch munter!?
Totgesagte leben lange!

"Drei Dinge sind es, die mich auf die Höhe des Lebens geführt haben: etwas Intelligenz, viel Mut und eine souveräne Verachtung des Geldes." Nach diesem Wort hatten wir gehandelt. Etwas Intelligenz konnte man der Führung der nationalsozialistischen Bewegung in Berlin nicht absprechen. Die SA. hatte viel Mut bewiesen in den schweren Kämpfen, die monatelang Abend für Abend um die Proletarierviertel ausgefochten wurden. Und eine souveräne Verachtung des Geldes erschien uns schon deshalb angebracht, als das Geld vollkommen und allenthalben fehlte und wir uns über seinen Mangel nur mit eben dieser souveränen Verachtung hinwegsetzen konnten.

Der *Angriff* hatte bereits in den ersten Monaten nach seiner Begründung eine schwere Personalkrise durchzumachen. Mitarbeiter, die am Anfang voller Begeisterung für unser Zeitungsprojekt eingetreten waren, ließen unsere Sache, als sie gefählich und aussichtslos zu werden schien, schnöde im Stich und stürzten damit unser junges Unternehmen in schwere und fast unüberwindliche Schwierigkeiten hinein. Wir waren zeitweilig vollkommen von fähigen Mitarbeitern entblößt und mußten uns dadurch durchhelfen, daß jeder der politischen Führer sich verpflichtete, ein Stück der Zeitung selbst zu schreiben. Damit war der größte Teil unserer Zeit auf Wochen hinaus mit journalistischer Arbeit ausgefüllt. Unter den verschiedensten Decknamen publizierten wir unsere Kampfartikel. Trotzdem hatte die Zeitung auch bei ewig sich gleichbleibenden Mitarbeitern selbst in dieser Aufmachung ein vielfältiges Gesicht, und die Leserschaft merkte kaum, mit wieviel Mühe und Sorge jedes einzelne Blatt zusammengestellt wurde.

Wir hatten dafür aber auch die freudige Genugtuung, daß der *Angriff* sich in der reichshauptsstädtischen Journalistik einer ständig wachsenden Bedeutung und Achtung erfreute. Er hatte einen anderen Werdegang gemacht als die großen kapitalistischen Zeitungsunternehmungen. Wir hatten keine Geldgeber, die uns die zur Gründung eines Presseorgans notwendigen Summen zur Verfügung stellten. Dann ist es leicht, Schriftleitung und Verlagspersonal zu engagieren, und so kann ein Unternehmen kaum fehlschlagen. Aber das Verhängnisvolle dabei ist, daß jede Zeitung, die von großen Geldgebern finanziert wird, damit auch gezwungen ist, die politische Meinung ihrer Hintermänner widerspruchslos zu vertreten. Es erscheint also auf diese Weise nicht eine neue Stimme im Konzert der öffentlichen Meinung. Nur kauft sich ein seriöser Finanzier eine eigene Zeitung, um die öffentliche Meinung in seinem Sinn beeinflussen zu können.

Das Gegenteil war bei uns der Fall. Was wir sagten, das war auch unsere Meinung, und da wir von keinem Geldgeber abhängig waren, konnten wir diese Meinung ganz ungeschminkt zum Ausdruck bringen. Wir waren damals schon in ganz Berlin vielleicht das einzige Blatt, das aus Gesinnung geschrieben wurde und dessen politische Haltung durch keinerlei geheime Geldquellen beeinflußt war. Das empfindet am klarsten und deutlichsten der Leser selbst.

Wenn auch die jüdischen Organe in Millionenauflagen erschienen und das breite Publikum als Leser hatten, sie selbst besaßen doch meistens kein inneres Verhältnis zu ihren eigenen Abonnenten. Eine solche Zeitung wird nicht geliebt. Der Leser empfindet sie nur als notwendiges Übel. Er gebraucht sie zu seine täglichen Orientierung. Aber im tiefsten Herzen ist er doch davon überzeugt, daß sie ihn, auch wenn er das nicht im einzelnen feststellen kann, am Ende doch beschwindelt und hinters Licht führt.

Der blinde Glaube an das gedruckte Wort, der sich in Deutschland so oft und so verhängnisvoll für das öffentliche Leben ausgewirkt hat, ist allmählich im Schwinden begriffen.

Das lesende Publikum verlangt heute mehr denn je von seiner Zeitung Gesinnung und Aufrichtigkeit der Meinung.

Die Massen sind seit 1918 in steigendem Maße hellhörig und hellsichtig geworden. In der Börsenrevolte, die den Krieg beendigte, hat die internationale Journaille als Schrittmacherin des Börsenkapitalismus ihren letzten großen Coup gelandet. Von da ab ist es mit ihr und mit ihm, zuerst unmerklich, dann aber in rasendem Absturz bergab gegangen. Die liberal- demokratische Weltanschauung ist heute geistig längst überwunden. Sie hält sich nur noch mit geschäftsordnungsmäßigen, parlamentarischen Tricks.

Für die Massen bedeutet das vorerst eine ungeheure Enttäuschung. Wir haben diese Enttäuschung vorausgesehen und ihr schon frühzeitig einen Damm entgegengebaut. Mit modernen Mitteln und einem absolut neuen und mitreißenden Stil haben wir von früh die öffentliche Meinung zu beeinflussen versucht. Gewiß, die Anfänge dazu waren primitiv und laienhaft. Aber man zeige uns einen Meister, der vom Himmel herabgefallen ist. Auch wir haben unser Lehrgeld bezahlen müssen, aber wir haben dafür etwas gelernt; und wenn man heute die nationalsozialistische Presse nur noch mit amtlichen Verboten niederhalten kann, so ist das der klassische Beweis dafür, daß unser Journalismus den Anforderungen der Zeit gewachsen ist, und daß man der Meinung, die dort vertreten wird, keine geistigen, sondern nur noch Brachial-Argumente entgegensetzen kann.

Wir hatten zwar nur kleine und zahlenmäßig bedeutungslose Vertretungen in den Parlamenten des Reichstags und des Landtags. Trotzdem besaß die verbotene Bewegung hinter ihnen eine Unterschlupfsmöglichkeit. Die Geschäftsstelle des Gaues war in ein Büro der Abgeordneten umgewandelt worden. In den Räumen, in denen ehedem die Parteibeamtenschaft gearbeitet hatte, residierten nun immune Volksvertreter. Es war nicht leicht, den ganzen Geschäftsgang auf dieses neue System umzubauen. Aber im Laufe der Monate lernten wir auch das. Allmählich wurde die ganze Parteiorgnisation auf den sozusagen illegalen Zustand eingestellt. Wir erfanden einen neuen, fast unkontrollierbaren Geschäftsgang für unser Büro, die wichtigsten Akten wurden verstreut in der ganzen Stadt bei zuverlässigen Parteigenossen untergebracht, eine Kartei nur für die alte Parteigarde geführt. Die aber stand für alle Notfälle bereit und zur Sache. Sie war über jeden Zweifel der Wankelmütigkeit erhaben. Man konnte Häuser darauf bauen.

Wir waren uns sehr bald klar darüber, daß das Verbot in absehbarer Zeit nicht aufgehoben würde. Wir gingen deshalb daran, die ganze Partei auf den Zustand des Verbots umzuorganisieren. Aus den ehemaligen Sektionen wurden wilde oder harmlose Vereine. Sie verfielen oft und oft wiederholten amtlichen Verboten. Aber aus einem aufgelösten Kegelklub wurde ein paar Tage später ein neuer Skatverein, und aus der verbotenen Schwimmabteilung eine Sparorganisation oder ein Fußballklub. Dahinter stand immer der Nationalsozialismus. Die Stützpunkte der Partei waren trotz des Verbots vollkommen intakt. Das Polizeipräsidium fühlte sich uns gegenüber im Unrecht und hütete sich deshalb wohl, mit schweren Strafen, zu denen ja auch keinerlei rechtliche Handhabe vorhanden war, gegen uns vorzugehen. Aus den Trümmern der zerschlagenen Organisation blühte allmählich neues Leben auf.

Die SA. war keinen Augenblick ins Wanken gekommen. Sie war zwar zahlenmäßig klein, aber fest diszipliniert und in zuverlässigen Kaders zusammengeschlossen. Die wenigen noch nicht gehärteten Elemente, die während der ersten Kampfmonate zu uns gestoßen waren, wurden nach und nach ausgeschieden. Der Kern der gesamten Formation erhielt sich unversehrt. Man kannte damals fast noch jeden Parteigenossen und SA.-Mann persönlich.

Die kampfentschlossenen Gesichter, die man Woche für Woche und manchmal Abend für Abend in den großen Propagandaveranstaltungen der Partei vor Augen bekam, prägten sich unauslöschlich dem Gedächtnis ein. Die ganze Partei war eine Art große Familie, und es herrschte in ihr auch dasselbe Zusammengehörigkeitsgefühl. Die Parteigarde hatte damals ihre große Zeit, und ihr ist es zu verdanken, daß der Nationalsozialismus in Berlin nicht unterging.

Es wurde auch Vorsorge getroffen, daß die immer wieder künstlich von Außenstehenden in die Partei hineingetragene Nervosität das innere Leben der Organisation nicht bedrohen konnte. Jeder Provokationsversuch wurde meistens frühzeitig erkannt und dann rücksichtslos im Keime erstickt. Der Kern der Partei mußte unversehrt erhalten werden. Es war dann ein leichtes, nach einer kommenden Wiederaufhebung des Verbots die ganze Organisation neu aufzubauen.

Unser Hauptaugenmerk mußte sich darauf richten, der verbotenen Partei Aufgaben und Ziele zu geben, sie zu beschäftigen und damit zu verhindern, daß innerhalb der einzelnen Gruppen im Mangel an täglicher Arbeit Gelegenheit gegeben wurde, durch Stänkereien und künstlich gemachte Krisen den ruhigen Fortgang unserer Tätigkeit zu bedrohen.

Der Ring, den wir mit fest organisierten Stützpunkten rings um Berlin gelegt hatten, schloß sich zusehends zu einer festen Kette zusammen. Wir hatten die nähere Umgebung der Reichshauptstadt in einer großen Angriffsfront zusammengeschmiedet; es war uns damit möglich gemacht, uns jederzeit, wenn der Boden in Berlin zu heiß wurde, in die Provinz zurückzuziehen.

Jede große Weltanschauung wird, wenn sie mit dem vermessenen Willen auftritt, einmal die geistigen und kulturellen und letzten Endes auch materiellen Grundlagen eines Volksdaseins abzugeben, in ihrer Entwicklung **vier Etappen** durchzumachen haben. Es wird von der Art und Weise, wie sie es fertig bringt, die Mächte zu überwinden, die sich ihr in diesen vier Etappen entgegenwerfen, abhängen, ob sie wirklich berufen ist. Gar viele Ideen tauchen in der Geschichte der Menschheit auf. Manche Männer stellen sich in das Rampenlicht der Öffentlichkeit mit dem Anspruch, etwas für das Volk zu bedeuten und ihm etwas sagen zu können. Viele kamen und viele vergingen. Die Nachwelt aber nimmt keine Notiz von ihnen. Einzelne nur sind berufen, den Völkern neue Ideale zu geben, und das Schicksal ist dann gnädig genug, diese einzelnen schon früh zu zwingen, vor aller Öffentlichkeit unter Beweis zu stellen, daß sie nicht nur auserwählt, sondern daß sie berufen sind.

Kritische Augenblicke

Jede große Bewegung fängt in der **Anonymität** an. An ihrem Beginn steht die Idee, die dem Kopf eines einzelnen entspringt. Es ist nicht an dem, als wäre der einzelne etwa der geniale Erfinder dieser Idee. Der einzelne wird nur vom Schicksal begnadet, das zu sagen, was das Volk dumpf fühlt und sehnsüchtig ahnt. Er gibt einem unverstandenen Trieb der breiten Masse Ausdruck. Man hat das ja selbst empfunden beim Heranzug unserer jungen Idee. Es ist dann meisten so, daß der Mann aus dem Volk sagt: "Das hab' ich immer geglaubt, gedacht und gemeint. Das ist ja das, was ich suche, was ich fühle und ahne."

Der einzelne wird berufen, und er verleiht nun der Sehnsucht und Ahnung der breiten Massen Ausdruck. Dann beginnt aus der Idee Organisation zu werden. Denn der einzelne, der der Idee das erlösende Wort gibt, wird ganz zwangsläufig das Bestreben haben, andere für seine Idee zu gewinnen, Vorsorge zu treffen, daß er nicht allein steht, hinter sich eine Gruppe, eine Partei, eine Organisation zu bringen. Gruppe, Partei und Organisation werden damit zur Dienerin der Idee.

Selbstverständlich wird die Mit- und Umwelt ihn vorerst gar nicht verstehen können; denn er rast ja mit seiner Idee der Zeit um ein paar Jahre oder Jahrzehnte voraus. Das, was er heute als paradox verkündet, wird ja erst in zwanzig Jahren oder noch später Trivialität sein. Er weist einem Volk den Weg, er ist es, der die Mitwelt aus dumpfen Niederungen auf neue Höhen führen will. Es ist erklärlich, daß die Gegenwart ihn nicht verstehen will und letzten Endes auch nicht verstehen kann. Die erste Gruppe der Trägerin der neuen Idee verharrt vorerst in der Anonymität. Und das ist auch gut so; denn das kleine Eichenpflänzchen, das da zum erstenmal schüchtern und verschämt sein Krönchen aus dem lockeren Erdreich hervorsteckt, könnte von einem einzigen unbedachten Schritt zerknickt und zertreten werden. Es hat noch nicht die Kraft, Widerstand zu leisten. Die Kraft sitzt noch in den Wurzeln; sie liegt vorerst nur in den Möglichkeiten, die das Pflänzchen besitzt und nicht in dem, was das Pflänzchen augenblicklich darstellt. Selbstverständlich ist es kleiner, bescheidener, unansehnlicher als die große Unkrautstaude. Das aber ist kein Beweis dafür, daß dies auch nach zehn Jahren noch so sein wird. Nach zehn Jahren, da diese Unkrautstaude längst zu Humus geworden ist, wird ein mächtiger Eichenstamm mit breit ausladenden Zweigen alles um sich herum überschatten.

Das Schicksal hat es weise gefügt, daß die Umgebung vorerst von diesem Eichenpflänzchen gar keine Notiz nimmt. Denn damit gibt es ihm die Möglichkeit, das zu werden, was seine Bestimmung ist. Die Natur sorgt immer dafür, daß Lebewesen, Menschen und Organisationen nur **den** Prüfungen unterworfen werden, die sie überstehen können.

Es ist gewiß für die ersten Träger einer jungen Idee ein fast unerträglicher Zustand, daß die Mitwelt gar keine Notiz von ihnen nimmt. Wer eine kämpferische Gesinnung in sich trägt, der liebt es, dem Feind vor die Klinge zu kommen, dem kann es recht sein, mit ihm zu raufen und zu streiten. Aber daß der andere ihn gar nicht sieht, gar keine Notiz von ihm nimmt, dieses beleidigende Außerachtlassen, das ist das Unerträglichste, was einem heldenhaften Charakter geschehen kann.

Die ersten Vorkämpfer, die für die junge Idee eintreten, sind selbstverständlich in den Anfangsphasen der Bewegung genau dieselben, die sie einmal später sein werden, wenn sie die Macht erobert haben. Denn nicht sie ändern sich, sondern sie ändern ihre Umwelt. Nicht Hitler hat sich geändert, sondern das Deutschland hat sich geändert, in dem er lebt.

Das Schicksal nun überprüft in dieser ersten Phase der Entwicklung, ob jener Mensch, der da mit dem vermessenen Ehrgeiz auftritt, Geschichte zu machen, auch stark genug ist, auf eine gewisse Dauer die Anonymität schweigend zu ertragen. Überwindet er sie, ohne an seiner Seele Schaden zu nehmen, dann wird das Schicksal ihn für die zweite Prüfung reif befinden. Denn nach einer gewissen Zeit wird die Bewegung die innere Kraft gewinnen, den Eisblock des sie einengenden geistigen Boykotts zu zerschmelzen. Sie findet dann Mittel und Wege, um sich der Umgebung bekanntzumachen; wenn nicht in Güte, dann in Haß. Wenn sie mich nicht lieben, dann sollen sie mich fürchten, aber wenigstens sollen sie mich kennen. Und dann tritt sehr bald der Augenblick ein, da die Öffentlichkeit gezwungen ist, von Idee und Organisation Notiz zu nehmen. Dann kann man einfach nicht mehr schweigen. Wenn das schon zum öffentlichen Gespräch geworden ist, wenn es die Spatzen von den Dächern pfeifen, dann können die feigen Gazetten auch nicht weiter in ihrer vornehmen Reserve bleiben. Dann müssen sie Stellung nehmen, so oder so.

Sie tun das zuerst in der ihnen gemäßen Art; denn sie sind der Überzeugung, daß die Praktiken, die in ihrer politischen Ebene gang und gäbe sind, auch vorbehaltlos und ohne Änderung der neuen Bewegung gegenüber angewendet werden können. Allerdings unterliegen sie da einem fundamentalen Irrtum, indem nämlich die junge Bewegung auf einer ganz anderen politischen Ebene verharrt, indem sie von ganz anderen geistigen Beweggründen herkommt, einen ganz anderen Stil in sich trägt und einen ganz anderen Typ repräsentiert. Es ist schlechterdings undenkbar, ihr mit Mitteln beizukommen, die bei ihren vereinten Gegnern wirksam und Mode sind. Der Feind muß dann zu seinem Schrecken erleben, daß alles das, was er glaubte der Bewegung zum Schaden und zum Verhängnis antun zu können, die Bewegung nur stärkt und festigt. Ja, es ist nachgerade so, daß die Kraft, die man der Bewegung entgegensezt, in der Bewegung selbst wieder aufgeht. Zuerst glaubte man, sie verlachen zu dürfen. Man stellte sie auf dieselbe Stufe mit irgendwelchen kinderhaften und naiven Versuchen auf religiösem und kulturellem Gebiet. Wir alten Nationalsozialisten erinnern uns noch genau der Zeit, wo wir ungefähr in der gleichen Linie mit der Heilsarmee rangierten; wo das Urteil allgemein über uns lautete: sie sind von anständigem Charakter, man kann ihnen auf Grund des Strafgesetzbuches nichts nachweisen. Es sind harmlose Irren, die man am besten sich selbst und ihrer eigenen Beschränktheit überläßt.

Das ist die **zweite Entwicklungsphase:** man schimpft nicht mehr, man lacht. Und es ist gut, daß man lacht. Würde der Feind jetzt kämpfen, dann hätte er vielleicht die Möglichkeit, die Bewegung zu ersticken. Aber während er lacht und dabei untätig bleibt, wird sie größer und größer, gewinnt an Kraft, Ausmaß und Leidenschaft. Ja, die Verfechter der Idee fühlen sich erst durch das Lachen des Gegners gestärkt. Es kommt der Ehrgeiz dazu. Ein jeder ist nur noch von dem glühenden Wunsch beseelt: "Wir werden euch das Lachen vertreiben!" Die höhnische Arroganz des Gegners stachelt nur in dem Anhänger der jungen Bewegung den Eifer an. Er wird nicht seine Idee im Stich lassen, weil man über ihn lacht, sondern er wird dafür sorgen, daß den Gegnern das Lachen vergeht.

Das ist die zweite Etappe. Und hört das Lachen auf, dann fängt man endlich an, die Bewegung zu bekämpfen, und zwar zuerst durch Lüge und Verleumdung. Es bleibt dem Gegner ja auch nichts anderes übrig; denn er kann der Programmatik einer neuen Weltanschauung keine besseren Argumente entgegensetzen. Was sollte beispielsweise eine bürgerliche Partei der nationalsozialistischen Bewegung an Ideen entgegenhalten können? Wie könnte etwa die SPD. uns gegenüber bestehen, wenn wir geistig die Klingen kreuzten? Das wissen sie auch sehr wohl. Sobald wir uns auf dem Podium in einer sachlichen politischen Auseinandersetzung messen, dann sind wir die Jugend und sie das Alter. Sie suchen deshalb geistig den Kampf nach Möglichkeit zu vermeiden und führen ihn mit Verleumdung und Terror. Und so ergießt sich nun über die Bewegung und ihre Führer ein Meer von Schmutz und Spülicht. Nichts ist gemein genug, man sagt es ihr und ihnen nach. Der Gegner findet jeden Tag eine neue Schauermär. Er saugt sich die Lügen sozusagen aus seinen schmutzigen Pfoten. Selbstverständlich wird das vorerst bei einer blöden und urteilslosen Masse Eindruck machen. Aber nur solange, als die Gegenseite in der Lage ist, die Masse davon zurückzuhalten, in unmittelbaren, persönlichen Kontakt zu der Bewegung und ihren Führern zu kommen. Ist das nicht mehr möglich, dann ist der Feind verloren; in dem Augenblick, in dem nun die so oft belogenen und betrogenen

Massen Gelegenheit haben, durch eigenen Augenschein Bewegung und Führer kennenzulernen, erkennen sie den Unterschied zwischen dem, was man ihnen bisher vorlog und was die Bewegung in der Tat bedeutet. Jetzt fühlt sich die Masse beleidigt. Denn nichts erträgt das Volk unwilliger, als wenn man es hinter das Licht zu führen versucht. Zuerst kommt man mit Vorbehalten und inneren Hemmungen in unsere Versammlungen, muß sich dann aber selbst davon überzeugen, daß der Gegensatz zwischen dem, was man log, und dem, was Wirklichkeit, so schreiend ist, daß die Lüge vernichtend auf den Lügner zurückfällt.

Damit wird in der **dritten Entwicklungsphase** sehr bald aus der Verleumdung Verfolgung. Man stellt die Bewegung unter den Terror der Ämter und der Straße. Man versucht das, was man mit Verleumdungen nicht fertigbrachte, mit der Gewalt. Aber es ist die Tragik des Systems, daß es seine Mittel immer zu spät anwendet. Hätte es früher so verfahren, dann wäre es vielleicht damit zum Erfolg gekommen. Aber die Männer, die sich in der Anonymität und Verleumdung unter den Fahnen der Bewegung zusammengefunden haben, sind keine feigen Memmen; sonst hätten sie das, was sie bisher erdulden mußten, nicht ertragen können. Nur ganze Kerle haben die innere Kraft, sich einer feindlichen Welt entgegenzuwerfen und ihr ins Gesicht hineinzusagen: Lacht nur - nur Männer werden das ertragen können; verleumdet nur - ein feiger Mensch wird da wankelmütig. Er wird bei der breiten Masse stehenbleiben, er wird spucken, höhnen, grinsen und sich dumm machen lassen.

Unterdes aber hat sich unter die Standarten der Idee ein Korps von disziplinierten Kämpfern gestellt. Die wissen nicht nur ihren Verstand, sondern - wenn man ihr oder ihrer Bewegung Leben bedroht - auch die Faust zu gebrauchen. Stellt man sie unter blutigen Terror, jagt man sie durch die Ämter und durch die Gerichte, schickt man ihnen rote Mordkolonnen auf den Hals - man sollte glauben, daß Männer, die der Verachtung und der Verleumdung getrotzt haben, die gegen Lüge und Lächerlichkeit standhielten, nun gegen Gewalt schwach werden. Ganz im Gegenteil: An der Anwendung dieser Mittel durch den Gegner erkennt der Träger einer neuen Idee erst recht, daß er auf dem richtigen Wege ist. Würde man diese Mittel gegen ihn nicht anwenden, dann könnte er vielleicht hier und da Gefahr laufen, sich selbst in Verdacht zu nehmen, daß er in die Irre ging. Der Terror aber ist ihm ein Beweis dafür, daß der Feind ihn erkannt hat, daß er ihn haßt, und das nur, weil er ihn erkannt hat und weil er ihn fürchtet. In Blut wird eine Bewegung nur enger aneinandergekettet. Führer und Mann werden zusammengeschweißt. Aus ihnen wird nun mit einem Male ein unzertrennliches Gemeinschaftskorps, eine Phalanx von revolutionärer Gesinnung, gegen die man im Ernst nichts mehr unternehmen kann.

So war es bei allen revolutionären Aufständen der Vergangenheit, und so ist es auch bei der revolutionären Bewegung, der wir dienen. Sie ist da. Sie kann nicht einfach weggeleugnet werden. Sie hat ihre eigene Kraft und Idee, sie hat ihre geschlossene und disziplinierte Gefolgschaft. Sie wird ihren Weg unbeirrt weiter fortsetzen, vor allem dann, wenn sie ihr Ziel kristallklar erkannt hat und es niemals aus den Augen verliert, welche Umwege dahin sie auch immer machen mag und machen muß. Und am Ende wird dann der Gegner erkennen, daß seine Mittel erfolglos geblieben sind.

Unterdes hat sich auch die Gesinnung des Volkes geändert. Die Bewegung ist in den Jahren ihres erbitterten Kampfes nicht spurlos an der Volksseele vorbeigegangen. Sie hat weitergewirkt, sie hat die Massen mobilisiert und aktiviert, das Volk in Bewegung gebracht. Das deutsche Volk von heute kann nicht mehr verglichen werden mit dem Volk von 1918. Die Autoritäten des an der Macht befindlichen Systems sind gesunken. Und in eben demselben Maße, wie sie sanken, sind die Autoritäten, die die Opposition aufstellte, hochgestiegen. Was soll das heißen, wenn man uns Nationalsozialisten heute vor die Gerichte stellt. Das würde Erfolg haben, wenn das Volk zu diesen Gerichten noch mit demselben kindlichen Vertrauen aufschaute, wie etwa jener Müller von Sanssouci zum Berliner Kammergericht. Wenn der kleine Mann sich noch sagen könnte, die Gerichte sind Horte der Gerechtigkeit, und man würde dann von diesen Gerichten die Männer der Opposition zu schweren Strafen verurteilen lassen, dann hätten diese Strafen für das Volksempfinden etwas Schmähliches und Diffamierendes an sich. Aber wenn ein Gericht, das einen Barmat sozusagen freispricht, einen

Nationalsozialisten zu schweren Gefängnisstrafen verurteilt, so hat das Volk dafür kein Verständnis. Dann sagt sich der kleine Mann: "Ach, das muß ja so sein. Entweder steckt man die Schieber oder man steckt die anständigen Menschen hinter schwedische Gardinen. Denn ebenso, wie der Schieber einen anständigen Menschen bedroht, bedroht der anständige Mensch einen Schieber."

Die Autoritäten des Systems sind gesunken. Das will das System zwar nicht einsehen, aber es muß das von Tag zu Tag mehr erfahren. Es kommt der Augenblick, da das Schwergewicht auf die Seite der Opposition fällt, da bei der Opposition das Volk steht und die Regierung sich vom Volk isoliert sieht. Damit ist der Kampf geistig schon entschieden, und er wird sehr bald auch machtpolitisch entschieden werden.

Nun hilft keine Verleumdung mehr; denn so, wie man die Bewegung verleumdet, verleumdet man die besten Teile des Volkes. Schmäht man ihre Führer, dann werden Millionen aufstehen und erklären: "Diese Männer sind unsere Männer. Und wer sie beleidigt, der beleidigt uns.

Die Ehre dieser Männer ist unsere Ehre."

Das Volk empfindet dann: wo man einen Nationalsozialisten hinter Schloß und Riegel steckt, wo man einen Nationalsozialisten zu nachtschlafender Zeit aus seiner Wohnung verhaftet, da widerfährt ihm dasselbe, was jedem im Volk widerfährt, der seine Steuer nicht mehr bezahlen kann.

Der **Endkampf** ist entbrannt. Man kann die Bewegung nicht mehr totschweigen, man kann sie nicht mehr totlügen, man kann sie auch nicht mehr totschlagen. Wo man sie schlägt, da schreit das Volk "ich bin getroffen", und wo man einen Mann der Bewegung verleumdet, rufen Millionen "das sind wir". Wird einer der Gefolgschaftsleute auf dunkler Straße niedergeschossen, dann stehen die Massen auf und erklären drohend: "Des Toten Gesicht tragen heut hunderttausend Mann und sind Gericht."

Dann bleibt nur noch ein letztes Mittel übrig, und das besteht darin, daß der Feind bedingungslos kapituliert vor der geistigen Vormachtstellung der Opposition und sich nicht mehr anders zu helfen weiß, als daß er sich ihrer Idee bemächtigt - zwar nicht, um diese Idee zur Durchführung zu bringen, sondern um sie ins

Gegenteil umzubiegen. In jedem Kopf stecken immer nur die ihm gemäßen Ideen. Wenn einer ein Menschenalter lang dem Pazifismus diente, dann kann er nicht plötzlich von einer kriegerischen Gesinnung erfüllt sein. Wenn einer zwanzig Jahre für die Demokratie kämpfte, dann wird er nicht über Nacht Aristokrat. Wer jahrzehntelang den Staat unterhöhlte und unterwühlte, der kann nicht plötzlich zur verantwortlichen Stütze des Staates werden. Er kann so tun als ob. Er kann sich in eine falsche Maske kleiden. Mit einem Male stellt sich nun der Sozialdemokrat, der zwölf Jahre lang dafür sorgte, daß das deutsche Volk narkotisiert wurde, wild gestikulierend vor die breiten Massen hin und schreit: Deutschland erwache! Mit einem Male erinnern sich diese alten Klassen- und Interessenhaufen wieder des Volkes. Sie nennen sich dann Volkspartei.

Das ist unsere deutsche Tragik: wir haben drei Volksparteien, aber kein Volk mehr. Sie alle setzen vor ihre Namen das Wort "Volk". Wo ihr alter Name lädiert und kompromittiert ist, da schaffen sie ihn überhaupt ab und legen sich einen neuen zu. Jahrzehntelang kämpften sie unter der Flagge der Demokratie - und hat die Demokratie keine Zugkraft mehr, dann heißen sie plötzlich Staatspartei.

Sie bleiben dieselben; sie möchten nur gern mit neuen Schlagwörtern ihre alte Politik fortsetzen. Es sind dieselben faulen Köpfe, und in ihnen steckt dasselbe überlebte Gedankengut. Aber beim Volk vermag das nicht mehr zu wirken. Die alten Namen sind kompromittiert, und wo sie sich einen neuen Namen zulegen, da vergleicht das Volk sie mit jenen Menschensorten, die, wenn es schwül um sie wird, auch mit Vorliebe ihren Namen ändern. Das tun die Hochstapler und die Juden. Wenn einer als Meier im Verbrecheralbum steht, dann heißt er mit neuem Namen Müller. Und wenn einer als Mandelbaum aus Galizien kommt, dann heißt er in Deutschland Elbau.

Zwölf Jahre lang haben sie die Nation mit Füßen getreten, haben sie auf der Ehre des Volkes herumgetrampelt, haben sie das Vaterland bespuckt und verhöhnt und besudelt; und nun plötzlich erinnern sie sich wieder des leidgequälten Duldervolkes, nun sind sie mit einem Male stramme Patrioten und laufen Sturm gegen Vaterlandsverrat und Pazifismus. Sie sind für den Panzerkreuzer, für die Wehrhaftmachung des Volkes und erklären mit dem Brustton der Überzeugung, so wie es bisher ging, so könne es nicht weitergehen. Man müsse der Nation geben, was der Nation ist. Sie segeln unter falscher Flagge und sind jenen Piraten zu vergleichen, die Konterbande mit sich führen. Sie haben gar nicht die Absicht, das Volk zu erlösen, sie wollen nur den Aufstand des Volkes ihrem eigenen Parteikadaver dienstbar machen.

Aber schon bald werden sie erkennen, daß auch das vergeblich ist. Und nun verlieren sie ihre Ruhe. Sie geben ihre Selbstsicherheit auf. Und wenn der Mensch, vor allem der Jude, einmal Ruhe und Selbstsicherheit verloren hat, dann fängt er an, Dummheiten zu machen. Man sieht es ihm an, wie schlecht es ihm geht, und wenn er auch erhaben tut, wie bittere Zähren er vergießt. Er möchte gern den Goliath vor der Öffentlichkeit spielen. Er tut so, als ginge es ihm gut. Einer sagt es dem anderen: nur keine Angst haben, nicht nervös werden, nur keine Hitlerpsychose, es ist alles halb so schlimm. Sie schreien: "Wir haben keine Angst", aber es ist ihnen genau so wie bei jenem Jungen, der nachts durch einen finsteren Wald gehen muß und laut ruft: "Ich bin nicht furchtsam!", und so nur seine eigene Angst herunterschreien will.

Auch die nationalsozialistische Bewegung hat diese verschiedenen Phasen in ihrer Entwicklung durchmachen müssen, und zwar die Bewegung als Ganzes, wie auch die Bewegung in ihren einzelnen Unterorganisationen. Allüberall hat man versucht, sie totzuschweigen, totzulügen und totzuschlagen. Und heute schon gibt es in Deutschland keine andere Möglichkeit mehr, mit dem Nationalsozialismus fertig zu werden, als seine Gedanken und Forderungen zu okkupieren und damit gegen ihn zu Felde zu ziehen.

Die nationalsozialistische Bewegung in Berlin stand im Herbst 1927 am Wendepunkt zwischen der zweiten und dritten Phase dieser Entwicklung. Zwar versuchte man noch, sie in der Presse totzulügen; aber das war doch allzu sichtbar ein untauglicher Versuch am untauglichen Objekt. Nun ging man daran, sie totzuschlagen; jedoch in einem dreimonatigen Abwehrkampf hatte die Bewegung auch die drohende Gefahr dieses Versuches niedergebrochen, und jetzt gab es im

Siegesmarsch dieser Partei kein Halten mehr. Der Nationalsozialismus hatte sich durchgepaukt. Er konnte dazu übergehen, seine Positionen auszubauen und nach Sprengung seine parteipolitischen Beengtheit neues Terrain zu gewinnen.

TROTZ VERBOT NICHT TOT! (TEIL 2)

Der *Angriff* war nun das populäre Organ unserer politischen Anschauungen geworden. Unbekümmert und hemmungslos konnten wir dort unsere Meinung vertreten. Hier wurde eine drastische und unmißverständliche Sprache gesprochen. Aber das Volk hatte dafür ein offenes Ohr. So pflegt der kleine Mann auf der Straße, an den Arbeitsstätten, im Autobus und in der Untergrundbahn zu reden; die Forderungen die hier erhoben wurden, waren durchzittert vom Empörungsschrei des Volkes, und das Volk nahm diesen Schrei auf.

Unsere Zeitung, so nannten die Parteigenossen und Anhänger den *Angriff*. Jeder fühlte sich als Mitbesitzer dieses Organs. Jeder war davon überzeugt, daß es ohne seine Mitarbeit gar nicht existieren konnte. Sollte die Zeitung einmal Überschüsse abwerfen, so war bestimmt, daß diese restlos für die politische Arbeit der Bewegung verwandt wurden. Der *Angriff* war das einzige Organ in Berlin, das nicht dem Kapitalismus hörig war. Keiner von uns hatte davon seine Vorteile, nur die Bewegung selbst.

Das ist bis auf den heutigen Tag so geblieben. Wir haben uns immer mit Händen und Füßen dagegen gesträubt, aus diesem Organ ein privatkapitalistisches Unternehmen machen zu lassen. Jeder, der daran mitarbeitet, bekommt für seine Arbeit soviel, als nach Maßgabe unserer finanziellen Kraft möglich und in Anbetracht seiner Leistung angebracht ist. Das Blatt selbst aber gehört der Partei und damit jedem einzelnen Parteigenossen. Wer sich für dieses Blatt einsetzt, der dient damit der Partei, nicht nur in propagandistischer, sondern auch in finanzieller Hinsicht. Jeder Aufschwung, jede Zunahme an Abonnenten oder im Straßenverkauf wird gleich in bessere Leistung umgesetzt. So wuchs das Blatt mehr und mehr in seine Bedeutung hinein, und wenn damals auch von Überschüssen noch nicht die Rede sein konnte, so hatten wir es in drei Monaten doch so weit gebracht, daß die Zeitung sich aus sich selbst erhielt und für ihr Weiterbestehen nur noch Sorge gehegt werden mußte, wie wir auf die Dauer der großen Schuldenlast Herr werden konnten, die wir für ihre Gründung teils als Partei, teils als Privatpersonen auf uns genommen hatten.

Da galt es manchmal, gewagte Finanzoperationen durchzuführen. Wir, die wir von Gelddingen nicht allzu viel verstehen, wurden dabei die gewiegtesten Kredit- und Pumppolitiker. Hier rissen wir ein Loch auf, um es da zuzustopfen. Mit allen Schikanen versuchten wir, die finanzielle Balance zu halten; und dabei mußten wir immer bestrebt sein, von der manchmal bedrohlichen finanziellen Situation des Blattes nichts an die Öffentlichkeit kommen zu lassen.

Heute kann man es ruhig gestehen, daß wir manchmal am Ende aller Möglichkeiten angekommen waren; aber in jeder Situation fand sich zuletzt immer wieder ein wenn auch verzweifelter Ausweg, und wir blieben dabei doch guten Mutes und verrichteten unsere Arbeit weiter in der Hoffnung, daß schließlich einmal doch die Gunst des Schicksals auch über uns kommen würde.

Man soll nicht glauben, daß wir in der Sorge um die ewig sich wiederholenden kleinen Nöte des Alltags zu übellaunigen Misanthropen und pessimistischen Schwarzsehern geworden wären. Ganz im Gegenteil! Wir waren alle viel zu jung, um auch nur für einen Augenblick den Mut zu verlieren. Ja, wir hatten uns an die Ausweglosigkeit unserer Lage allmählich so gewöhnt, daß wir sie als Normal-, man möchte fast sagen, als Idealzustand empfanden. Mit gesundem Humor sind wir über alle kritischen Situationen hinweggekommen. Wir haben damals mehr gelacht, als den Kopf hängen gelassen. Überprüft man heute rückschauend die ganze Entwicklung der nationalsozialistischen Bewegung, von der kleinen, unbedeutenden Sekte angefangen, bis zur großen, imponierenden Massenpartei, man wird immer wieder zu dem Ergebnis kommen: es ist schön und beglückend, vor oder in der Erfüllung seiner Ziele zu stehen. Schöner aber und beglückender noch ist es, mit dem Kampf um große Ziele zu beginnen und aus der Verzweiflung eines unerträglichen

Zustandes doch noch die Kraft und den Glauben zu schöpfen, mit der Arbeit anzufangen, auch wenn das widersinnig, aberwitzig und aussichtslos erscheinen mag.

Wir waren damals alles andere als finstere und wilde Putschisten. So pflegte die Presse uns zwar darzustellen. Die nationalsozialistische Führerschaft wird in der Hauptsache von jungen deutschen Männern gestellt, die durch die Not der Zeit in die Politik hineinkamen. Es ist die deutsche Jugend, die aus der Erkenntnis heraus, daß das Alter unfähig geworden ist, der schweren Nöte der Zeit Herr zu werden, zur Politik stieß und ihr dann jenen erhabenen Zug gab, der sie heute von der aller anderen Länder unterscheidet.

Mit einer frechen Unbekümmertheit haben wir uns der Dinge der Öffentlichkeit bemächtigt. Mit jugendlichem Temperament begannen wir unsere Arbeit, und nur diesem jugendlichen Temperament ist es zu verdanken, daß sie nicht erfolglos geblieben ist.

Die Jugend erhob sich gegen die Vergreisung eines politischen Zustandes, die für sie unerträglich geworden war. Sie löste die Erstarrung des politischen Lebens und durchbrach die Dämme, die die aktive Beweglichkeit der deutschen Nachkriegspolitik einengten. Die Jugend hat die Geister aufgeweckt, die Herzen heiß gemacht und die Gewissen wachgerüttelt. Wenn es heute in Deutschland noch eine Hoffnung auf eine andere Zukunft gibt, wem anders wollte man das verdanken als uns und unserer Bewegung!

Uns kann keener!

Es gibt Tage im Leben jedes einzelnen Menschen, an denen man glauben möchte, alles Glück oder alles Unglück habe sich zu einer Stunde ein Stelldichein gegeben. Man kann dabei auf die Vermutung kommen, der Mensch solle durch ein Übermaß von

Glück für vergangenes Unglück belohnt oder durch ein Übermaß von Unglück für vergangenes Glück bestraft werden. Das Schicksal hat sich für diesen Zeitpunkt all seine angenehmen oder unangenehmen Überraschungen aufgespart und gießt sie nun im Übermaß über den davon Betroffenen oder Gesegneten aus.

Ein solcher Tag war für die Berliner Bewegung und für mich persönlich der 29. Oktober 1927. Ich beging an diesem Tage gerade meinen dreißigsten Geburtstag. In aller Herrgottsfrühe schon kamen die glücklichen Überraschungen in Hülle und Fülle. Die zweite Post mittags brachte einen Brief des Polizeipräsidiums, in dem mir kund und zu wissen getan wurde, daß das Redeverbot, das nun seit über vier Monaten über mich verhängt war, aufgehoben sei mit der Maßgabe, ich dürfe nun wieder in öffentlichen Versammlungen reden, wenn das Polizeipräsidium nach vorheriger Anmeldung für die Abhaltung der Versammlung die Genehmigung erteile. Das war ein unerwarteter Glücksfall. Nun mußte der Massenzustrom zu einer einsetzenden Versammlungslawine unaufhaltsam sein. Die Partei hatte eine neue Finanzierungsmöglichkeit, und damit konnten wir der drängenden Geldsorgen allmählich Herr werden.

Von dieser ersten Gratulation zum 29. Oktober 1927 an riß dann die Kette der glücklichen Ereignisse nicht mehr ab. Es regnete Blumen, Glückwünsche und Telegramme von seiten der treuen Parteigenossen, und es kam darin ganz spontan und ungemacht das Solidaritätsverhältnis zum Durchbruch, das sich in nahezu einjährigem Kampf zwischen der nationalsozialistischen Bewegung in Berlin und ihrer Führung allmählich herausgebildet hatte.

Den Abend dieses denkwürdigen Tages verbrachte ich bei einem alten Kampfgenossen. Ich wurde dort mit geheimnisvoller Miene zu einem Spaziergang eingeladen, von dem aus wir, ohne daß ich das als verdächtig empfand, in irgendeinem Etablissement draußen in einem Vorort Berlins landeten.

Ahnungslos betrat ich mit meinem Begleiter den Saal, und wer kann sich mein Erstaunen vorstellen, als ich hinter den verschlossenen Türen fast die gesamte Parteigenossenschaft von Berlin versammelt vorfand. Man hatte eine Geburtstagsfeier für mich improvisiert, und die Parteigenossen hatten es sich nicht nehmen lassen, dazu ihre eigenen Überraschungen auszusinnen.

In drastischer Weise kam dabei der Berliner Volkshumor zu seinem Recht. Man überreichte mir feierlich einen Maulkorb, eine amtlich patentierte, gesetzlich geschützte Isidormaske: "Durchaus verfassungstreu, schützt gegen Gummiknüppelhiebe!" Es regnete Glückwunschadressen von SA. und politischen Sektionen, in unverfälschtem Dialekt und mit einem Mutterwitz geschrieben, wie er eben nur in Berlin zu Hause ist.

Ein politischer Funktionär überreicht mir ein riesengroßes Paket; und dem erstaunten Auge bietet sich ein gänzlich unerwartetes, überraschendes Bild. Es enthält zweitausendfünfhundert neue Abonnenten für den *Angriff*, die die gesamte Parteigenossenschaft im Laufe von zwei Monaten ohne mein Wissen in rastloser Werbearbeit zu meinem Geburtstag gesammelt hat.

Aber nicht genug damit. Diese armen und mittellosen Menschen hatten unter sich eine private Sammlung veranstaltet und legten mir als Ergebnis in barem Gelde nahezu zweitausend Mark auf den Geburtstagstisch. Damit war ich in die Lage versetzt, die drängendsten Schulden abzugleichen. Ich hatte den Rücken frei für neue politische und propagandistische Arbeit.

Ein SA.-Mann, der sich bei mir melden läßt, überreicht mir einen verschlossenen Briefumschlag. Dieser enthält die zerrissenen Schuldscheine über zweitausend Mark, die ich bei der Gründung des *Angriff* auf meine Person genommen hatte. In lakonischen Worten stand dabei geschrieben, daß die Schuld damit getilgt sei.

Mit einem einzigen Schlage waren nun alle Finanzsorgen überwunden. Der *Angriff* wurde damit schuldenfrei, die politische Bewegung hatte einen Notpfennig, um kommenden Verwicklungen und Krisen zu begegnen. Der *Angriff* hatte seinen Abonnentenstamm erhöht; sein Weiterbestehen war absolut gewährleistet. Das gegen mich verhängte Redeverbot war vom Polizeipräsidium aufgehoben, und es waren somit alle Vorbedingungen geschaffen, die Arbeit im großen Stil wieder aufzunehmen und für den kommenden Winter die Partei zu neuen Erfolgen und Siegen zu führen.

Damit wurden in unerwarteter Weise all die Sorgen und

Bedrängnisse, die wir für die Bewegung auf uns genommen hatten, belohnt. Unser guter Stern ging wieder auf. Die Krisen, die wir innerlich längst überwunden hatten, wurden nun auch nach außenhin liquidiert. Der feste Kontakt innerhalb der Partei war wieder hergestellt, die Organisation gefestigt; wir konnten zu neuen politischen Aktionen ansetzen, ohne durch hemmende Finanzsorgen in der Bewegungsfreiheit behindert zu sein. Die politische Führung ergriff wieder die Initiative, und ihre Zeit und Kraft war nicht mehr im Übermaß durch kleinliche Geldsorgen belastet. Ich selbst war ein freier Mann und konnte mich wieder in aller Öffentlichkeit meiner politisch- agitatorischen Aufgabe widmen.

Eine SA.-Gruppe führte an diesem Abend ein Laienspiel auf, das in seiner rührenden Einfalt und künstlerischen Selbstverständlichkeit die Zuhörer zu Tränen rührte. Hier wurde der geistige Weg eines deutschen Arbeiters vom Kommunismus zum Nationalsozialismus in plastischen Bildern auf die Bühne gestellt. Das Stück war von einem unbekannten SA.-Mann gedichtet und wurde von ungenannten Laienspielern zur Aufführung gebracht.

"Das Nationaltheater muß aus der Nation heraus, aus dem Volk durch das Volks- und Laienbühnenspiel geboren werden. Das Nationaltheater muß Heimat für solche dramatischen Werke werden, die Träger einer heroischen Gesinnung, einer großen Idee, dramatische Werke, die Träger der nationalsozialistischen Weltanschauung sind. Aus dem Volk heraus muß das Nationaltheater emporwachsen und diesem, nicht der Masse zu eigen sein."

So hieß es in der Vorrede, die einer der Laienspieler vor Beginn des Spiels zum Vortrag brachte. Die ganze Veranstaltung schloß mit einer einmütigen und überwältigenden Vertrauenskundgebung. An ihrem Ende wurde der ganze Saal plötzlich verdunkelt. Ein SA.- Mann trat in Uniform mit der umflorten Parteifahne vor die Bühne und legte in hinreißenden, aufrüttelnden Versen für uns alle das Gelöbnis ab, daß wir im Kampf nicht ermüden wollen, daß wir ihn mit neuen Mitteln und neuen Methoden bis zum Siege fortzusetzen entschlossen waren.

"Wir Balina brauchen een, der uffmeebelt, wissen Se, so mit Schwunk und Jrazie, unn wir sinn ja och hellisch helle, unn die

Demlaks, wo nich mitmachen, det sind ja man bloß sone doven Zujereisten... weil det wir wissen, det Sie wat kenn, unn wenn denn so eener von die Brider kommt unn Ihnen mit dolle Sachen unn Jemeinheitn anschpucken tut, lassen Se man, davor habn wa Ihnen jerne... Also hochzuvaehrenda Doktor, wehrta Volksjenosse, wir jratulieren also wie jesacht und winschen Sie allet Jute vor die Kempferei, wat uns jar nich
doll jenuch herjehen kann; unn ibbahaupt mit Sie, wo allet mitmacht."

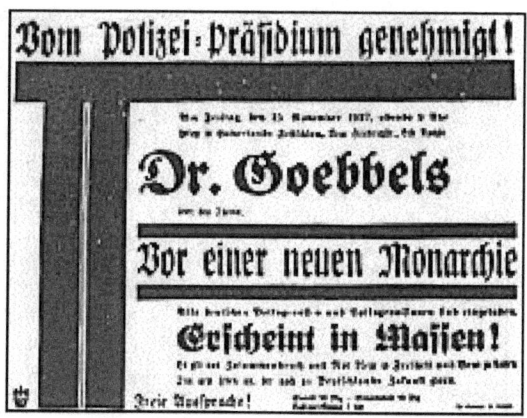

Vom Polizeipräsidium genehmigt!

So hieß es in einem urkomischen, witzig pointierten Gratulationsschreiben eines unbekannten SA.-Mannes. Damit wurde der Dank der Anhängerschaft zum Ausdruck gebracht für ein ganzes Jahr Arbeit, Sorge und Kampf. Viele Schwierigkeiten hatten wir überwunden. Aber nun konnten wir doch das befriedigende Gefühl haben, daß Kampf und Sorge nicht umsonst gewesen waren.

"Vom Polizeipräsidium genehmigt! Am Dienstag, den 8. November 1927, abends 8 Uhr, spricht im 'Orpheum', Neukölln, Hasenheide 32-38, Dr. Goebbels über das Thema: 'Totentanz des deutschen Volkes'. Erscheint in Massen!"

Dieses Plakat klebte in der nächsten Woche an allen Litfaßsäulen der Reichshauptstadt. Die Öffentlichkeit vernahm mit Staunen, daß die unterdrückte und geknebelte nationalsozialistische Bewegung wieder auferstanden war.

Trotz Verbot nicht tot! Diese Parole fand eine herrliche Bestätigung an jenem für uns entscheidungsvollen Dienstagabend, als sich um die siebente Nachmittagsstunde schon vor dem Orpheum in der Hasenheide, mitten in einem Proletarierviertel, am Vorabend der Börsenrevolte von 1918, und am selben Tage, an dem im Jahre 1923 Adolf Hitler in München die nationale Revolution ausrief, die Massen ballten und kurz nach Eröffnung der Kassen der große Saal des Orpheums wegen Überfüllung polizeilich gesperrt werden mußte.

Berlin erwacht langsam!

Alle waren sie herbeigeeilt, die Vorkämpfer der nationalsozialistischen Bewegung in Berlin. SA.- und SS.-Männer, politische Funktionäre, die Anhängerschaft von nah und fern. Die alte Parteigarde fand sich zusammen, um die Wiederauferstehung der nationalsozialistischen Bewegung feierlich zu begehen. Zwar war das Verbot des Polizeipräsidiums noch nicht gefallen; noch nahezu ein halbes Jahr mußten wir darauf warten, daß aus Unrecht wieder Recht wurde. Aber es war unwirksam geworden. Schikanen und Zwangsmaßnahmen hatten sich sichtbar als erfolglos erwiesen. Die Bewegung hatte mit zäher Beharrlichkeit die Fesseln gesprengt, in die man sie schlagen wollte.

Herbeigeeilt von Schraubstock und Maschine, von Kontorschemel und Fabriktisch, aus den hellen Häusern des Westens und den finsteren Höfen der Arbeitslosenämter saßen sie nun da, die Männer der alten Parteigarde. Heißen und glühenden Herzens legten sie feierlich das Gelöbnis ab, daß sie sich der Sache, der wir alle uneigennützig und mit ganzer Kraft dienten, weiter verpflichten wollten, und daß keine Macht der Welt uns zwingen könnte, von unserem politischen Glauben zu lassen.

Über Terror und Verfolgung, Bedrängnis und Gefängnis triumphierten Recht und Wahrheit und stieg schimmernd und leuchtend die Fahne unseres Glaubens wieder hoch. Man kann uns biegen, aber niemals brechen. Man kann uns in die Knie zwingen, nie aber werden wir kapitulieren!

Wir jungen Nationalsozialisten wissen, worum es geht. Wir sind von der Überzeugung durchdrungen, daß, wenn wir verzweifeln, Deutschland in einem Chaos versinken wird. Darum stehen wir aufrecht und fest, verfechten unsere Sache, auch wenn es aussichtslos erscheint, und werden damit in Wahrheit der Forderung gerecht, die Richard Wagner einmal an das Deutschsein knüpft: Es heißt, eine Sache um ihrer selbst willen tun.

Am 29. Oktober 1927 mußte es auch dem Schwarzseher und Skeptiker klar werden, daß eine neue Phase in der Entwicklung der nationalsozialistischen Bewegung in Berlin eingesetzt hatte. Jener SA.-Mann, der da mit umflorter Fahne stark und trotzig vor eine ergriffene Gemeinde hintrat und in hinreißenden und aufrüttelnden Versen seinem Zorn und Ingrimm Luft machte, hatte das ausgesprochen, was in dieser großen Stunde das heiß schlagende Herz der alten Parteigarde bis zum Überlaufen ausfüllte:

"Zusammengehalten! Um das Banner geschart Ein Wall von teutonischen Recken.

Den Kopf in den Nacken, den Trutz gewahrt! Trompeter! Blase zum Wecken!

Hört die Signale, Ihr Deutschen im Reich! Die Partei in Berlin verboten!

Sie wollen den Kampf, wir geben ihn Euch, Und brechen den Terror, den roten.

Wir rütteln am Fundament der Gewalt, Bis die jüdischen Throne wanken, Und werden uns dann auf unsere Art Bei Euch bedanken!"

BEREITS VERÖFFENTLICHT

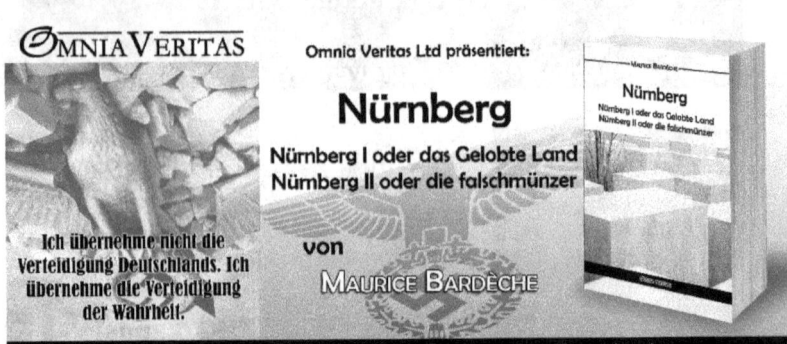

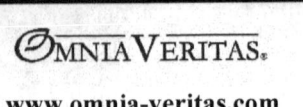

www.omnia-veritas.com

www.ingramcontent.com/pod-product-compliance
Lightning Source LLC
Chambersburg PA
CBHW071708160426
43195CB00012B/1620